律师民法业务思维

第二版

隋彭生 著

中国政法大学出版社

2025·北京

声　明　1. 版权所有，侵权必究。

　　　　2. 如有缺页、倒装问题，由出版社负责退换。

图书在版编目（CIP）数据

隋彭生：律师民法业务思维 / 隋彭生著. -- 2版.
北京 ：中国政法大学出版社, 2025. 7. -- ISBN 978-7
-5764-2135-4

Ⅰ. D923

中国国家版本馆CIP数据核字第2025G0T145号

出 版 者	中国政法大学出版社
地　　址	北京市海淀区西土城路25号
邮寄地址	北京100088 信箱8034分箱　邮编100088
网　　址	http://www.cuplpress.com（网络实名：中国政法大学出版社）
电　　话	010-58908437（编辑部）58908334（邮购部）
承　　印	固安华明印业有限公司
开　　本	880mm×1230mm　1/32
印　　张	11.25
字　　数	270千字
版　　次	2025年7月第2版
印　　次	2025年7月第1次印刷
定　　价	48.00元

第二版前言

这本书的第一版受到读者的欢迎,这对我很是鼓舞,谢谢大家的支持!

想不到出版快十年了。十年之中,法律在形式上有很大变化(如颁布了《中华人民共和国民法典》),但实体内容(具体规则)的变化并不是特别大,基本原理一如既往。本书结合"新法"作相应的调整和增删,希望"老书"能焕发青春。

修订后体例不变,还是七个板块。包括"合同的起草、设计、审查""合同编""用益债权""物权编""婚姻家庭、继承编""侵权责任编"和"律师操作"。

这本书有随笔的风格,因为它是我平时与实务交集时的断想,不是提供系统知识的书籍。有一些片段似乎笔走偏锋,其实不脱法律和基本原理的框架。

本书注重的是律师办案的"思路"。书中介绍的一些思路,不是主观臆想,是我几十年经验的沉淀,要转化为自身实用的技能,还需读者结合自己的实践经验及对法律的体系性理解。

修订后实用性不减,读者可平时阅读积累,也可急用时翻阅,寻找可借鉴之处。

隋彭生

2024 年 12 月 22 日

前 言

1. 本书的关键词是：理论、案例、经验、技巧。
2. 本书包括"合同的起草、设计、审查""合同法""用益债权""物权法""婚姻法、继承法""侵权责任法"和"律师操作"七个板块。
3. 我写书的努力方向：不但要表达一种知识，而且要助人打开思路。
4. 我写的律师民法业务思维，是一个个片段，联系起来，也有助体系理解之功效。
5. 律师业务水平的提升，要靠律师带徒弟，但这远远不够，还需要理论的浸润。
6. 本书以律师的角度切入，对其他法律人，亦不无参考价值。

中国政法大学教授隋彭生
微博：隋彭生民商法
2015 年 1 月 1 日

引用主要法律、司法解释简称

《中华人民共和国民法典》——《民法典》

《中华人民共和国公司法》——《公司法》

《中华人民共和国民事诉讼法》——《民事诉讼法》

《中华人民共和国仲裁法》——《仲裁法》

《中华人民共和国著作权法》——《著作权法》

《最高人民法院关于适用〈中华人民共和国民法典〉合同编通则若干问题的解释》——《合同编通则解释》

《最高人民法院关于适用〈中华人民共和国民法典〉有关担保制度的解释》——《担保制度解释》

《最高人民法院关于审理买卖合同纠纷案件适用法律问题的解释》——《买卖合同解释》

《最高人民法院关于审理商品房买卖合同纠纷案件适用法律若干问题的解释》——《商品房买卖合同解释》

《最高人民法院关于审理民间借贷案件适用法律若干问题的规定》——《民间借贷规定》

《最高人民法院关于审理技术合同纠纷案件适用法律若干问题的解释》——《技术合同解释》

《最高人民法院关于适用〈中华人民共和国民法典〉侵权责任编的解释(一)》——《侵权责任编解释(一)》

《最高人民法院关于适用〈中华人民共和国民法典〉婚姻家庭编的解释(一)》——《婚姻家庭编解释(一)》

《最高人民法院关于适用〈中华人民共和国民法典〉婚姻家

庭编的解释（二）》——《婚姻家庭编解释（二）》

《最高人民法院关于审理民事案件适用诉讼时效制度若干问题的规定》——《诉讼时效规定》

《最高人民法院关于适用〈中华人民共和国民事诉讼法〉的解释》——《民事诉讼法解释》

目 录

第二版前言 ... 001

前　言 ... 002

引用主要法律、司法解释简称 ... 003

第一部分　合同的起草、设计、审查 ... 001

第一节　概述 ... 001

合同审查提纲（1）... 001

律师代写合同，名称的选择很重要（2）... 005

谈谈合同的形式审查与实质审查（3）... 007

律师对合同进行形式审查的八项注意（4）... 009

合同书的形式审查（5）... 011

补充协议审查的九项注意（6）... 015

关于衡平（7）... 016

容纳规则（8）... 017

合同的事先审查（9）... 017

格式免责提示条款最好手写（10）... 018

优等悬赏广告的设计（11）…019

起草合同时，如何排除可预见规则的适用？（12）…020

一份协议书，两个法律关系（13）…021

合同的性质可以特约（14）…022

合同的性质可以更新（15）…023

可以针对无效合同签订和解协议（16）…024

略谈企业合同台账（17）…025

第二节 若干技术问题…026

合同书签字、盖章的几个具体问题（1）…026

使用私刻公章，效力如何？（2）…026

一般不要接受私人章（3）…027

加盖印章或签字、按指印与合同成立的关系（4）…027

合同书的结构（5）…029

合同书上的联系方式（6）…030

慎用法言法语（7）…030

合同用词要准确（8）…031

慎用委托二字（9）…031

手写体与印刷体（10）…031

小写之后有大写（11）…032

有优势的文本（12）…032

格式条款合同与合同示范文本的区别及采用（13）…033

条款的暂付阙如与预约（14）…034

区分预约与本约，可以避免可得利益的赔偿（15）…034

主从合同合二为一（16）... 036

抓大放小（17）... 036

由合同签订地法院管辖的约定，应当具体（18）... 036

一种技巧：抵销成就条件（19）... 037

审查以物抵债协议，重点在其对原债务的效力（20）... 037

第三节 合同的解除 ... 040

约定形成权（1）... 040

约定解除权，要特别注意的一点（2）... 041

约定解除权，应当将条件具体化（3）... 041

解除权的特约（4）... 042

合同解除条款的程序性设计（5）... 043

合同的履行期与终止期（6）... 043

第四节 各类合同的起草、设计、审查 ... 044

第一目 买卖合同 ... 044

审查样品与相应条款是否一致（1）... 044

改变诺成合同的性质（2）... 045

检验期间过短的法律风险（3）... 045

避免商事留置的一个技术性方法（4）... 046

第二目 赠与合同 ... 047

附负担赠与合同的设计（1）... 047

可否将赠与合同约定为实践合同（2）... 049

第三目 借款合同与使用借贷合同 ... 049

借款期限的设计与诉讼时效（1）... 049

扣划的约定（2）... 050

使用借贷合同审查的两个点（3）... 050

第四目 租赁合同 ... 051

租赁合同审查的十个具体问题（1）... 051

租赁合同解除权的一个特殊设计（2）... 052

表明租赁合同性质的标题（3）... 053

场地租赁合同与保管合同的区分（4）... 053

"延长"租赁合同期限的更新（5）... 054

定期还是不定期（6）... 055

转租与分租：两个条款（7）... 055

宜约定侵害房屋承租人优先购买权的违约责任（8）... 056

优先承租权的约定（9）... 056

第五目 承揽合同 ... 057

承揽合同性质审查的一个"点"（1）... 057

承揽合同可以约定著作权的归属（2）... 058

第六目 技术合同 ... 059

技术合同起草、审查的两个重点 ... 059

第七目 委托合同、中介合同 ... 064

演出经纪合同要注重保护演员（1）... 064

引起争论的一句话（2）... 064

第八目 和解协议 ... 065

起草和解协议的注意事项（1）... 065

和解协议效力的设计（2）... 066

和解协议审查的重中之重（3）… 067

和解协议，要注重设定条件（4）… 067

附随意条件的和解协议（5）… 068

第九目 遗赠扶养协议 … 069

遗赠扶养协议审查的五个点 … 069

第十目 夫妻忠诚协议 … 070

夫妻忠诚协议可以发生效力吗？（1）… 070

夫妻忠诚协议的设计技巧（2）… 070

婚外同居"散伙"时，"经济补偿协议"的设计（3）… 071

第十一目 担保合同 … 072

第一分目 保证合同 … 072

保证合同设计和审查的核心（1）… 072

起草、审查保证合同应注意的一个术语（2）… 074

签字人之前要有定语（3）… 075

保证的保证（4）… 075

对"变更"的审查（5）… 076

最高额保证合同的保证期间（6）… 077

第二分目 定金合同 … 077

定金合同的起草与审查（1）… 077

定金合同审查的五个点（2）… 080

明确定金的性质（3）… 081

第三分目 抵押合同 … 081

签订动产抵押合同的一个技巧（1）… 081

签订不动产抵押合同的一个技巧（2）... 082

　　抵押双保险的一个技巧（3）... 083

　　抵押双保险技巧及担保陷阱（4）... 083

　　抵押与质押的竞合（5）... 084

　　不要写抵押期间（6）... 085

　　抵押登记时间的把握（7）... 085

　　为浮动抵押加一把锁（8）... 086

　　宜将从物写入抵押合同（9）... 087

　　商铺抵押的一个特殊风险（10）... 088

　　要注意界定最高额抵押的担保范围（11）... 088

第四分目　质押合同 ... 089

　　界定质物，要写收条（1）... 089

　　物由第三人占有时，宜设计为抵押（2）... 090

　　保证金不能质押（3）... 090

　　要审查抵押、质押合同有无流押、流质条款（4）... 091

第五分目　股权转让合同 ... 093

　　股权转让合同审查的三大要点 ... 093

第二部分　合同编 ... 096

第一节　要约、承诺 ... 096

　　不可撤销的要约（1）... 096

　　要约人与受要约人的博弈（2）... 099

　　别忘了发否认通知（3）... 100

　　　　镜像规则的例外（4）… 101

第二节　合同的类型 … 102

　　　　就要式合同达成的口头协议（1）… 102

　　　　诺成合同与实践合同的转换（2）… 104

　　　　保管合同的"另有约定"（3）… 105

　　　　预约和本约（4）… 105

　　　　单务预约与双务预约（5）… 108

　　　　谈射幸合同（6）… 108

　　　　主合同、从合同和委托合同（7）… 109

　　　　互易的法律适用（8）… 111

　　　　以物易物与买卖合同有何不同？（9）… 113

　　　　寄养马匹合同的性质（10）… 113

　　　　餐饮合同是无名合同吗？（11）… 114

第三节　合同的效力 … 115

　　　　合同附条件的好处（1）… 115

　　　　"背靠背"条款的两种处理方法（2）… 116

　　　　以射幸合同为例谈给付附条件（3）… 119

　　　　容忍委托授权（4）… 120

　　　　判断相对人非善意的一个细节（5）… 121

　　　　委托代理合同、委托授权与代理行为（6）… 122

　　　　冒名合同的效力（7）… 123

　　　　何人何时可以主张合同无效？（8）… 124

　　　　存在仲裁协议而有权起诉一例（9）… 126

自己代理订立的合同是可追认的合同（10）… 127

买卖"赌石"可否构成重大误解？（11）… 129

赠与房屋，受赠与人不是亲儿子，是否构成重大误解？（12）… 129

商品标价错误可否构成重大误解？（13）… 131

三种合同对显失公平规则的排斥（14）… 131

要约邀请与欺诈的构成（15）… 132

商业吹嘘与合同欺诈（16）… 133

第四节 债权人代位权、债权人撤销权与债务加入 … 134

债权人代位权：民法上的一条斜路（1）… 134

如何达到撤销权与代位权组合的效果（2）… 136

债务加入一例（3）… 137

第五节 合同的变更与解除 … 138

变更协议和催告通知应当注意的问题（1）… 138

合同解除的"五个不受影响"（2）… 139

合同解除不需要催告的情形（3）… 142

附解除权的合同与附解除条件的合同（4）… 142

合同解除时的违约责任与不解除时的违约责任（5）… 144

合同解除后还能要求赔偿可得利益吗？（6）… 145

无解除权人通知相对人解除合同的法律后果（7）… 147

第六节 违约责任 … 149

损益相抵规则（1）… 149

损益相抵，违约人的一种抗辩（2）… 150

可得利益损失赔偿之可预见规则（3）… 151

可得利益损失赔偿之减损规则（5）…153

双方违约与过错相抵（5）…154

约定违约金的好处（6）…156

违约金性质、数量的设计（7）…156

免责抗辩及违约金调整释明（8）…157

第七节 合同的解释 …159

合同的文义解释规则（1）…159

合同的整体解释规则（2）…161

按合同性质和目的解释的规则（3）…162

按交易习惯解释的规则（4）…163

按有效解释规则、无偿合同有利于债务人的解释规则（5）…164

有偿合同有利于债权人的解释规则（6）…165

第八节 买卖合同 …167

物的适用性担保义务（1）…167

买受人对多交标的物的无偿保管及一般过失免责（2）…169

普通动产的一物多卖（3）…170

分期付款买卖与所有权保留买卖的竞合（4）…172

"主观特定物"的好处（5）…173

瑕疵担保责任减免的特约（6）…175

动产所有权保留买卖的几个问题（7）…177

第三人善意取得，出卖人丧失取回权（8）…178

质押时，出卖人取回权的丧失（9）…179

有偿转让权利的合同可以参照适用买卖合同的有关规定（10）…180

第九节 赠与合同 ... 181

为什么要把赠与合同规定为诺成合同（1）... 181

动机如何，不影响赠与的效力（2）... 182

死因赠与（3）... 183

为什么要赋予赠与人任意撤销权（4）... 184

赠与标的财产权利的移转与任意撤销权的行使（5）... 185

赠与人撤销权的客体（6）... 186

债权人保全撤销权与赠与人任意撤销权（7）... 187

赠与人法定任意撤销权与其法定事由撤销权的关系（8）... 188

赠与人任意撤销权与可撤销合同之撤销权的关系（9）... 189

赠与动产的观念交付（10）... 190

"赠与欠条"或"情侣欠条"不构成观念交付（11）... 191

以占有改定排除赠与人的任意撤销权（12）... 192

就被继承人债务的清偿达成合意，是否构成道德义务性质的赠与？（13）... 194

夫妻之间的赠与（14）... 194

对子女的赠与是否构成道德义务性质的赠与？（15）... 195

对儿媳的赠与是否构成道德义务性质的赠与？（16）... 196

继承人如何撤销被继承人赠与情人的房产（17）... 197

经过公证的赠与（18）... 198

赠与人死亡，继承人可否撤销赠与（19）... 199

受赠人死亡与任意撤销权（20）... 200

赠与合同撤销后自始失去效力（21）... 200

赠与合同撤销后用益价值的保留（22）... 201

债务免除与任意撤销权（23）... 203

附生效条件的赠与能否任意撤销？（24）... 203

附负担的赠与，赠与人是否有任意撤销权？（25）... 204

赠与人通知受赠人抵销的情形（26）... 205

债权赠与与赠与人的任意撤销权（27）... 205

第十节 保管合同、中介合同 ... 207

保管合同实践性解说（1）... 207

消费保管合同（2）... 208

媒介中介的双重法律关系（3）... 209

第十一节 和解协议 ... 211

最常见的无名合同（1）... 211

和解协议中，被违约人的抉择（2）... 212

和解协议确定的赔偿额高了，能否撤销（3）... 213

附生效条件的和解协议（4）... 213

保证人王二麻子说，看我的面子！（5）... 214

律师应当掌握的一道司法考试真题（6）... 215

更新与和解协议的区别（7）... 217

第十二节 定金合同 ... 217

对定金的错误分类（1）... 217

立约定金与"犹豫定金"（2）... 218

立约定金一例（3）... 219

本案意外事件不适用定金罚则（4）... 220

鱼和熊掌，可否兼得？(5) ... 221

"三金"的运用 (6) ... 222

六种担保金 (7) ... 223

第三部分 用益债权 ... 225

用益债权、用益赠与、用益互易、用益对价、用益侵权、用益法律关系、用益权合同 (1) ... 225

典权性质的变化 (2) ... 226

用益权合同 (3) ... 227

动产用益质权 (4) ... 228

实物用益出资的评估及用益年限 (5) ... 230

用益互易 (6) ... 231

用益抵债 (7) ... 232

第四部分 物权编 ... 234

第一节 物权概述 ... 234

"特定的物"是"特定物"吗？(1) ... 234

天然孳息与法定孳息 (2) ... 235

天然孳息与从物 (3) ... 236

物权优于债权一例 (4) ... 238

物权排他效力一瞥 (5) ... 239

未取得登记的不动产物权的处分 (6) ... 240

一物多卖时的物权与债权 (7) ... 240

第二节 善意取得与动产抛弃 ... 241

善意取得之"有偿"（1）… 241

动产善意取得人何时为善意？（2）… 242

对自己的动产能否善意取得（3）… 243

带泪梨花各不同：善意占有与动产善意取得（4）… 244

这只骂人的鹦鹉被善意取得了吗？（5）… 244

动产善意取得后担保权的存废（6）… 245

标的物中藏有钻戒，能否以重大误解为由撤销？（7）… 246

动产抛弃发生"错误"，能否撤销？（8）… 247

误把黄金当黄铜，可否构成重大误解？（9）… 248

第三节 他物权 … 248

他物权法律关系（1）… 248

他物权人对孳息的收取与取得（2）… 249

质权人收取何种孳息？（3）… 251

表见地役权一例（4）… 253

混合担保时的责任（5）… 254

实行抵押权适用特别程序（6）… 255

以指示交付设立后次序质权（7）… 257

定作合同的承揽人不能成立留置权（8）… 258

第四节 占有及占有媒介关系 … 259

动产善意取得不是善意占有的效力（1）… 259

货币的占有与所有同一（2）… 260

间接占有是"裸体"本权（3）… 261

占有媒介关系是法律关系（4）… 262

出租人对次承租人的请求权及占有媒介关系连锁（5）… 264

交付的不同方向（6）… 265

指示交付设质的"三角法律关系"（7）… 265

占有抗辩权（8）… 266

第五部分　婚姻家庭、继承编 … 268

离婚协议的三个具体问题（1）… 268

对离婚逃债，债权人的撤销权（2）… 269

一方的房产，被"加名""改名"的，在离婚诉讼中应如何处理？（3）… 272

父母为双方购置房屋，在结婚前出资与在结婚后出资的不同处理规则（4）… 276

思辨：无人继承的遗产先成为无主物吗？（5）… 280

自书遗嘱应当手写（6）… 281

必留份与特留份（7）… 282

后老伴在对方以遗嘱处分全部财产后还能拿到遗产吗？（8）… 283

遗嘱：期待权与既得权之别（9）… 283

继承人在被继承人生前放弃继承权的效力（10）… 284

附"既成条件"的放弃遗产的协议（11）… 285

遗赠扶养协议的给付（12）… 286

遗赠扶养协议双方有无任意解除权？（13）… 287

遗赠扶养协议扶养人的资格（14）… 288

限制行为能力人可否为遗赠扶养协议的"遗赠人"（15）… 289

监护人可否代理被监护人签订遗赠扶养协议？（16）... 290

赠与、死因赠与、遗赠扶养协议、遗赠（17）... 290

第六部分 侵权责任编 ... 293

准格言："侵害一项权利，产生他项权利"（1）... 293

认定侵权责任的相当因果关系（2）... 293

八种违法阻却事由（3）... 294

紧急避险：法益的冲突（4）... 295

补充责任与连带责任的区别（5）... 297

医院一般过失能否免责？（6）... 300

共同危险行为一例（7）... 300

无意思联络分别侵权的按份责任（8）... 301

高度危险责任之一种（9）... 302

对第三人的损害，承揽人与定作人都是过错责任（10）... 303

动物致害责任（11）... 304

对有体物的用益侵权（12）... 306

用益侵权一例（13）... 307

对作品的用益侵权（14）... 308

第七部分 律师操作 ... 309

律师抛出观点的时机（1）... 309

债务人欠缺偿债能力，债权人怎么办？（2）... 309

不要轻易提出证据（3）... 311

不同权利的先后行使（4）... 311

欠条还是收条（5）… 312

强制性规定的"合法规避"（6）… 314

律师的一项基本功：发现合同的默示条款（7）… 315

在竞合中选择（8）… 317

一种风险极大的质押（9）… 317

避免举证责任的一个技巧（10）… 318

无须举证的阶梯式抗辩（11）… 319

共同危险行为的举证问题（12）… 321

律师要善于发现或界定当事人行使形成权的行为（13）… 322

无权占有人如何打赢官司？（14）… 324

分析案情时，应注意基础法律关系的存在（15）… 325

此案的突破口在哪里（16）… 326

本合同以外的人，能否当被告（17）… 327

中断诉讼时效的技巧（18）… 328

诉讼时效期间届满后，债权人还有机会（19）… 329

通过订立和解协议，挽救已过诉讼时效（20）… 330

"开始的当天不算入"（21）… 331

第一部分
合同的起草、设计、审查

第一节 概 述

合同审查提纲（1）

> **题记**：合同审查，可分为两大部分：第一部分是效力审查，审查目的是发现合同是否存在效力瑕疵。应注意当事人的约定与现行法律是否不一致，是与强制性规定不一致，还是与任意性规定不一致。在合同签订阶段就要尽量避免合同将来被确认无效、部分无效和被撤销的可能。第二部分是"三性"审查，即审查合同的安全性、完备性、准确性。这对保障交易安全、避免或减少争议有重要的作用。

一、效力审查

（一）对主体是否适格的审查

1. 合同主体是否适格。
（1）有无相应的资质（禁营、专营、特许、等级等）。
（2）限制行为能力人能否预见合同的后果。
2. 签字人是否为法定代表人。如果与自然人签订合同，签字人是否为本人。

3. 代理人是否适格。

（1）是否提交授权委托书原件或者有其他委托授权证明。

（2）属于特别授权的事项还是概括授权的事项。

（3）是否为法定代理人。

（4）其他影响合同效力的情况。

（二）是否需要办理报批、登记手续

要注意报批、登记与合同效力的关系。[1]有些登记与合同生效相关，有些登记只是物权设定的要件，不影响合同的生效。

（三）对给付是否合法的审查

1. 标的财产是否为禁止流通的财产。

2. 对限制流通的财产的交易，程序上、主体上是否符合要求。

3. 是否对第三人构成侵权。

4. 对标的财产是否存在争议（有无权利瑕疵）。

（四）当事人约定的时间、标的数额等是否合法

1. 履行期限是否突破法律规定。

2. 保证期间是否符合法律要求。

3. 有无对诉讼时效的特约。

4. 定金数额是否突破法律限制。

5. 利息是否突破法律限制。

6. 管辖的约定是否突破级别管辖。

7. 规避条款属于合法规避还是违法规避。

---

[1]《民法典》第502条第2款规定："依照法律、行政法规的规定，合同应当办理批准等手续的，依照其规定。未办理批准等手续影响合同生效的，不影响合同中履行报批等义务条款以及相关条款的效力。应当办理申请批准等手续的当事人未履行义务的，对方可以请求其承担违反该义务的责任。"

8. 其他情况。

（五）免责条款是否有效

1. 是否预先免除了故意、重大过失造成损失的责任。

2. 格式免责条款是否显失公平。

（六）是否存在意思表示有瑕疵的情况

有无欺诈、胁迫、不正当影响等情况。

（七）有无法定的内部决策程序

例如《公司法》第15条规定："公司向其他企业投资或者为他人提供担保，按照公司章程的规定，由董事会或者股东会决议；公司章程对投资或者担保的总额及单项投资或者担保的数额有限额规定的，不得超过规定的限额。公司为公司股东或者实际控制人提供担保的，应当经股东会决议。前款规定的股东或者受前款规定的实际控制人支配的股东，不得参加前款规定事项的表决。该项表决由出席会议的其他股东所持表决权的过半数通过。"

（八）其他情况

二、"三性"审查

（一）对安全性的审查

1. 标的财产是否有权利负担。

2. 对方履行合同的资力如何。

3. 担保是否确实，充当担保人时，反担保是否落实。

4. 履行顺序的设计。

5. 长期合同是否设立艰难条款。

6. 有无吊销营业执照或被申请破产的情况。

7. 是否为关联交易。

8. 格式条款提供人采取什么方式尽提示义务。

9. 异地成立合同时，对方是否"微调"了合同打印稿。

10. 其他情况。

(二) 对完备性的审查

1. 标的名称、质量标准、成分、规格的规定或特别要求等。
2. 无形财产的归属。
3. 履行地点的确定。
4. 履行时间的确定。
5. 履行方式的确定。
6. 验收规范、验收方法、异议时间的确定。
7. 债务人履行或债权人受领的特别要求。
8. 补偿性违约金与惩罚性违约金的设定。
9. 法定解除是否经过催告程序及催告的期间。
10. 解决争议的方法。
11. 信函往来办法。
12. 暂付阙如条款（暂时空下来的条款）。
13. 合同生效时间的确定。
14. 管辖条款是否具体、清楚。
15. 其他条款。

(三) 对准确性的审查

1. 合同文本与附件有无矛盾之处。
2. 条款之间有无逻辑矛盾。
3. 对事项的限制是否明确。
4. 段落的层次性和条款的逐次限制性是否得当。
5. 大小标题、序号安排是否得当。
6. 用词、术语的使用是否准确、妥当，是否容易产生歧义。
7. 关键性的标点符号有无用错的情况。
8. 违约金针对的违约类型是否确定。
9. 期间的起算与终止是否明确。

10. 印章或签名是否符合要求。
11. 其他要求。

律师代写合同，名称的选择很重要（2）

> 题记：合同名称与合同内容（权利义务关系）不一致时，以合同内容为准。[1]但审判实践中往往做不到这一点，法官有时会根据合同名称来认定当事人的责任。所以，在代写合同时，要注意合同名称的选择。写错了合同名称，导致当事人损失的，当事人有可能提出索赔。

1. 承揽合同与委托合同。

甲公司委托乙公司拆除自己在 A 楼上的巨型广告牌，双方签订了委托合同。乙公司的工人在使用电焊枪切割广告钢板支架时，迸发的火花引起了火灾。A 楼的业主起诉了甲、乙公司，一、二审法院均认为委托人与受托人应承担连带责任。甲公司不服，提出申诉。

法官找我咨询，我当时的回答很明确：当事人不过是写错了合同名称，将承揽合同写成了委托合同，因而不应当判决甲承担连带责任。承揽人承担的是独立责任。

本案乙提供的是物化劳动成果，承揽的特征比较明显，但是合同名称写成了委托，大家一看，又确实很像委托。如果甲、乙公司把合同名称写成承揽，事情就好办得多。

---

[1]《合同编通则解释》第 15 条规定："人民法院认定当事人之间的权利义务关系，不应当拘泥于合同使用的名称，而应当根据合同约定的内容。当事人主张的权利义务关系与根据合同内容认定的权利义务关系不一致的，人民法院应当结合缔约背景、交易目的、交易结构、履行行为以及当事人是否存在虚构交易标的等事实认定当事人之间的实际民事法律关系。"

问题是，委托合同的双方是否应当对第三人承担连带责任？

委托合同是完成委托事务的合同，受托人完成委托事务包括实施法律行为和实施事实行为两种情况。实施法律行为当然可能构成连带责任，如代理人与被代理人的责任。在受托人通过实施事实行为完成委托事务时，他承担的是独立责任，委托人不承担连带责任，但委托人有过错的除外。

本案甲、乙公司之间的合同是承揽合同，即便认定其为委托合同，甲公司也不应承担连带责任。大家对委托合同责任的认识有较多空白，因此，选好合同名称，就会避免不必要的争议。

2. 借款合同与和解协议。

甲委托乙办事，交给乙10万元。之后，甲说乙耽误了自己的事，要乙支付15万元，双方对这15万元写的是借款协议。后甲起诉乙，要求履行借款协议，乙方有经验的律师以没有真实的借贷关系为由进行抗辩（河北省孙利民律师就办过类似案件），导致甲败诉或者不能完全实现诉讼目的。

如果甲、乙双方就该15万元给付写成和解协议，就很安全。因为和解协议是为解决纠纷，双方让步的结果。

合同有借款之名，实为和解协议，应当按和解协议处理——这在理论上毫无疑问是正确的，但是在实务中很难做到。

有时男女情人发生争议，女方会逼迫男方写借条，写男方从女方处借了多少钱。这种合同有一定的风险，一方面，男方可能主张没有真实的借款关系；另一方面，女方也有敲诈的嫌疑。写和解协议，效果可能要好一些。

3. 变更协议与和解协议。

甲、乙双方就原合同的条款有所争议，经过协商，双方和解，互相做了让步，变更了原合同的某些条款。双方就变更事项，签署了和解协议，后甲不履行合同，乙起诉了甲和保证人丙。丙的抗辩是：和解协议是新的合同，未经我方同意，我方免责。

新协议之名称，用"变更协议"或者"补充协议"为好，这样可以拴住原合同的担保人。《民法典》第695条规定："债权人和债务人未经保证人书面同意，协商变更主债权债务合同内容，减轻债务的，保证人仍对变更后的债务承担保证责任；加重债务的，保证人对加重的部分不承担保证责任。债权人和债务人变更主债权债务合同的履行期限，未经保证人书面同意的，保证期间不受影响。"

新协议的名称如果用"和解协议"，担保人就会主张自己的担保义务已经消灭。是否消灭，理论上有不同观点，打起官司来很麻烦。

谈谈合同的形式审查与实质审查（3）

例：有一次到同学当主任的律师事务所参观，一位值班女律师正在帮客户看合同。合同草稿是用电子邮件传过来的，这位女律师帮客户把条款捋清楚，还增补了一些东西。不光要审查，还要修改，只收几百块钱，真是不值。

我说不值，是因为这种形式审查的风险很大，你不了解背后是什么，当事人找后账的话，很麻烦。

1. 形式审查。

形式审查重在对合同文本的审查。当然，形式审查与实质审查不能像刀切豆腐那样分得那么清楚。

对合同进行形式审查时，有几点要注意：

第一，要看条款之间的逻辑关系。一般首先要对给付（标的）作出界定，其次要看对完成给付设置的具体条款如何。

第二，要看期间的设计是否合理。期间是时间段，其两端是时间点（期日），要注意最后一天是否为法定节假日。

第三，要看文字、术语使用是否准确。

第四，要注意"名实"是否相符，即合同的名字与内容是否一致。比如，当事人通过买卖一台"样机"来转让技术秘密，就不能把技术转让合同写成买卖合同。

第五，要看合同文本中有无解决争议的条款，如果有，是否明确、具体。

第六，要闭着眼睛想一下，有无重大遗漏，有无陷当事人于危险境地的表述。

如果不是审查合同文本，而是审查当事人往来的缔约文件（要约邀请、要约、承诺等文件），就要特别细心，看看有无要约对要约邀请内容的承继、新要约对原要约内容的承继（容纳规则），有无对要约的非实质性变更或实质性变更等。有的当事人会在当中玩点小技巧、小把戏，老律师都知道。

2. 实质审查。

实质审查是对当事人欲建立的法律关系的审查，简称对法律关系的审查。实质审查是建立在形式审查基础上的，但它更进了一步，不但要看合同文本，还要看其他材料，听委托人的介绍。了解委托人之相对人的情况，也是必需的。

对法律关系的审查，主要是审查法律关系能否成立（合同是否有效）、法律关系的内容如何，如果法律关系被违反，救济法律关系将如何，等等。形式审查中对"名实"是否相符的审查，同时也是对法律关系的审查。

企事业单位的法律顾问对合同的审查，必须进入到对法律关系的审查。

律师对合同进行形式审查的八项注意（4）

第一，合同的名称与内容是否相符？

合同的名称与内容应当相符，如果不相符，则以内容为准。但名称把握不准，会无端引起争议。例如，当事人订立了一方委托另一方完成物化劳动成果的协议，合同的名称是"委托合同"，这就为认定当事人的责任制造了障碍。再如，双方当事人出卖承载技术的样品，实为技术许可使用，却签订买卖合同，也影响对当事人权利义务关系的认定。其他如：是雇佣还是承揽，是承揽还是建设工程，是租赁还是保管，等等。

第二，合同抬头的当事人条款与合同尾部的落款（签字、盖章的条款）是否一致？

例如，一份合同开头的当事人条款表明甲方是 A 公司，盖章的却是 A 公司设立的不具有法人资格的"某某中心"。老律师都知道，这种事情挺多的，俗称"大头小尾"。事后的争议往往是：是否构成表见代理？是否以"某某中心"为合同当事人？

如果当事人条款表明甲方是 A，乙方是 B，在合同尾部的落款却有 A、B、C，这时候要考察 C 的"身份"：是合同当事人，还是担保人，或者是见证人？

第三，重要条款是否欠缺或表述不清？

合同条款分为必要条款与非必要条款。欠缺必要条款，合同不能成立。非必要条款的欠缺，不妨碍合同的成立。但有些非必要条款的欠缺或表述不清，会引发当事人的争议。这类非必要条款也是重要条款。例如，双方当事人年底订立合同，约定：出卖人在第二年中分四次发货。这就引起争议：只要一年中分四次发货就可以，还是一年中按季度分四次发货？律师通过事先审查，提出细化的建议，就可以"灭争议于未发"。

第四，条款之间有无冲突？

例如，甲、乙的买卖合同中约定迟延履行的违约金为每天万分之五，但合同中还有一个条款规定迟延付款的违约金是每天万分之三。后来买受人乙违约，就违约金的适用，双方各执一词。如果在合同审查阶段将隐患去除，就可以节约诉讼成本。

第五，履行期与合同有效期（终止期）是否一致？

当事人订立合同，有时会忽略履行期与合同有效期的矛盾，发生争议时，一方主张履行期，另一方主张有效期，只好诉到法院听凭裁决。如果感到对履行期与合同有效期的关系不易把握，可以只写履行期，不写合同有效期。

合同分为一次性给付的合同和持续性给付的合同。持续性给付的合同，合同的履行期一般就是合同的有效期。

第六，术语的运用是否准确？

例如，保管合同可以是无偿合同，也可以是有偿合同。如果当事人约定了保管费，合同一般就会被认定为有偿合同。[1]实务中，有的当事人把必要费用约定为保管费，影响了合同性质的判断。约定寄存人向保管人支付必要费用的，为无偿保管合同。在赠与合同中，也可能出现费用，一般不会影响合同的无偿性质。

再如，"等""其他"一类术语是否会产生歧义？验收期是指数量的验收期，还是指外观瑕疵的验收期，抑或是内在质量的验收期？

术语的准确运用，有助于减少纠纷。有些术语写法不准确，虽无伤大雅，但会引来内行人的讥笑，如"遗赠扶养协议"写成"遗赠抚养协议"。

---

〔1〕《民法典》第889条规定："寄存人应当按照约定向保管人支付保管费。当事人对保管费没有约定或者约定不明确，依据本法第五百一十条的规定仍不能确定的，视为无偿保管。"

第七，合同附件与合同文本是否有矛盾？

合同附件与补充协议不同，补充协议在时间上后于协议，与协议不一致时，以补充协议为准。合同附件与合同文本不一致（往往是技术条件、质量要求等不一致）时，则应当具体问题具体分析，一般应依目的解释规则、整体解释规则来确定。如果事先加以审查，则可消除隐患。

第八，当事人订立的合同是否为预约？

有时候当事人成立的合同只是预约，而对预约的履行是成立本约。如果不在合同中明确预约的性质，则容易引起争议。由于预约中包含本约的部分甚至全部条款，有的当事人依据这些条款来要求履行。

合同书的形式审查（5）

合同书是书面合同的典型形式，是合同法律关系存在及表明其内容的凭证（书证）。对合同书的审查，是律师的一项重要工作，应秉持公平的观念，不可一边倒，不可设计合同陷阱。

合同书的审查分为形式审查和实质审查。合同书的形式审查，是审查合同书等合同凭证的结构、格式、文字、表述方式、逻辑关系等，实质审查是对当事人欲建立的法律关系的审查。法律关系审查，主要是审查法律关系能否成立（合同是否有效），法律关系的内容如何，如果法律关系被违反，救济法律关系将如何，等等。实质审查是建立在形式审查基础上的，不但要看合同文本，还要看其他材料，了解合同的背景。

这里仅谈合同书形式审查的若干要点。

1. 对合同四个部分的审查。

合同大体可以分为四个部分：其一，合同名称；其二，首部；其三，正文；其四，尾部。

（1）合同名称。要审查"名与实"是否相符，即合同的名字与内容是否一致。审查合同名称，先要看合同全文，了解当事人欲实现的目的，最后再予以确定。

合同名称就像我们写文章的标题，反映当事人之间权利义务关系的性质。各类合同的后果、责任不同，比如，在承揽合同与雇佣合同履行过程中造成第三人损害，定作人与雇主的责任不同。再如，当事人通过买卖一台"样机"来转让技术秘密，就不能把技术转让合同写成买卖合同。

准确界定合同性质，对减少当事人争议是有切实作用的。当然，合同名称与内容不一致的，要以内容为准。

有时一份合同书包含两种以上典型合同法律关系（混合合同），就不宜简单套用《民法典》合同编的典型合同。这类合同可以笼统地使用"协议书""合作协议"等名称。

（2）首部。合同书的首部主要有两部分内容：一是当事人条款，二是通信、联络条款。

审查首部，要重点看当事人条款与尾部（落款）是否一致，有没有"似是而非"的情况。

1）当事人条款。当事人分为甲方、乙方等。甲方、乙方地位相等。实务中，有些交易的甲方、乙方比较固定，比如，出卖人称甲方，买受人称乙方，这对权利义务没有任何影响。

当事人是自然人的，要写真名，不要写笔名、绰号等。对不熟悉的人，应要求其注明身份证号码或者把身份证复印件作为合同附件。合同应注明当事人的住所。

当事人是单位的，要写全称，要在单位下边写上法定代表人或者负责人的姓名。如果是代理人代理签订合同，要把代理人名字、职务等写清楚；应要求代理人出示并交付授权委托书的原件。单位也要注明住所。

2）通信、联络条款。重要的合同应当写明两种或两种以上通信、联络方式（不包含口头方式），还要注明，当事人可以选择其中一种方式送达（意思表示），即只选用其中一种送达方式，不影响送达的效果。在操作中，可同时采用两种或两种以上方式送达。实务中，有的当事人采用公证的方式送达，一般来说，没有必要。

（3）正文。正文是具体表述当事人权利义务的部分。对正文的审查，一是要看对权利义务关系的表述是否清楚；二是要看双方的权利义务是否一一对应，有无重大遗漏；三是要看文字、术语使用是否准确；四是要看条款之间有无矛盾。

1）正文一般首先要对给付（标的）作出界定，其次要对完成给付设置具体条款。比较复杂的合同，可给正文加一个序言（或称为前言、提要等），将合同的主旨或有几个法律关系说清楚。比如，甲将有限责任公司的股份转让给乙，乙又让甲代理行使部分权利，那么，可在序言中提示本合同有两种法律关系。

2）有些合同，需要在正文前对有关术语进行界定，即要表明术语的确切含义。

3）正文要分条款来写，即要参照法律条文的表述方式来写。

4）一方的权利即另一方的义务，但整体上要从义务的角度写合同条款，因为从义务的角度写，才能达到准确的要求。比如，甲方应在2月1日前发货，乙方应在3月1日前付款。这种表述如果反过来写，就不容易说清楚。关键的地方，也可从权利的角度表述或者再次表述。例如，合同规定解除权等权利，要正面表达，不能含糊。

5）涉及金额时，要小写加大写，如"支付的时间和金额：2021年9月30日前支付3950万元（叁仟玖佰伍拾万元整）"。

6）有的合同只写一方的违约责任，不写另一方的违约责任，失去了"文本的平衡性",这往往是一方处于强势地位的表现。实际上,双方的违约责任是不同的,比如不付款的违约责任与不发货的违约责任不同,应分别予以表述。违约责任要写违约的形态(违约的行为表现,如不履行还是履行不符合要求等)和违约的后果。违约的后果要具体,不要抽象描述。

7) 内容较多的合同可以分章、节。

(4) 尾部。尾部也称为落款或者当事人落款。对尾部的审查,要注意三点。

1) 注意尾部与首部的当事人条款是否一一对应,防止出现"大头小脑袋"和"狸猫换太子"的问题。

有的合同书在当事人条款中注明甲方是某某单位,落款及公章却是某某单位研究中心,这就是所谓"大头小脑袋",给合同效力留下了隐患。

有的合同书在当事人条款中注明乙方是李某某,落款用美术体或草书等签字,实际不是同一个人名,这就是所谓的"狸猫换太子"。"狸猫换太子"是为将来逃避责任做准备的。

2) 落款是否明确表明了签名人的身份,比如,法定代表人签名,在其签名上部或者左边,一定要有一个表述法定代表人身份的"帽子"。同样,代理人签名,一定要有一个代理人的"帽子"。有时第三人在合同书上签名,一定要表明他是"中介人",还是"见证人",抑或是"保证人"等。

3) 印章(含公章)是否符合要求。单位的行政章和合同专用章对签订合同来说,效力是相同的。部门章的风险较大,能否使用要具体问题具体分析。如果有代表人签名,没有公章不妨碍合同的效力。

当事人要签名或盖章,或签名加盖章。自然人签合同,盖印章(私章)意义不大,但一定要当面签名(不能异地换签)。最后要写年月日。

2. 其他应注意的问题。

（1）应注意查看合同文本中有无解决争议的条款，如果有，是否明确、具体。

（2）审查合同，不能只看合同文本，还要看附件等。有时，当事人会把技术规范、技术要求在合同附件中表述。附件是合同的组成部分，附件中可能夹杂着违约责任的规定，负责起草合同的一方对此应是清楚的，但另一方当事人可能并不知情，容易陷入被动状态或者掉入合同陷阱。

（3）合同书有两页以上的，要加页码，重要的合同书要加盖骑缝章。

（4）如果合同书没有加盖骑缝章，最后一页一定要有一部分正文，空白处用来签名、盖章。也就是说，不要用没有正文的单页专门用来签名、盖章，以防止一方当事人偷换前面记载合同内容的纸页。

（5）合同书一般是面签，但也有采用交换文本方式签订的，对交换文本，要注意审查文本的一致性。比如甲方将打印好的两份合同书签名后寄给对方，乙方签名后留下一份寄回一份，甲方就要仔细审查寄回的文本有无变动，比如价格、数量、质量等有无变动，解决争议的方法有无变动等。

补充协议审查的九项注意（6）

第一，补充协议是对协议的漏洞填补或变更。当事人的给付不丧失同一性。

第二，补充协议不是协议的从合同，主、从合同是不同的给付。比如借款合同（主合同）和抵押合同（从合同）是不同的给付。补充协议只是对协议确定的给付作出补充或者修改。

第三，补充协议不是和解协议，和解协议有其基础法律关系，在和解协议成立后，原法律关系（基础法律关系）还可以继续存在。原法律关系的给付与和解协议法律关系的给付不同。和解协议的条件未成就或者和解协议被解除，还可以恢复原法律关系的履行效力，原给付依然存在。

第四，补充协议与协议不是本约与预约的关系。预约与本约是不同的给付。对预约的履行，是成立本约，即成立新合同的行为，而补充协议与协议只是修改和补充的关系。

第五，补充协议不是对协议的更新。如果名为补充协议，而确认的法律关系与原协议确认的法律关系不具有同一性，则为更新，更新后，原协议的担保人不再承担担保责任。

第六，补充协议与协议不一致的，以补充协议为准，因为后边的意思表示优于前边的意思表示，时光不能倒流。

第七，补充协议的合同主体与协议的合同主体应当一致。补充协议的签订主体（代理人）与协议的签订主体不一致的，要审查签订主体的代理权限。审查补充协议时，要与协议对照一下，别偷懒。

第八，在表述上，有时要把协议的条款在补充协议上"重述"一下，对照一下。

第九，要注意补充协议的落款时间，没有落款时间会引起争议。有时，协议与补充协议在同一天，一般要注明先后。

关于衡平（7）

律师虽只受一方委托，对合同进行审查，但仍应秉持公平的观念，不可一边倒。审查合同，旨在查漏补缺，防止自己的委托人遭受不应有的损失。但不可过于压制对方，不可设计合同陷阱。法律对弱者的救济手段已经很成熟了，太过分的话，反而会砸了自己的脚。

容纳规则（8）

容纳规则的大意是：要约邀请的内容没有被否定的，自动进入要约，要约的内容没有被否定的，为承诺所接纳，进入合同。

合同审查包括对广告的审查。商业广告为要约邀请，符合要约条件的，视为要约。对广告的审查，一是看广告的内容能否进入合同，最终成为合同条款（容纳规则）；二是看有无可能构成侵权（是否侵害他人人格权或构成不正当竞争）；三是要看广告有效期的设计是否合理。

商业吹嘘的内容，能否进入合同？按容纳规则，要约邀请中商业吹嘘的内容，不能引起相对人合理信任的，不进入合同。为保护消费者利益，《商品房买卖合同解释》第3条规定，销售广告和宣传资料在一定条件下可以进入合同。[1]

甲发了一个优等悬赏广告（要约邀请），广告中有赏金标准等合同条件，乙见了悬赏广告后，对甲发出要约，甲确定乙为优等奖项（承诺）。甲、乙在要约和承诺中，都没有重复要约邀请中的内容，但要约邀请中的赏金标准等合同条件，自动进入合同之中。

合同的事先审查（9）

合同的事先审查是对要约邀请、要约或尚未发出的承诺的审

---

[1]《商品房买卖合同解释》第3条规定："商品房的销售广告和宣传资料为要约邀请，但是出卖人就商品房开发规划范围内的房屋及相关设施所作的说明和允诺具体确定，并对商品房买卖合同的订立以及房屋价格的确定有重大影响的，构成要约。该说明和允诺即使未载入商品房买卖合同，亦应当为合同内容，当事人违反的，应当承担违约责任。"

查。比如，甲方把尚未签字、盖章的合同文本（要约邀请）交给乙方，乙方律师的审查，就是事先审查。事后审查是对已经形成的法律关系的审查。事先审查还有修改的余地，事后审查往往只能亡羊补牢。

事先审查要帮助当事人规避风险；事后审查，发现有风险，要为当事人想想办法。

格式免责提示条款最好手写（10）

格式条款常见，格式免责条款常见，格式免责提示条款也常见。[1]提示，是提请对方注意条款。

---

[1]《民法典》第496条规定："格式条款是当事人为了重复使用而预先拟定，并在订立合同时未与对方协商的条款。采用格式条款订立合同的，提供格式条款的一方应当遵循公平原则确定当事人之间的权利和义务，并采取合理的方式提示对方注意免除或者减轻其责任等与对方有重大利害关系的条款，按照对方的要求，对该条款予以说明。提供格式条款的一方未履行提示或者说明义务，致使对方没有注意或者理解与其有重大利害关系的条款，对方可以主张该条款不成为合同的内容。"第497条规定："有下列情形之一的，该格式条款无效：（一）具有本法第一编第六章第三节和本法第五百零六条规定的无效情形；（二）提供格式条款一方不合理地免除或者减轻其责任、加重对方责任、限制对方主要权利；（三）提供格式条款一方排除对方主要权利。"第498条规定："对格式条款的理解发生争议的，应当按照通常理解予以解释。对格式条款有两种以上解释的，应当作出不利于提供格式条款一方的解释。格式条款和非格式条款不一致的，应当采用非格式条款。"《合同编通则解释》第10条规定："提供格式条款的一方在合同订立时采用通常足以引起对方注意的文字、符号、字体等明显标识，提示对方注意免除或者减轻其责任、排除或者限制对方权利等与对方有重大利害关系的异常条款，人民法院可以认定其已经履行民法典第四百九十六条第二款规定的提示义务。提供格式条款的一方按照对方的要求，就与对方有重大利害关系的异常条款的概念、内容及其法律后果以书面或者口头形式向对方作出通常能够理解的解释说明，人民法院可以认定其已经履行民法典第四百九十六条第二款规定的说明义务。提供格式条款的一方对其已经尽到提示义务或者说明义务承担举证责任。对于通过互联网等信息网络订立的电子合同，提供格式条款的一方仅以采取了设置勾选、弹窗等方式为由主张其已经履行提示义务或者说明义务的，人民法院不予支持，但是其举证符合前两款规定的除外。"

一个大公司制作格式合同，让我帮助看一下。在合同的末尾有这样的文字："甲方已经向乙方特别提示了免除、减轻责任的条款"。再下边就是甲方和乙方对合同书的签名、盖章。弊病是：它本身就是一个格式条款，很容易被确认为无效。

"一般提示"与"特别提示"不同。"一般提示"用大号字、黑体字、斜体字等显示免责条款就算完成了提示义务。

我的意见是，最好在甲、乙双方对合同书签名之后，再以手写的方式注明："甲方已经向乙方特别提示了免除、减轻责任的条款"。乙方对此应当签名、盖章。

不要小看了我这个意见。"预则立，不预则废。"

如果是"一对一"的非格式合同，自无此必要。

优等悬赏广告的设计（11）

对悬赏广告有两种观点，一种认为其是单独行为（单方法律行为），另一种认为是其要约。我认为适格的要约就是单方法律行为[1]，两种观点在我这儿得到了统一。

悬赏广告是要约，而优等悬赏广告是要约邀请，它分等次给付赏金（也可称为奖金）。要约把成立合同的最终权利交给了对方，要约邀请把成立合同的最终权利留给了自己。对完成优等悬赏广告规定的行为的人，广告主（广告行为人）还要决定取舍，因此这种广告不能构成要约。

例：甲发布优等悬赏广告，称：我公司为 A 类产品向社会征求商标设计，分三等奖。一等奖 1 名，5000 元；二等奖 10 名，2000 元；三等奖 30 名，1000 元。对获一等奖的商标设计，由我

---

[1] 参见隋彭生：《合同法律关系成立新探——从"法律事实"出发的理论分析》，载《政治与法律》2012 年第 7 期。

公司申请注册商标。这个优等悬赏广告,设计了竞争性缔约程序。

张工看到广告后,设计了一个菱形的图形商标,寄给甲,经过评选,获得一等奖。甲申请了注册商标,使用在A类产品上,后办理手续,又使用在B类等产品上。

张工起诉,要求停止侵害。甲辩称:"商标是我的,构成什么侵害?"

张工将自己的商标设计寄给甲,属于要约,评选为一等奖为甲的承诺行为,双方成立了委托完成作品的合同。要约邀请(优等悬赏广告)设计了合同条款,张工的行为为要约,要约邀请的内容自动进入要约之中,最终进入合同之中,此称为容纳规则。〔1〕合同中未约定作品著作权的归属,著作权归张工。〔2〕甲将商标用于B类等产品上,侵害了张工的著作权。

设计合同条款有时应从要约邀请开始。本案甲如果预先征求律师意见,就著作权归属在优等悬赏广告中作出规定,就可减少不少麻烦。不过,要取得著作权,奖金应当高些,避免显失公平的后果。

起草合同时,如何排除可预见规则的适用?(12)

《民法典》第584条规定:"当事人一方不履行合同义务或者履行合同义务不符合约定,造成对方损失的,损失赔偿额应当相当于因违约所造成的损失,包括合同履行后可以获得的利益;但

---

〔1〕参见隋彭生:《论要约邀请的效力及容纳规则》,载《政法论坛》2004年第1期。

〔2〕《著作权法》第19条规定:"受委托创作的作品,著作权的归属由委托人和受托人通过合同约定。合同未作明确约定或者没有订立合同的,著作权属于受托人。"

是，不得超过违约一方订立合同时预见到或者应当预见到的因违约可能造成的损失。"这是关于损害填补规则和可预见规则的规定。

预见的主体是违约人。预见的时间是在订立合同时，因为合同条件是在订立时确定的，不是在履行时确定的。欲击破可预见规则的适用，要在起草、订立合同时做文章。击破的方法主要有两个。

第一，书面告诉对方违约的财产损失后果，但要具体一些。"得罪了黎叔，后果很严重"之类的一般性表述，是"嘴上抹石灰，说了也白说"。如果损失计算方式很复杂，可以专门写一个合同附件。

第二，约定违约金。因为违约金的范围、比例或数额的计算，就是建立在已经预见基础上的。违约金法律关系是意定救济法律关系。定金不行，因为定金是不充分担保。

可预见规则既是对实际损失赔偿的限制，也是对可得利益赔偿的限制。

一份协议书，两个法律关系（13）

一份合同书或协议书，可能涉及两个以上法律关系，它们适用不同的规则。审查合同，应当明确当事人之间有几个法律关系。

1. 王某（男）与万某（女）是多年的夫妻，但二人财产自结婚以来就是 AA 制。后二人协议离婚，签订了离婚协议，除约定一起去办理离婚登记以外，还就财产作出了约定：离婚后，王某自有财产100万元，只留5万元，其余属于万某。

该离婚协议就终止夫妻身份法律关系作出了约定，这是解除婚姻的预约，即构成预约法律关系。除此之外，该离婚协议还包含赠与法律关系（附生效条件的赠与）。无论是否为道德义务性质的赠与，都不影响第三人（债权人）的保全撤销权。

2. 某甲与张某签订拆迁协议，约定在张某原地盖起的商铺，某甲以某某条件、某某期限出租给张某，到时双方再签订租赁合同。

该协议中除了拆迁形成的法律关系外，还包括租赁的预约法律关系。当事人不履行预约的，应承担违约责任。

3. 协议书、合同书反映、记载的法律关系，并不是法律关系本身。

合同的性质可以特约（14）

例：张某在玉石店看中了一块绿松石（原石），约定的总价格包含买卖和加工费用，并约定由玉石店将该石雕刻成一个挂件。本案当事人之间可以成立什么合同，后果如何？

本案合同，可以有两种不同的约定。

第一种：买卖+加工合同，即当事人之间存在买卖和加工两种合同。加工合同是承揽合同的一种。买卖合同实现占有改定方式的交付。买卖的"质量风险"（绿松石中有铁线、脏东西或其他瑕疵）的承担看当事人的约定，加工的风险（非因加工人的过失，加工物毁损和灭失）由买受人（所有权人）张某承担。

第二种：当事人之间成立一个定作合同。定作合同是承揽合同的一种，因使用定作人的原材料，故兼有买卖合同的性质。如果是定作合同，不存在以占有改定方式交付的问题。定作合同的风险，由所有权人（承揽人兼出卖人）承担。这里的风险，是指因不可归责于当事人的事由，标的物毁损、灭失的风险。绿松石中有铁线、脏东西或其他瑕疵，如何处理，要看当事人的约定。

第一种情况中的买卖合同未现实交付，通过占有改定实现所有权的移转；第二种情况，未现实交付，所有权不移转。两种约定，当事人承担的风险不同。对顾客来说，约定为定作合同较好，法律关系也比较简单。

签订这类合同时，如果标的额较大，要首先确定合同的性质（明确是哪一种典型合同），在此基础上再具体确定权利义务关系。一般要明确出卖人的质量瑕疵担保义务。[1]如果买受人自愿承担了有瑕疵的风险，就不能以重大误解为由，请求撤销合同。

合同的性质可以更新（15）

更新也称为更改，是原双方当事人订立新的合同，取代旧的法律关系。[2]更新，主体虽然没有发生变化，但债的同一性发生了变化，内容自然也发生了变化。比如，甲欠乙货款100万元，到期甲未能清偿，双方协商一致，将货款转为借贷，即乙变成贷款人（出借人），甲变成借款人。

例：张甲欠李乙劳务费5万元，应债权人李乙的要求，张甲给李乙写了一张欠条，载明"欠李乙5万元"。欠条中还载明了借款的利息。欠条现由李乙持有。

该欠条虽然为单方所写，但它是双方合意（更新合同）的证明。双方的法律关系已经更新为借贷，即合同的性质发生了变更，新合同取代了旧合同。

---

[1]《民法典》第615条规定："出卖人应当按照约定的质量要求交付标的物。出卖人提供有关标的物质量说明的，交付的标的物应当符合该说明的质量要求。"

[2] 更新不是合同变更。合同变更，是原合同双方当事人就合同法律关系的内容作局部调整，债的同一性不发生变化。双方订立的新的合同（更新合同），也不是和解协议。

例：第一年3月1日，甲（自然人）与乙公司签订《借款协议》，约定由甲借给乙公司1亿元，并约定了借款利率为"合同成立时一年期贷款市场报价利率的四倍"。

第二年4月1日，甲与乙公司签订了债权转股权协议书，约定甲对乙公司的全部债权本息转为对丙公司（乙的子公司）的投资，甲按比例持有对丙公司的股权（"债转股"），乙相应减少对丙公司的股权。

双方的债权转股权协议书更新了借款协议，借款法律关系由此终止。

可以针对无效合同签订和解协议（16）

例1：张男与李女约定，由张男包养李女3年，到期张男送李女房屋一套。协议效力如何？

例2：王男（已婚）为解除与赵女长期不正常的性关系，与赵女签订了和解协议，王男答应给付赵女金钱，该协议是否违反善良风俗？

《民法典》第153条第2款规定："违背公序良俗的民事法律行为无效。"公序良俗，是指公共秩序和善良风俗。公序是国家、社会的一般利益，良俗是国民的一般道德观念，两者都是公共利益的表现。张男与李女的包养协议违反了善良风俗，无效。

通过给付金钱的手段建立婚外性关系，是违反善良风俗的；而王男与赵女通过给付金钱的手段解除这种不正常的性关系的和解协议，不违反善良风俗。这类和解协议，可以成为有效合同。针对无效合同签订和解协议，是处理无效合同的后果，并不是将无效合同改造成有效合同。

略谈企业合同台账（17）

合同台账是一种合同管理方式，内容包括电脑记载、书证归档、簿记等。大中型企业一般都制定了合同管理办法，其中包括台账管理。

1. 合同台账的信息，由三个方面的人员加入，一是代理人和有关行为人，二是合同管理人员，三是单位领导。

2. 双方签字、盖章的纸质合同，财务部门留存一份，法律业务部门留存一份，从事该项业务的部门留存一份。设档案室的企业，档案室应留存一份。实务中，有向留存单位借阅合同书，最后导致原件丢失的情况。因此，借阅时，一般应当是借阅复印件。律师一般不要收原件。

3. 如果是以信件的方式成立合同，应当明确原件和复印件的留存、分管单位。

4. 合同文本一般应扫描到电脑。单位领导批示、会签记录、律师审查意见等需要入台账。交易双方来往信函、发信收据、传真件、电话记录等需要入台账。

5. 合同相对方代理人授权的原件，应当入台账。

6. 对己方代理人和其他行为人的授权，应在台账中予以记载。

7. 合同履行结果以及时效进行情况等也要入账。

8. 对台账信息的查阅权限，单位可根据自己的情况确定。

第二节　若干技术问题

合同书签字、盖章的几个具体问题（1）

1. 一些合同书，签字、盖章单用一页，与主文相分离。实务中，有的当事人主张，自己对主文一无所知，主文并非自己的意思表示；有的当事人拿出的主文与对方的不一致。为避免、减少争议，保护自己的合法权益，合同书签字、盖章的位置，与主文应在同一页，应与主文相衔接。

与此相关的问题是，重要合同应当盖骑缝章。

2. 企业内部，对单位公章、合同专用章的使用"有分工"，两种公章对外效力相同。在一般情况下，不应接受相对人的"部门章"。

3. 有时，一方当事人使用私人章，没有亲笔签字。如果是单位，有单位公章，再使用私人章就没有什么问题；没有公章而单独使用私人章，容易引起争议。如果是自然人，不亲笔签字而仅使用私人章，容易产生争议。签字是意志支配的主动行为，而使用私人章往往有被动的嫌疑。

使用私刻公章，效力如何？（2）

例：甲公司与乙签订合同，乙到期没有履行，甲公司起诉了乙。乙提出甲公司的合同专用公章是假的，主张合同无效。原来，一个企业的合同专用章只能有一枚（印章图形在公安部门备案），甲公司为了方便，又私刻了三枚合同专用章。

合同专用章是私刻的，但当事人的意思表示是真实的，不影响合同的效力。

如果未经甲公司的同意，其职员以私刻的公章签订合同，就要看是否构成表见代理。相对人如果不是善意的（不知情且无过失），就不能构成表见代理。[1]

一般不要接受私人章（3）

私人（自然人）签订的合同，合同书上没有一方的签字，只有私章，该方主张合同不成立（不存在）的，对方（相对人）要负担举证责任。亦即，在合同纠纷案件中，主张合同关系成立并生效的一方当事人对合同订立和生效的事实承担举证责任。

因此，签订合同时，应要求当事人当面签名（不能拿回去签名），盖不盖私章倒不重要，别当回事。

加盖印章或签字、按指印与合同成立的关系（4）

1. 加盖印章或签字、按指印的意义。合同是双方就必要条款达成的合意，在合同书上或在要约、承诺上分别加盖印章（含公章）、签字、按指印，是当事人表明受自己意思表示的约束，进

---

[1]《合同编通则解释》第22条规定："法定代表人、负责人或者工作人员以法人、非法人组织的名义订立合同且未超越权限，法人、非法人组织仅以合同加盖的印章不是备案印章或者系伪造的印章为由主张该合同对其不发生效力的，人民法院不予支持。合同系以法人、非法人组织的名义订立，但是仅有法定代表人、负责人或者工作人员签名或者按指印而未加盖法人、非法人组织的印章，相对人能够证明法定代表人、负责人或者工作人员在订立合同时未超越权限的，人民法院应当认定合同对法人、非法人组织发生效力。但是，当事人约定以加盖印章作为合同成立条件的除外。合同仅加盖法人、非法人组织的印章而无人员签名或者按指印，相对人能够证明合同系法定代表人、负责人或者工作人员在其权限范围内订立的，人民法院应当认定该合同对法人、非法人组织发生效力。在前三款规定的情形下，法定代表人、负责人或者工作人员在订立合同时虽然超越代表或者代理权限，但是依据民法典第五百零四条的规定构成表见代表，或者依据民法典第一百七十二条的规定构成表见代理的，人民法院应当认定合同对法人、非法人组织发生效力。"

而受合意的约束。同时，加盖印章、签字也是达成合意（合同成立）的证明。故而，是否加盖印章、签字或按指印的问题首先是合同是否成立的问题，即合同成立有无依据。如果未加盖印章，又未签字，也没有按手印，则表明合同未成立，而不是表明合同无效。因为，当事人表示受自己意思表示的约束，不是合同生效的要件。

例：甲公司与乙公司签订金融借款合同，约定由甲公司借给乙公司1亿元。双方的法定代表人在合同书上法定代表人一栏分别签了自己的名字，但都没有加盖公司的公章。经查，甲公司没有提供金融借款的资质。

双方的法定代表人签订金融借款合同，实施的是代表行为。双方法定代表人在合同书上签了自己的名字，表明甲公司、乙公司受合意的约束，即两公司之间的金融借款合同成立。甲公司没有提供金融借款的资质，主体不适格，合同无效。如果双方协商一致确定了合同书，但双方没有签字、盖章或只有一方签字、盖章，则合同不成立。

2. 签名、按指印、加盖印章，三者不分高下，可以互相替代。仅有法定代表人、负责人或者工作人员（代理人）签名或者按指印而未加盖单位的印章，合同是可以成立的。至于是否超越权限，则是合同是否有效的问题。相对人能够证明法定代表人或者代理人在订立合同时未超越权限的，则合同可以生效。但是，当事人特别约定以加盖印章作为合同成立条件的，从其约定。

例1：甲公司与乙公司签订了一份买卖合同，约定"合同在加盖公司公章后生效"。甲公司于1月1日在一式四份的合同书上分别加盖公司行政公章后，将合同交给乙公司。乙公司于1月

2日加盖行政公章后,当日退给甲公司两份合同书。

例1中,甲公司与乙公司的买卖合同在1月2日成立并生效。

例2:A公司与B公司签订了一份建设工程合同,约定"合同在签字、盖章后生效"。A公司于11月5日在一式四份的合同书上分别加盖公司行政公章后,将合同交给B公司。B公司的法定代表人张某于11月6日在法定代表人一栏签上自己名字后,当日退给甲公司两份合同书。两个月后,双方发生争议,B公司主张合同未成立,因为合同只有法定代表人签字,未盖公司公章。

例2中,A公司与B公司的建设工程合同在11月6日成立。"合同在签字、盖章后生效"中的"顿号",应解释为"或者"。张某的代表行为就是公司的行为,在这笔交易中,张某没有自己独立的人格。

同理,仅加盖单位的印章而无人员签名或者按指印,合同仍可以成立。至于代表人或代理人是否超越权限,则是合同是否有效的问题。相对人能够证明代表人、代理人在订立合同时未超越权限的,合同可以生效。

如果证明当事人订立合同是自己的意思,有受合意约束的意思,则不加盖印章或印章有瑕疵都不影响合同的成立。在此意义上,"人大于章"。

合同书的结构(5)

如果合同内容较多,可以分章来写,章下面设"点",一般不要设"节",过于繁复也不好。每章要有标题。条款的排序,要从头至尾,设章时不要重新起头。比如第一章有五条,第二章就要从第六条开始。

第一章或者第一条（写合同的性质），要写"标的"。双务合同有两个标的，一个是甲方的给付，一个是乙方的给付。之后，再具体表述双方的权利义务，一般应分别表述且应从义务的角度表述，这样显得清晰。

合同书上的联系方式（6）

1. 合同书的开头，要表明甲、乙双方的身份（当事人条款）。有一个细节要注意，即要写明双方的联系地址、联系方式，但一定不要把联系方式限定为一种方式或几种方式。

2. 自然人之间签订合同，要留下对方的联系方式，有时需要留下对方的身份证号码。与不熟悉的自然人签订合同，一般要留下其身份证复印件。比如，你把房子出租给一个你不熟悉的人，即便是通过中介签订的合同，也要留下他的身份证复印件。

慎用法言法语（7）

1. 律师起草、修改合同，可以适度使用"法言法语"，但应以双方当事人都了解术语的含义为限。否则，极易产生争议，也可能形成合同陷阱。

2. 如果合同使用了专业术语，可以考虑在合同后附加词语的解释、界定。比如，和解协议的基础法律关系，经常是侵权责任之债。这种和解协议经常使用的术语是"残疾赔偿金""死亡赔偿金"。此"二金"是不包含精神损害赔偿的。也就是说，如果在和解协议中使用了"残疾赔偿金""死亡赔偿金"的术语，获得赔偿的一方还可再提出精神损害赔偿的要求。代书的律师若没有把握好术语的运用，会使当事人重起战端。建议使用"赔偿总额"的术语，并对术语进行界定。

合同用词要准确（8）

合同用词准确，可以减少不必要的争议。

例：甲将A公司的部分股权转让给乙，双方在股权转让书中约定：甲保证股权无瑕疵、无权利负担，如有违反，甲以在标的公司（即A公司）的权益承担责任。

1. 转让人甲本来对股权转让债务承担无限责任，但甲、乙在股权转让书中的约定模糊了这种责任，徒增争议。而且，甲在标的公司有哪些权益也不清楚。这段话写成"甲保证股权无瑕疵、无权利负担"就足够了，写成"甲保证股权无瑕疵"也可以。语多易失。

2. "甲以在标的公司的权益承担责任"，是极易引起争议的说法，应避免这样的表述。

慎用委托二字（9）

1. 很多当事人喜欢用"委托"二字。合同的名称使用"委托"二字，有一点危险，法官可能直接当作委托合同予以判决。

2. 委托合同是委托人和受托人约定由受托人处理委托人事务的合同。委托的事务包括完成法律行为和事实行为。事实行为，如受托人接受委托，进行记账、算账、清点货物等。

3. 当受托人完成事实行为致第三人损害时，委托人不承担责任，除非委托人有过错。

手写体与印刷体（10）

例：打印的合同文本上，解决争议的条款写明：发生争议的，任何一方有权到法院起诉。在该条款的空白行上，双方当事人又用签字笔写明：发生争议，任何一方有权到深圳仲裁委请求仲裁。

1. 此案手写的仲裁条款排除了法院管辖。
2. 解决争议的方法或途径，一般放在合同文本的尾部。如果打印的文本表明了解决争议的方法和途径，手写体却与印刷体（包括电脑打字）不一致，当然要采纳手写体。
3. 手写体优于印刷体，是因为手写体在后。在后的意思表示可以修改、否认前边的意思表示，而在前的意思表示则不能对在后的意思表示有所作为。

综上，在打印的合同文本上，用手写来增加内容，要看看与印刷体有无冲突。

小写之后有大写（11）

有些合同在表达金钱数额时，只用小写。重要合同，在小写之后，还应有大写。大写与小写不一致的，若无其他证据，应以大写为准（大写优于小写的规则）。

有优势的文本（12）

《民法典》第466条第2款规定："合同文本采用两种以上文字订立并约定具有同等效力的，对各文本使用的词句推定具有相同含义。各文本使用的词句不一致的，应当根据合同的相关条款、性质、目的以及诚信原则等予以解释。"

合同有中外两种文本时，最好确定"先后"，比如，先以中文写成合同，再翻译成英文。在客观上，作为基础的文本是有优势的。

格式条款合同与合同示范文本的区别及采用（13）

1. 区别。

（1）示范文本由第三者制定，格式条款由一方当事人制定。

（2）格式条款中不允许变动的条款称为"锅炉钢板条款"，示范文本中没有这样的条款，换句话说，示范文本的条款是可以改动的。

（3）对格式条款的救济，贯彻"倾斜原则"，对示范文本不适用"倾斜原则"，即适用的规则不同。

2. 采用。

处于优势的一方（比如垄断企业），最好尽量采用示范文本。如果没有相应的示范文本，在制作格式条款合同时，也要回避相应的法律风险：一是要依《民法典》第496条就免责条款尽提示义务；二是要避免《民法典》第497条的无效情形；三是文字表达要清楚，因为《民法典》第498条确立了不利于格式条款合同制作人的解释规则，该规则源于罗马法中不利于表意人的解释规则。[1]

---

[1]《民法典》第496条规定："格式条款是当事人为了重复使用而预先拟定，并在订立合同时未与对方协商的条款。采用格式条款订立合同的，提供格式条款的一方应当遵循公平原则确定当事人之间的权利和义务，并采取合理的方式提示对方注意免除或者减轻其责任等与对方有重大利害关系的条款，按照对方的要求，对该条款予以说明。提供格式条款的一方未履行提示或者说明义务，致使对方没有注意或者理解与其有重大利害关系的条款的，对方可以主张该条款不成为合同的内容。"第497条规定："有下列情形之一的，该格式条款无效：（一）具有本法第一编第六章第三节和本法第五百零六条规定的无效情形；（二）提供格式条款一方不合理地免除或者减轻其责任、加重对方责任、限制对方主要权利；（三）提供格式条款一方排除对方主要权利。"第498条规定："对格式条款的理解发生争议的，应当按照通常理解予以解释。对格式条款有两种以上解释的，应当作出不利于提供格式条款一方的解释。格式条款和非格式条款不一致的，应当采用非格式条款。"

条款的暂付阙如与预约（14）

有些条款暂付阙如（条款暂缺），要与预约相区分。预约，是当事人欲成立新的法律关系。条款暂付阙如，以后是要填补的，填补以后，并不丧失法律关系的同一性。对暂缺条款，有时要在合同中写明协商的程序及补充条款的标准。

区分的意义：条款暂付阙如的，可由法院依照《民法典》第510条、第511条的规定予以填补（补充性解释），[1] 并可依当事人的请求，强制实际履行；对预约的履行是成立本约，对预约不履行的（不成立本约），不能强制实际履行。

区分预约与本约，可以避免可得利益的赔偿（15）

例：甲、乙签订了拆迁合同。合同中有一个条款说，甲在拆迁以后盖了写字间，将以平价租给乙一套。本拆迁合同包括租赁合同的预约。

---

〔1〕《民法典》第510条规定："合同生效后，当事人就质量、价款或者报酬、履行地点等内容没有约定或者约定不明确的，可以协议补充；不能达成补充协议的，按照合同相关条款或者交易习惯确定。"第511条规定："当事人就有关合同内容约定不明确，依据前条规定仍不能确定的，适用下列规定：（一）质量要求不明确的，按照强制性国家标准履行；没有强制性国家标准的，按照推荐性国家标准履行；没有推荐性国家标准的，按照行业标准履行；没有国家标准、行业标准的，按照通常标准或者符合合同目的的特定标准履行。（二）价款或者报酬不明确的，按照订立合同时履行地的市场价格履行；依法应当执行政府定价或者政府指导价的，依照规定履行。（三）履行地点不明确，给付货币的，在接受货币一方所在地履行；交付不动产的，在不动产所在地履行；其他标的，在履行义务一方所在地履行。（四）履行期限不明确的，债务人可以随时履行，债权人也可以随时请求履行，但是应当给对方必要的准备时间。（五）履行方式不明确的，按照有利于实现合同目的的方式履行。（六）履行费用的负担不明确的，由履行义务一方负担；因债权人原因增加的履行费用，由债权人负担。"

第一部分 合同的起草、设计、审查

1. 预约一般表现为认购书、订购书、预订书等。[1]但实务中经常有这样的现象：成立了一项交易，在合同中对有关联的交易作出了预约，即一份合同包含本交易和预约两个合同法律关系。也就是说，预约可能藏在其他合同中。这一点在帮当事人审查合同时要特别注意。

2. 将交易区分为预约和本约两个环节，可以避免可得利益的赔偿。因为对预约的履行是签订本约，不是履行本约，不存在对本约的履行利益，即违反预约虽然要承担违约责任，但对本约的可得利益损失不承担赔偿责任。[2]不过，刻意区分为预约、本约两个环节，效果不一定好，帮助当事人设计合同，还是要根据实际情况，还是要实事求是。

---

[1]《民法典》第495条第1款规定："当事人约定在将来一定期限内订立合同的认购书、订购书、预订书等，构成预约合同。"《合同编通则解释》第6条规定："当事人以认购书、订购书、预订书等形式约定在将来一定期限内订立合同，或者为担保在将来一定期限内订立合同交付了定金，能够确定将来所要订立合同的主体、标的等内容的，人民法院应当认定预约合同成立。当事人通过签订意向书或者备忘录等方式，仅表达交易的意向，未约定在将来一定期限内订立合同，或者虽然有约定但是难以确定将来所要订立合同的主体、标的等内容，一方主张预约合同成立的，人民法院不予支持。当事人订立的认购书、订购书、预订书等已就合同标的、数量、价款或者报酬等主要内容达成合意，符合本解释第三条第一款规定的合同成立条件，未明确约定在将来一定期限内另行订立合同，或者虽然有约定但是当事人一方已实施履行行为且对方接受的，人民法院应当认定本约合同成立。"

[2]《民法典》第495条第2款规定："当事人一方不履行预约合同约定的订立合同义务的，对方可以请求其承担预约合同的违约责任。"《合同编通则解释》第8条规定："预约合同生效后，当事人一方不履行订立本约合同的义务，对方请求其赔偿因此造成的损失的，人民法院依法予以支持。前款规定的损失赔偿，当事人有约定的，按照约定；没有约定的，人民法院应当综合考虑预约合同在内容上的完备程度以及订立本约合同的条件的成就程度等因素酌定。"预约在内容上的完备程度高，订立本约的条件的成就程度高，赔偿额相应就多。预约在内容上的完备程度高，说明对本约内容设计的完备程度高，但赔偿范围仍不能包括本约的可得利益。

主从合同合二为一（16）

主合同与从合同是两个合同，是不同的法律关系。如果不是"重大合同"，可将主、从合同写在一份合同书里，比如："抵押借款合同"（将抵押与借款写在一起）、"质押买卖合同"（将质押与买卖写在一起）等。这样写，法律关系比较清晰；分别写，还要对照着看，有点麻烦。

当从合同是保证时，可直接使用主合同的名称，如"借款合同""买卖合同"等；提供保证的人签字，一定要加上"保证人"的定语，因为签字的第三人可能有不同身份（如中介人、中证人等）。

抓大放小（17）

法定的权利，是否要在合同书中明确规定或复述？比如，甲违约，乙方得行使抗辩权，在合同中是否要强调一下？

1. 法定的权利，一般不用在合同中书写。这样做，一是为避免刺激对方，二是为避免占篇幅。法定的权利在合同中不出现，照样能行使。为了强调，也可以重复法律的规定。

2. 一份合同，过于严谨，费时费力；过于粗放，会有后患。在关键的一两处要严谨，比如金额、权利归属等要特别注意。

3. 法律人看到条款，会自动想到后果，这叫素养。

由合同签订地法院管辖的约定，应当具体（18）

约定由合同签订地人民法院管辖的，应当具体。比如，在北京签订合同，应当具体到某区。当事人双方签字、盖章不在同一地点的，也应具体约定签订地。

《民事诉讼法》第 35 条规定:"合同或者其他财产权益纠纷的当事人可以书面协议选择被告住所地、合同履行地、合同签订地、原告住所地、标的物所在地等与争议有实际联系的地点的人民法院管辖,但不得违反本法对级别管辖和专属管辖的规定。"

对合同签订地发生争议时,应按当事人的意思表示确定签订地。比如,采用书面形式订立合同,合同约定的签订地与实际签字或者盖章地点不符的,应当认定约定的签订地为合同签订地。意思表示有前有后的,要以后边的意思表示为准。比如,合同没有约定签订地,双方当事人签字或者盖章不在同一地点的,应当认定最后签字或者盖章的地点为合同签订地。

一种技巧:抵销成就条件(19)

当事人可以约定合同附生效条件。这个条件的设计是很有讲究的。比如,甲、乙约定,买受人乙付清首期货款时合同生效。这是附随意条件的合同。因为别的交易,出卖人甲恰好欠乙一笔钱(等于或超过首期货款的数额),乙通知甲抵销,乙即付清了首期货款,合同生效。

律师在审查合同时,应询问当事人有无其他债权债务关系。如果有,应当对能否抵销及抵销后果作出判断和评价。

审查以物抵债协议,重点在其对原债务的效力(20)

例:甲欠乙 10 万元货款,到期未清偿。甲、乙约定,债务人甲以自己一号仓库的货物(种类物)抵债。双方对一号仓库的货物进行了清点,之后加了封条,并在清单上签了字。甲、乙之间的协议,是以物抵债协议。

1. 加了封条，使一号仓库的货物（种类物）成为主观特定物。通过交付约定的物，原10万元货款的债务消灭。以物抵债不是抵销，因为抵销需要有双方债权，而以物抵债是债务人以一宗新的给付代替原有给付，是为满足一方的债权而设。

2. 当事人只简单约定"抵债"，可能会对以物抵债协议的效力发生争议。审查以物抵债协议，应重点审查协议及其履行对原债务的效力。

以物抵债协议，按债务是否到期，分为债务履行期限届满后达成的以物抵债协议和届满前达成的以物抵债协议；按目的，可以分为清偿型以物抵债协议和担保型以物抵债协议。本例是债务履行期限届满后达成的以物抵债协议，是清偿型以物抵债协议。

《合同编通则解释》第27条第1款规定："债务人或者第三人与债权人在债务履行期限届满后达成以物抵债协议，不存在影响合同效力情形的，人民法院应当认定该协议自当事人意思表示一致时生效。"第2款规定："债务人或者第三人履行以物抵债协议后，人民法院应当认定相应的原债务同时消灭；债务人或者第三人未按照约定履行以物抵债协议，经催告后在合理期限内仍不履行，债权人选择请求履行原债务或者以物抵债协议的，人民法院应予支持，但是法律另有规定或者当事人另有约定的除外。"第3款规定："前款规定的以物抵债协议经人民法院确认或者人民法院根据当事人达成的以物抵债协议制作成调解书，债权人主张财产权利自确认书、调解书生效时发生变动或者具有对抗善意第三人效力的，人民法院不予支持。"第4款规定："债务人或者第三人以自己不享有所有权或者处分权的财产权利订立以物抵协议的，依据本解释第十九条的规定处理。"[1]

（1）以物抵债协议不是实践合同，是诺成合同，在当事人达成合意时成立，在成立时生效。以物抵债协议，标的物未交付或未办理所有权移转登记的，不影响合同的成立和生效。——在起草以物抵债协议时，不要将其写成实践合同，否则会事实上给债务人以反悔权。

（2）债务履行期限届满后达成的以物抵债协议涉及双层法律关系，一层是基础法律关系（原债权债务关系），一层是以物抵债协议法律关系。《合同编通则解释》第 27 条第 2 款根据以物抵债的特点规定"履行以物抵债协议后，人民法院应当认定相应的原债务同时消灭"，即对原债务消灭附加了"履行以物抵债协议"的条件，履行的结果使物权发生变动，债权人成为所有权人，原债务随之消灭。抵债人（原债务人或第三人）未按照约定履行以物抵债协议，经催告后在合理期限内仍不履行时，则构成选择之债，即债权人有权在原债务和以物抵债协议之间选择其一请求履行，该选择权是简单形成权（单纯形成权）。——在以上规定的基础上，"另有约定"就特别重要。

（3）以物抵债协议是债权行为（负担行为），经人民法院确认或者人民法院根据当事人达成的以物抵债协议制作成调解书的，确认书、调解书确认的是债权，不导致物权发生变动，不产生使债权人获得清偿的结果，也不具有对抗善意第三人的效力，善意第三人仍可以取得标的物所有权。——注意此点与《民法

---

[1]《合同编通则解释》第 19 条第 1 款规定："以转让或者设定财产权利为目的订立的合同，当事人或者真正权利人仅以让与人在订立合同时对标的物没有所有权或者处分权为由主张合同无效的，人民法院不予支持；因未取得真正权利人事后同意或者让与人事后未取得处分权导致合同不能履行，受让人主张解除合同并请求让与人承担违反合同的赔偿责任的，人民法院依法予以支持。"

典》第 229 条的不同。[1]不要把以物抵债写成物权行为。

（4）债务人或者第三人以物抵债协议是负担行为，属于无权处分的，协议有效。因抵债人未取得真正权利人事后同意或者让与人事后未取得处分权导致合同（以物抵债协议）不能履行的，债权人有权解除合同并请求抵债人承担违反合同的赔偿责任。——以物抵债协议可以就抵债人的违约行为（含因权利瑕疵导致的违约）作出特别约定。

第三节　合同的解除

约定形成权（1）

出卖人甲与买受人乙约定，甲到期不发货的，乙无须催告，有权直接通知甲解除合同。

1. 甲、乙约定的解除权（形成权之一种）不违反法律的强行性规定，有效。这种合同，不是附解除条件的合同，而是约定解除权的合同。附解除条件的合同，条件成就后，合同自动解除。约定解除权的合同，还需要解除权人实施解除通知行为（单方法律行为）。当然，其也可以不行使解除权，保留合同的效力。

2. 形成权是以单方的意思（单方法律行为）形成法律关系的权利。形成法律关系，包括发生法律关系、变更既有的法律关系、消灭既有的法律关系。形成权包括法定形成权和意定形成权。对合同来说，意定形成权就是约定形成权。

---

[1]《民法典》第 229 条规定："因人民法院、仲裁机构的法律文书或者人民政府的征收决定等，导致物权设立、变更、转让或者消灭的，自法律文书或者征收决定等生效时发生效力。"

3. 在审查合同时，要注意当事人是否约定了形成权，如果约定了形成权，对该形成权有无除斥期间的限制。我的意思是说，如果约定了形成权，随之要考虑的是，是否需要用期间（约定的除斥期间）来限制。

约定解除权，要特别注意的一点（2）

《民法典》第562条第2款规定："当事人可以约定一方解除合同的事由。解除合同的事由发生时，解除权人可以解除合同。"[1]一方当事人行使约定的解除权，要不要经过催告程序？法律未设规定，审判实践中做法不一。我个人的观点是，约定解除权的，如条件成就，原则上不要求催告程序。"原则上"，就说明还要具体问题具体分析。

为避免争议，在起草合同、约定解除权时，最好注明一方当事人通知对方解除合同前是否须经过催告程序。

约定解除权，应当将条件具体化（3）

1.《民法典》第562条第2款规定："当事人可以约定一方解除合同的事由。解除合同的事由发生时，解除权人可以解除合同。"此非附解除条件的合同，而是意定解除权成立的合同。解除权成立的事由（不是合同解除的事由），可以是偶成事由，也可以是当事人一方的行为。

2. 约定一方违约，另一方有权通知违约方解除合同，该事由

---

[1] "合意解除与约定解除权不可混为一谈。合意解除，当事人一经合意即发生解除之效力；约定解除权，仅当事人于订立契约之同时，或其后另一其他契约保留解除契约之权利，并不当然发生解除契约之效力，必须依约行使解除权时，始能解除契约。"见郑玉波：《民法债编总论》（修订二版），陈荣隆修订，中国政法大学出版社2004年版，第325页。

是一方的行为。从实务中来看，当事人约定的这种行为，往往不够具体，容易导致争议。比如，当事人约定："因一方不履行本合同的义务，被违约方有权直接通知违约方解除合同。"这里引起争议的问题是，不履行合同义务仅是重大违约，还是包括轻微违约？如果约定不明，应当解释为仅包括重大违约。如果事先约定违约达到某种程度，被违约人才可成立解除权，就会减少不少麻烦。

3. 还有一个问题，《民法典》第562条第2款的解除权，在行使前是否要经过催告程序？该规定与《民法典》第563条第1款第3项（该项要求解除前先催告）不同，一般是不需要先催告的，但预先不作规定，有的当事人会纠缠不休，法官也会见仁见智。因此，最好把"无须催告，直接通知解除"一类表述加在合同书上。

4. 总之，约定解除权，应当将条件具体化。

解除权的特约（4）

例：甲将房屋出租给乙三年，但双方约定，承租人乙有权随时退租。

1. 法定事由解除权在被违约人（债权人）、违约人（债务人）无该解除权（参见《民法典》第563条）。但当事人可以特约，一方当事人无法定事由时享有单方解除权（约定形成权）。本案承租人乙依约享有单方解除权。

2. 相应的措施是约定解除人的违约责任。即是说，给你权利，就要你承担义务。——有时，退一步，要进一步！本案承租人乙虽然享有单方任意解除权，且没有约定违约责任，但仍应承担相应的违约责任。

合同解除条款的程序性设计（5）

律师代为起草合同书时，可注意一下解除条款的程序性设计。根据我国《民法典》第 563 条第 1 款第 3 项的规定，解除合同需要发出催告通知（其中要预留合理期限）和发出解除通知两道程序，很多被解除人（债务人）以解除权人（债权人）未催告为由进行抗辩，使解除权人很被动。我接触过很多这样的案件，觉得应当给刚入行的律师们提个醒。

可以在合同书中这样写："解除权人可以在解除通知中给被解除人预留合理期限，到期被解除人仍不如何行为的，合同自动失去效力。"这种解除通知表面是附期限的，实际是附随意条件的。[1]

上述设计，适用于债务人不履行主要债务，债权人单方行使解除权的情形。

有的朋友可能问：如果合同事先没有上述约定，解除权人能否向对方发出附随意条件的解除通知？——可以肯定地说，这样的通知是有效的，但法官由于种种原因可能不认可这种通知！

合同的履行期与终止期（6）

例：甲、乙订立合同，约定乙的履行期限届满日期为 6 月 1 日，合同终止日期为同年 9 月 1 日。乙到期未履行合同，甲依《民法典》第 563 条第 1 款第 3 项，向乙发出催告通知，但在通知中表明，如乙至同年 7 月 1 日还不履行合同，甲将通知乙解除合同。

---

〔1〕 参见隋彭生：《诉讼外和解协议的生效与解除——对最高人民法院〈指导案例 2 号〉的实体法解释》，载《中国政法大学学报》2012 年第 4 期。

1. 甲在9月1日前解除合同，无效。

2.《民法典》第160条规定："民事法律行为可以附期限，但是根据其性质不得附期限的除外。附生效期限的民事法律行为，自期限届至时生效。附终止期限的民事法律行为，自期限届满时失效。"

本案合同，为《民法典》第160条所说的附终期的合同。在本案中，终止期限的作用在于，乙违约之后，还享有6月1日至9月1日的宽限期。故甲在催告履行的通知中预留的宽限期，不能早于终止日期届满，但可以晚于终止日期届满。

3. 送审的合同文本，履行期限届满之日与合同终止日期不一致时（合同终止日期在履行期限届满日之后），律师应询问当事人的真实意思，在合同上作补充说明，或者干脆去掉终止日期。因为债务人陷入迟延而解除合同时，一般要进行"履行之催告"，而合同终止日期（所谓"合同附终期"）届至，合同自动失去效力。

第四节　各类合同的起草、设计、审查

第一目　买卖合同

审查样品与相应条款是否一致（1）

审查样品买卖合同时，不但要审查合同条款，还要看样品与条款表述是否一致、样品是否封存及采用什么方式封存。样品不封存，就失去了证据意义。

当合同条款与封存样品（样品本身没有变化）不一致时，按条款约定履行，还是按样品履行？——应按样品履行。《买卖合同解释》第29条规定："合同约定的样品质量与文字说明不一致

且发生纠纷时当事人不能达成合意，样品封存后外观和内在品质没有发生变化的，人民法院应当以样品为准；外观和内在品质发生变化，或者当事人对是否发生变化有争议而又无法查明的，人民法院应当以文字说明为准。"

改变诺成合同的性质（2）

例：甲、乙约定：出卖人甲向买受人乙交付车床时合同生效。

1. 甲、乙的约定有效。附条件的合同，所附条件包括偶成条件、随意条件和混合条件。甲、乙之间的买卖合同，是附随意条件的合同。甲向乙交付车床，为条件成就。

2. 买卖合同是诺成合同。甲、乙的约定，实际是将他们之间的买卖合同变成实践合同。出卖人可以通过不交付标的物行使反悔权。

检验期间过短的法律风险（3）

起草买卖合同时，检验期间设计过短的一个法律风险，是该期间会被认定为"买受人对外观瑕疵提出异议的期间"，这是由生活常识、交易习惯决定的。这个风险是出卖人的风险。在认定对外观瑕疵的异议期间后，往往还要重新确定对隐蔽瑕疵的异议期限。[1]

---

[1]《买卖合同解释》第12条规定："人民法院具体认定民法典第六百二十一条第二款规定的'合理期限'时，应当综合当事人之间的交易性质、交易目的、交易方式、交易习惯、标的物的种类、数量、性质、安装和使用情况、瑕疵的性质、买受人应尽的合理注意义务、检验方法和难易程度、买受人或者检验人所处的具体环境、自身技能以及其他合理因素，依据诚实信用原则进行判断。民法典第六百二十一条第二款规定的'二年'是最长的合理期限。该期限为不变期间，不适用诉讼时效中止、中断或者延长的规定。"《民法典》第621条第1款规定："当事人约定检验期限的，买受人应当在检验期限内将标的物的数量或者质量不符合约定的情形通知出卖人。买

例如，甲买的一套木器，在三个月内（由于季节的变化）开裂，而约定的异议期间只有十天。该十天应当认为是"对外观瑕疵提出异议的期间"，要查看有无质包期，没有的，由法院确定对隐蔽瑕疵提出异议的合理期间。

避免商事留置的一个技术性方法（4）

例： 甲出卖给乙货物（动产、特定物），该货物由第三人丙公司占有（保管或由于其他原因占有）。甲对乙进行指示交付，通知送达丙的时候算交付。乙若是企业且是丙的债务人，在请求丙现实交付时，丙可行使商事留置权。

我国《民法典》第448条规定："债权人留置的动产，应当与债权属于同一法律关系，但是企业之间留置的除外。"本条"但书"，规定的是商事留置。如果甲、乙不能满足该条的主体条件，自不会产生商事留置的结果。

甲和第三人丙有可能利用观念交付设置合同陷阱。乙避免商事留置的方法是，在与甲的买卖合同书中注明："甲方应当现实交付"或"甲方不得指示交付"。最好的写法是："甲方委托丙公司现实交付"。需要注意的是，上述"注明"或"写法"，排除了指示交付的效力。

（接上页）受人怠于通知的，视为标的物的数量或者质量符合约定。"第2款规定："当事人没有约定检验期限的，买受人应当在发现或者应当发现标的物的数量或者质量不符合约定的合理期限内通知出卖人。买受人在合理期限内未通知或者自收到标的物之日起二年内未通知出卖人的，视为标的物的数量或者质量符合约定；但是，对标的物有质量保证期的，适用质量保证期，不适用该二年的规定。"第3款规定："出卖人知道或者应当知道提供的标的物不符合约定的，买受人不受前两款规定的通知时间的限制。"

第二目 赠与合同

附负担赠与合同的设计（1）

1. 附负担赠与合同的性质。附负担的赠与又称为附义务的赠与，谓以受赠人对于赠与人或第三人负有为一定给付债务为附款之赠与。[1]

构成对价给付的，为有偿合同。受赠人的给付不属于对价给付，因此附负担的赠与未改变赠与的无偿性质。因为所附负担不是对价关系，所以附负担赠与合同不是双务合同，而是不完全双务合同（不真正双务合同）。

2. 受益人的设定。受赠人给付的受益人可以是：①赠与人自身（例如，甲向乙赠与不动产并让乙继承抵押债务等）；②特定的第三人（例如，甲向乙赠与出租中的房屋并要求乙将一部分租金支付给甲的妻子等）；③不特定多数的对象（例如，赠与山林并要求一部分收益用于特定的慈善目的等）。[2]

受益人为第三人的，构成涉他合同。

例：甲与乙签订赠与一套打井设备的合同，约定乙收到设备后给丙打一眼机井。双方签订合同后，甲将一份合同寄给了丙，丙未表态。乙收到设备后，经过合理的时间未给丙打井，丙有权起诉乙，要求乙履行赠与合同规定的义务。

这是一份附负担赠与合同，也是一份为第三人利益的涉他合

---

[1] 参见史尚宽：《债法各论》，中国政法大学出版社 2000 年版，第 138 页。
[2] 参见 [日] 我妻荣：《我妻荣民法讲义 V$_2$：债权各论》（中卷一），徐进、李又又译，中国法制出版社 2008 年版，第 15 页。

同。乙与丙已经形成了法律关系,乙对丙负有打井的债务,不但要无偿提供劳务,打井的必要费用也应由乙负担。

3. 附负担赠与合同设计应注意的问题。

(1) 所附负担应为财产上的给付,而非身份上的行为,也非精神上的给付。

例:某甲与某乙签订赠与房屋合同,约定某乙应对某丙履行夫妻忠诚义务(某乙与某丙是夫妻关系),某乙如果"出轨",就要退还房屋。此为精神上的给付,是附解除条件的赠与,而非附负担的赠与,"出轨"只是一个条件。[1]

(2) 所附负担应为非对价性给付。赠与房屋等财产,所附负担与赠与的财产价值接近、基本等值甚至超过赠与的财产时,构成对价性给付,就不是赠与合同了。

但合同并非无效,只是作为有偿合同生效。例如,附赡养义务(财产上的给付)的房屋赠与,履行赡养义务的花费已经超过赠与的房产时,合同仍然有效。

(3) 注意区分附负担的赠与与附停止条件的赠与。前者包括两个法律关系,一个是赠与人为给付的法律关系,另一个是受赠人为给付的法律关系,两个给付的方向不同。后者在条件成就后,产生新的法律关系,当事人(赠与人)的给付方向是一致的。

---

[1] 参见隋彭生:《夫妻忠诚协议分析——以法律关系为重心》,载《法学杂志》2011年第2期。

可否将赠与合同约定为实践合同（2）

例：甲欲赠乙一峰价值不菲的白骆驼（公益性质或道德义务性质的赠与），双方约定赠与合同为实践合同。

第一，当事人的约定有效。即便是公益性质、道德义务性质的赠与，仍可作这种约定。

第二，赠与合同是诺成合同。这种诺成性，是与赠与人的任意撤销权相匹配的。《民法典》第660条第1款规定："经过公证的赠与合同或者依法不得撤销的具有救灾、扶贫、助残等公益、道德义务性质的赠与合同，赠与人不交付赠与财产的，受赠人可以请求交付。"当事人把赠与合同约定为实践合同，使赠与人有了反悔权，即赠与人可以通过不交付标的物来行使反悔权。

第三目 借款合同与使用借贷合同

借款期限的设计与诉讼时效（1）

借款合同分为定期借款合同与不定期借款合同，出借人（贷与人）与借款人是否要约定还款日期？

约定还款日期的为定期借款合同，反之为不定期借款合同。

请求返还借款，适用一般诉讼时效（三年），若借款额较小，就不要写还款日期了，即小额借款最好设计为不定期借款。因为，定期借款合同在返还期限届满时就开始计算诉讼时效，而不定期借款合同，一般在出借人（贷与人）请求返还的宽限期届满时才开始计算诉讼时效。小额的定期借款合同，出借人到期后不好意思要，容易过了诉讼时效。

扣划的约定（2）

例：债务人与银行在借款合同中约定，债务人到期不还款，银行有权从债务人在本银行开立的账户上扣划。

1. 这实际约定了附随意条件的单方抵销权（扣划是一种抵销行为）。此与合意抵销不同。合意抵销，双方当事人的意思表示一致（达成合意），即发生抵销后果。附随意条件的单方抵销权，在债务人到期不还款的法律事实发生后（随意条件成就后），银行成立扣划（抵销）的权利。银行实施扣划行为，发生抵销的效果。

2. 应注意的是，"专款专用账户"的资金，是不能扣划的。

3. 律师审查合同，应考察扣划能否成立及对债务人的影响。

使用借贷合同审查的两个点（3）

这里所说的使用借贷，是指非消费物的借用。使用借贷合同是无偿合同。民间借用合同，一般都是口头协议，无须律师或法律顾问审查。单位之间贵重物品或大宗物品的借用，最好订立书面合同或由借用人写个借条。

出借人（贷与人）因不可预知之情事，自己需用借用物者，可以通知借用人解除合同。在审查合同时，可以建议双方在合同中设立解除权，即出现出借人对借用物的某种需要时，出借人可以解除借用合同，这样可以兼顾双方的利益。

第四目 租赁合同

租赁合同审查的十个具体问题（1）

第一，是使用租赁，还是用益租赁。两种租赁，承租人获得的利益有大小之别，租金应与之相适应。

第二，是定期租赁，还是不定期租赁。不定期租赁双方都有随时解除权，而且这种解除不以损害赔偿作为代价。定期租赁的期限不能超过 20 年。如果当事人希望租期长一些，可以建议当事人采用更新的方式处理。如果租赁法律关系与地役权（相对）法律关系发生竞合，可建议当事人订立地役权合同。

第三，如果承租人提前退租，有无可得利益损失的计算方法。依我多年的观察和经验，承租人提前退租的，赔偿额的认定非常麻烦。有了约定，事情就好办得多。对"大的"租赁合同，建议设立这种条款。

第四，承租人支付租金陷入迟延，出租人应先催告，在无效果后才能通知承租人解除合同。催告通知中，应当给承租人一些时间。这个时间的确定，在实务中会有很大争议，律师可建议当事人在合同中事先作出具体约定。

第五，有无租赁物被第三人主张权利时的赔偿条款。对不动产租赁，律师可帮助查一下有无抵押权登记。

第六，有无租赁物的交付时间、地点、方式的明确约定。房屋带家具租赁的，应当有交割清单。交割清单作为合同附件，应当具体、清楚。租赁合同的签署与交割清单的签署有时间距离，注意不要把交割清单变成补充协议。

第七，房屋租赁经常涉及附合问题（添附包括附合、混合和加工），此点应当具体约定，否则后患无穷。

第八，租赁房屋时，物业等费用的交纳，是否约定清楚。

第九，房屋租赁有无优先购买权排除条款。对优先购买权排除条款的效力，法律未作规定，依法理观之，其应当是有效的。

第十，不动产租赁有无优先承租权条款。此种条款可有债权效力。可以约定出租人违反此条款的责任。

租赁合同解除权的一个特殊设计（2）

例：张三欲卖房子，但这不是短期能解决的事情，遂决定先租给李四，可以收获些租金。张三与李四约定：房屋出租给李四一年，在这一年中，如出卖房屋，张三可通知李四解除合同。

张三与李四的租赁合同，显然不是不定期租赁合同，也不是附解除条件的合同，而是附解除权的合同。《民法典》第562条第2款规定："当事人可以约定一方解除合同的事由。解除合同的事由发生时，解除权人可以解除合同。"本案合同所附解除权是属于出租人单方的简单形成权。一般情况下，张三与第三人王二签订房屋买卖合同后，会通知承租人李四解除租赁合同。

值得一提的是，当出租人张三把房屋出卖给第三人王二，并办理了过户手续，而没有通知承租人李四解除合同时，王二有无权利通知李四解除合同？

出租人的意定单方解除权是加给承租人的负担，当买受人成为新的出租人后，其有权通知承租人解除合同。不过，法律对此没有具体规定，理论研究又很薄弱，法官可能认定新出租人的解除权，也可能不承认这种解除权。

为避免风险，可以这样设计出租人的解除权：张三将房屋出租给李四一年，在这一年中，如出卖房屋，张三可通知李四解除合同。该租赁合同也可由房屋买受人通知李四解除。

有了以上设计，第三人可能乐于购买该房屋，因为他可以决定是否解除租赁合同。

表明租赁合同性质的标题（3）

例1：甲有母狮獒，租乙公藏獒来家搞繁殖，生5只小藏獒。

例2：A有公虎獒，租B母虎獒来家搞繁殖，生7只小藏獒。上述二例，小藏獒的归属如何？

1. 租赁分为使用租赁和用益租赁。使用租赁的承租人，只能使用租赁物，不能取得租赁物的孳息；用益租赁的承租人，不但可以使用租赁物，还可以取得租赁物的孳息。

2. 例1是使用租赁，不是用益租赁，产生天然孳息（小藏獒）的原物，是甲自己的物，不是租赁物，小藏獒归甲。例2是用益租赁，产生孳息的原物，是租赁物（他人之物），小藏獒归A。

3. 拟写租赁合同书，如果加上表明租赁性质的标题（特别是用益租赁时加上标题），对明确双方当事人的权利义务是有帮助的。当然，在正文中有明确的表述更好。

场地租赁合同与保管合同的区分（4）

例：某甲在学校内的某固定位置停车，每月交200元钱，其与学校之间应为场地租赁法律关系。车丢了，学校不承担赔偿责任。小区物业管理公司对业主的汽车有保管的注意义务，某乙在小区丢了车，物业管理公司有过错的，应当承担责任。

1. 一些"大单位"让自己的职工甚至外单位人员在自己的院子里长期停车。"大单位"设计的合同，有时语焉不详，笼统规定为"停车合同"。最关键的是，要明确合同的性质，即是车位租赁合同（场地租赁合同）还是保管合同。这种对合同性质的约定还是有用的。收费较少的，一般应定性为车位租赁合同（场地租赁合同）。

2. 保管人与出租人的责任有很大不同。如保管的车丢了，保管人应当承担责任，因为是保管人占有这辆车（他物占有），其负有保管的注意义务。场地租赁则不同，开车人将汽车停在场地，只是短暂地获得地块的使用权，是自物占有，出租人并不负担保管义务。一般而言，无人在现场看管的，为场地租赁合同。比如，某甲开了一辆车到北京西单附近，停车的地点只有自动计时、收款机。这表明有偿提供场地的人拒绝了自己的保管义务，或者说拒绝了自己的保管注意义务。有人在现场收费的，其有保管义务，不能收费后就跑路。

"延长"租赁合同期限的更新（5）

1. 租赁合同的期限最长可达 20 年，期满再订立新的租赁合同，叫续订。[1] 在 20 年中的任何时间节点，再订立新的租赁合同，叫更新（也称为更改，是以新的法律关系取代旧的法律关系）。比如，租赁合同履行了一年，再重新签订一个 20 年的租赁合同。请注意，不要用"变更"这个词，因为你用了"变更"，法官就可能认为你规避了 20 年的规定。

2. 银行租门脸房，很多签的是 30 年的合同。这样的合同是部分无效的，因为租赁合同的期限最长是 20 年。在履行到 10 年的时候，可再签订一个 20 年的合同（更新），用以规避原来无效

---

[1]《民法典》第 705 条规定："租赁期限不得超过二十年。超过二十年的，超过部分无效。租赁期限届满，当事人可以续订租赁合同；但是，约定的租赁期限自续订之日起不得超过二十年。"

的状况。出租人因本来承诺出租 30 年，在心理上容易接受再签订一个 20 年的合同。

3. 当事人不要在租赁合同中这样写：租期 20 年，到期自动续展 10 年。——自动续展的约定是无效的，因为它规避了法律的强制性规定。

定期还是不定期（6）

例：甲、乙签订租赁合同，约定租金按月支付，但是没有约定租期的长短。合同刚履行 15 天，出租人通知承租人解除合同，主张自己是行使不定期租赁的任意解除权。本例应当如何处理？

1. 租赁可以分为定期租赁和不定期租赁。定期租赁的当事人没有随时解除权（任意解除权），不定期租赁的出租人和承租人都有随时解除权。[1]

2. 约定租金按月支付，当事人的真实意思是至少租赁一个月。如果出租人要行使随时解除权，也要等一个月以后。也就是说，本案租赁合同是定期租赁（一个月）与不定期租赁的结合，在一个月内，当事人是没有任意解除权的。

3. 在起草合同时，就应把定期或不定期明确下来，以避免、减少争议。

转租与分租：两个条款（7）

1. 小商铺租赁合同的设计，容易忽视两个内容：第一个是能

---

[1] 《民法典》第 730 条规定："当事人对租赁期限没有约定或者约定不明确，依据本法第五百一十条的规定仍不能确定的，视为不定期租赁；当事人可以随时解除合同，但是应当在合理期限之前通知对方。"

否转租和"分租"(把所承租商铺的一部分转租出去)。承租商铺的人大都信心满满,觉得会一用到底。其实,小商铺"城头变换大王旗"的事多了去了。第二个是承租人的广告牌可以挂在或者放在哪里。能不能放在所承租商铺的旁边或出租人其他房屋墙壁上。这些内容如果不写清楚,会很麻烦。

2. 律师审查合同,应当提醒当事人注意以上两个内容。这两个内容,可以写成租赁合同的两个条款。

宜约定侵害房屋承租人优先购买权的违约责任(8)

房屋承租人享有在同等条件下的优先购买权,[1]这个权利是债权性权利,不是物权性权利。出租人将房屋出卖给善意第三人,办理过户登记后,承租人的优先购买权就成了"永远的回忆",只能要求损害赔偿了。

1. 这个损害的"量",是很难计算和举证的。如果事先设计有违约金条款,就好办了。

2. 如果出租人将房屋卖给善意第三人,但尚未办理过户手续,尽管买卖合同有效,承租人仍可主张优先购买权。

优先承租权的约定(9)

出租人与承租人约定,租赁终止后,承租人在同等条件下有优先承租权。

1. 这种约定是有效的,是一种预约(合同)。

2. 最好约定违约金,以保证权利的实现。

---

[1]《民法典》第726条规定:"出租人出卖租赁房屋的,应当在出卖之前的合理期限内通知承租人,承租人享有以同等条件优先购买的权利;但是,房屋按份共有人行使优先购买权或者出租人将房屋出卖给近亲属的除外。出租人履行通知义务后,承租人在十五日内未明确表示购买的,视为承租人放弃优先购买权。"

3. 有效，是指有债的效力（在出租人与承租人之间有效），没有对抗效力。

第五目　承揽合同

承揽合同性质审查的一个"点"（1）

承揽合同审查的一个重点是，区分承揽合同与雇佣合同，因为它们的结果大相径庭。这种审查，已经不是停留在合同文本上的审查，而是重在对当事人法律关系性质的审查。当事人使用了承揽合同之名，也要看看它是不是承揽合同。应当考虑到名不符实的后果。

1. 概述。承揽合同是承揽人按照定作人的要求完成工作、交付工作成果，定作人给付报酬的合同。承揽合同的定作人的目的在于获得特定的工作成果，承揽人的目的则是通过完成工作成果获得报酬。由于工作成果的特定性，以及定作人对承揽人的特殊信任（着重于承揽人的特殊技能），承揽人须以自己的技术、设备和劳力完成主要工作。

承揽合同的双方是相互独立的责任主体。承揽合同涉及生活、生产的各个方面，种类繁多，常见的承揽合同有加工合同、定作合同、修理合同、复制合同、测试合同、检验合同等。

2. 承揽合同与雇佣合同的区别。

（1）承揽合同是完成工作成果的合同（承揽多表现为物化劳动成果），雇佣合同是提供劳务的合同，两种合同的给付不同。提供劳务的合同，可能表面上是给付工作成果，实质上是提供劳务。

（2）承揽人经常为组织体，而雇员都是自然人。

（3）承揽人多需要资质，而雇员需要有自然人的行为能力。

(4) 承揽人自备设备、工具等；雇员无须自备工具，但自带简单工具（铁锹、十字镐、吸尘器等）时，不影响雇佣的性质。

(5) 定作人对承揽人无管理之责，而雇主对雇员有管理之责。

(6) 定作人承担的是过错责任、自己责任，而雇主承担的是无过错责任、替代责任。

3. 不符合承揽要件，但符合雇佣要件的合同。当事人签订的"承揽合同"，经审查是雇佣合同，此时应当按雇佣合同处理，而不是确认"承揽合同"无效而结案。

例：甲公司（楼主）给乙公司（清洁公司）一笔钱，让乙公司擦洗楼外墙面。楼很高，乙公司就用安全带把10个清洁工人吊在上面，其中有3个工人想省事，把3根安全带系在了一个桩上，谁知一阵风刮过，3个人都掉了下来，正好有一个过路人在仰头观望，这3个人就砸在了该路人的身上，造成三伤一死的结果。请问，应当由谁来承担责任？

应该由乙公司来承担责任。这是承揽合同，甲、乙公司之间没有安全上的监督管理关系，乙公司独立完成工作。

如果楼主不请清洁公司，而是从劳务市场找了10个农民工来擦洗楼外墙面，那么楼主应自己承担责任，因为楼主是雇主，其与农民工之间是雇佣合同关系；楼主与农民工之间有安全上的监督管理关系。假如当事人约定为承揽合同，法院仍应按雇佣合同处理，而不是以承揽合同无效为由驳回当事人的诉讼请求。

承揽合同可以约定著作权的归属（2）

甲出钱让乙制作一件雕塑，但双方没有约定著作权的归属。

有些承揽合同（如接受委托制作雕塑等）其实也是委托完成作品的合同（有些合同兼有两种性质，如定作合同兼有买卖合同的性质）。这时，要注意约定著作权的归属。无约定的，著作权归"出脑子的"，不归"出钱的"。[1]

第六目　技术合同

技术合同起草、审查的两个重点

重点一：标的

1. 概述。技术合同的本质是一方为另一方提供技术成果，或以技术为依托提供智力性劳务，合同的标的（客体）是给付。

具体到技术合同的起草、审查，要清楚当事人想要干什么。技术合同有开发、转让、许可、服务、咨询五个筐，每个筐里还有不同的格，需要对号入座。对合同给付应当作具体表述，对技术标准等可以附件的形式说明。

需要开发合同的开发人、转让合同的转让人、许可合同的许可人提供后续服务的，该后续服务是从给付义务（如进行技术指导、提供咨询等），对此也应在合同中作具体表述。有时，需要在合同中具体规定一方或双方当事人的附随义务（如保密义务、新情况发生时的通知义务等）。

所谓"义务群"，包括主给付义务、从给付义务和附随义务，合同文本中一般不用这些术语，但专业的起草者、审查者心中要有数，知道这些义务分别用哪些条款表述。

---

[1]《著作权法》第19条规定："受委托创作的作品，著作权的归属由委托人和受托人通过合同约定。合同未作明确约定或者没有订立合同的，著作权属于受托人。"

2. 分述。

（1）技术开发合同。

技术开发合同包括委托开发合同和合作开发合同。技术开发合同的标的应当是一项新的技术方案，而研究开发工作所要完成的成果，可以是该项技术方案本身，也可以是体现该项技术方案的产品、工艺、材料及其组合的成套系统。[1] 在使用产品、工艺、材料等术语的时候，强调它们是一种待开发的技术。待开发的技术，各方当事人都不掌握，可能世界上没有，也可能虽有但合同各方未拥有。

（2）技术转让合同。

技术转让合同是对技术成果的让渡，包括专利权转让、专利申请权转让、技术秘密转让、专利实施许可合同。它们给付的财产（标的财产）是不同的，应当强调各类技术转让合同标的财产的特殊性，以使其与其他合同相区分。

例：工业公司甲设计了独一无二的新型注塑机，一共生产2台。塑料制品公司乙得知消息后欲购买。双方约定，乙支付使用费550万元，甲方交付新型注塑机一台和全套资料；乙方可以仿造该新型注塑机并公开销售，但对生产新型注塑机的技术诀窍应当保密。后来双方发生争议。甲认为双方签订的是技术秘密转让合同，乙认为双方签订的是买卖合同。

在本案中，甲、乙双方签订的合同本质上属于技术秘密转让合同，不属于买卖合同。独一无二的注塑机是技术秘密的载体，甲并没有将成批的货物卖给乙，而是卖给其一台，允许其仿造，同时给其全套资料，且规定了保密条款。这些都说明甲出卖的是

---

[1] 参见段瑞春：《技术合同》，法律出版社1999年版，第121页。

技术秘密。[1]

对技术秘密转让合同,一是应注意是否为受让人"买断",二是应注意受让人实施、使用的范围。[2]对专利实施许可合同,还应注意对专利实施许可方式的文字表述,具体表明是独占实施许可,还是排他实施许可,抑或普通实施许可。

(3)技术许可合同。

技术许可合同是用益权合同(是一种用益债权合同)。《民法典》第862条第2款规定:"技术许可合同是合法拥有技术的权利人,将现有特定的专利、技术秘密的相关权利许可他人实施、使用所订立的合同。"第863条第2款规定:"技术许可合同包括专利实施许可、技术秘密使用许可等合同。"

技术转让合同是将权利的本体让与对方,让与后转让人自己失去了这项权利;而技术许可合同是将技术的使用收益权能移转给对方,许可人自己保留权利的本体。

起草技术许可合同,最重要的是写明许可人的义务与瑕疵担保责任。技术许可合同许可人的基本义务,是保障被许可人对技术能够正常使用、收益。为保障这种基本义务的实现,许可人应当承担权利瑕疵担保责任和品质(质量)瑕疵担保责任。许可人应当保证自己是所提供的技术的合法拥有者,并保证所提供的技术完整、无误、有效,能够达到约定的目标。

(4)技术服务合同与技术咨询合同。应注意区分技术服务合同与技术合同,在合同文本上注明合同的性质。

第一,技术服务合同的受托人以解决具体技术问题为工作内

---

[1]《技术合同解释》第1条第2款指出:"技术秘密,是指不为公众所知悉、具有商业价值并经权利人采取相应保密措施的技术信息。"

[2]《民法典》第864条规定:"技术转让合同和技术许可合同可以约定实施专利或者使用技术秘密的范围,但是不得限制技术竞争和技术发展。"

容，以解决问题的成果为对价，受托人对解决技术问题的实施结果负责；技术咨询合同的受托人以特定技术项目的咨询为工作内容，以可行性论证、技术预测、专题技术调查、分析评价报告等成果为对价，受托人对其咨询意见本身的质量负责，对委托人依据咨询意见作出决策造成的损失不负责。

第二，技术服务合同强调的是受托人对委托人所面临的具体技术难题的解决，技术咨询合同强调的是受托人对委托人的决策提出咨询意见。

重点二：权利归属

相较于其他合同，技术合同容易发生权属争议，事先在合同中把成果权属固定或明确下来，是非常重要的。起草和审查合同时，在脑海中浮现的关键词，应当是"另有约定"。

1. 委托开发与合作开发成果的归属。

（1）在委托开发中，申请专利的权利，谁完成归谁，约定优先。[1]

（2）在合作开发中，申请专利的权利由完成者共有。[2]

例：甲、乙、丙三方签订研究开发合同，甲、乙各出资40万元，丙出资20万元，甲、乙主张就开发成果申请专利，丙反对。

---

[1]《民法典》第859条规定："委托开发完成的发明创造，除法律另有规定或者当事人另有约定外，申请专利的权利属于研究开发人。研究开发人取得专利权的，委托人可以依法实施该专利。研究开发人转让专利申请权的，委托人享有以同等条件优先受让的权利。"

[2]《民法典》第860条规定："合作开发完成的发明创造，申请专利的权利属于合作开发的当事人共有；当事人一方转让其共有的专利申请权的，其他各方享有以同等条件优先受让的权利。但是，当事人另有约定的除外。合作开发的当事人一方声明放弃其共有的专利申请权的，除当事人另有约定外，可以由另一方单独申请或者由其他各方共同申请。申请人取得专利权的，放弃专利申请权的一方可以免费实施该专利。合作开发的当事人一方不同意申请专利的，另一方或者其他各方不得申请专利。"

在本案中，丙不必证明将开发成果作为技术秘密进行保护、使用，可以给三方带来更大的利益，只要援引《民法典》第860条第3款"合作开发的当事人一方不同意申请专利的，另一方或者其他各方不得申请专利"之规定即可。法律规定单方否决权的原因在于，是否申请专利是涉及各方当事人利益的重大问题，需要取得合意，否则就等于赋予了当事人处置他人财产的权利。

（3）技术秘密成果的使用权、转让权的归属和分享，按约定；没有约定的，当事人均有使用和转让的权利。[1]

2. 因履行技术转让合同、技术许可合同所产生的后续改进技术成果的归属。

谁完成归谁，另有约定的除外。[2]

3. 因履行技术咨询合同、技术服务合同所产生的技术成果的归属。

谁完成归谁，另有约定的除外。[3]

---

[1]《民法典》第861条规定："委托开发或者合作开发完成的技术秘密成果的使用权、转让权以及收益的分配办法，由当事人约定；没有约定或者约定不明确，依据本法第五百一十条的规定仍不能确定的，在没有相同技术方案被授予专利权前，当事人均有使用和转让的权利。但是，委托开发的研究开发人不得在向委托人交付研究开发成果之前，将研究开发成果转让给第三人。"《技术合同解释》第20条规定："民法典第八百六十一条所称'当事人均有使用和转让的权利'，包括当事人均有不经对方同意而自己使用或以普通使用许可的方式许可他人使用技术秘密，并独占由此所获利益的权利。当事人一方将技术秘密成果的转让权让与他人，或者以独占或者排他使用许可的方式许可他人使用技术秘密，未经对方当事人同意或者追认的，应当认定该让与或者许可行为无效。"

[2]《民法典》第875条规定："当事人可以按照互利的原则，在合同中约定实施专利、使用技术秘密后续改进的技术成果的分享办法；没有约定或者约定不明确，依据本法第五百一十条的规定仍不能确定的，一方后续改进的技术成果，其他各方无权分享。"

[3]《民法典》第885条规定："技术咨询合同、技术服务合同履行过程中，受托人利用委托人提供的技术资料和工作条件完成的新的技术成果，属于受托人。委托人利用受托人的工作成果完成的新的技术成果，属于委托人。当事人另有约定的，按照其约定。"

第七目　委托合同、中介合同

演出经纪合同要注重保护演员（1）

演员与经纪人签订合同时使用的名称五花八门，本质上是委托合同。从实务上看，一般由经纪人起草合同，几乎把演员的所有权利收入囊中。

与经纪人签订合同时，演员处于弱者地位，容易受到不正当影响。如果你受演员聘请审查合同，要审查有无《民法典》第151条规定的情形："一方利用对方处于危困状态、缺乏判断能力等情形，致使民事法律行为成立时显失公平的，受损害方有权请求人民法院或者仲裁机构予以撤销。"

演员的律师在审查合同时，一是要注意保护演员的自由空间，二是要保护演员的表演者权。

引起争论的一句话（2）

媒介中介合同有时有这样一句话：中介人对双方争议进行协调，保证双方的履行。

这里的保证，没有担保履行的意思，居间费的给付也不应受双方履行义务情况的影响，但中介人和委托人会为此争论不休。也有法官在被媒介居间的合同解除后，只判决委托人向中介人支付一部分费用，理由是中介人没有完成全部合同义务。为减少或避免争议，合同要写成："双方发生争议时，中介方应当积极协调"（表明仅仅提供这种劳务，对劳务的结果并不负责）。

第八目　和解协议

起草和解协议的注意事项（1）

> **题记**：和解协议是解决争议的合同，代当事人起草和解协议是律师的一项经常性工作，在起草时，应尽量消灭大的漏洞。

1. 债权债务的约定要具体，一般不要使用"情债两消"这类字眼。这种表述会徒增争议。

2. 最好有一个兜底条款：和解协议履行后，所有的债权债务关系清结，当事人不得提出他项要求。——否则，未约定的部分，当事人还可能再请求支付，已有的判例说明法官会支持当事人的这种请求，这就使和解协议的意义降低。"当事人不得提出他项要求"，未必能约束当事人，但实践证明，这种约定还是很有用的。

3. 和解协议与有争议的基础法律关系（基础法律关系包括法定法律关系和意定法律关系，最常见的是侵权责任法律关系和违约责任法律关系）的效力联系，最好在和解协议中作出明确的说明，以减少不必要的争议，如写明和解协议在何时生效、在何时解除等。

4. 有担保的和解协议，应浓彩重墨地说明担保与和解协议的关系。比如，应当在和解协议中写清楚：和解协议的债务人不履行和解协议的，由保证人代为履行（金钱债务与非金钱债务的代为履行）。也就是说，当和解协议的债务人不履行和解协议时，由担保人代为履行或者承担其他担保责任，而不是回到原法律关系。

有朋友可能质疑：你的主张是多此一举。——我提出此注意事项，是因为理论上存在争议。

和解协议效力的设计（2）

一方侵权或违约后，双方协商解决，订立了和解协议（当事人使用的名称可能五花八门，最常使用的是"赔偿协议"），受害人、被违约人总是担心对方不履行和解协议。这就需要事先对和解协议的效力作出设计。这里提出附解除条件和附解除权两种方案供参考。

第一种，可以将和解协议设计为附解除条件的。此种设计针对一次性付款为佳。例如，甲对乙进行诽谤，事后甲、乙约定，甲在三日内一次性给付乙 5 万元，乙不再追究甲的民事侵权责任，也不再采取自诉方式追究甲的刑事责任。若甲到期不支付约定的款项，则和解协议自动失效。

第二种，可以将和解协议设计为附解除权的。此种设计针对分期付款为佳。例如，甲对乙进行诽谤，事后甲、乙约定，甲在一个月内分三次给付乙 9 万元，乙不再追究甲的民事侵权责任，也不再采取举自诉方式追究甲的刑事责任。若甲到期不支付约定的款项，则乙无须催告履行，有权直接通知甲解除和解协议。

1. 第一种和第二种方案中的条件，都是消极条件、随意条件。第一种方案，在条件成就时，和解协议自动失效。第二种方案，须乙向甲发出解除通知，和解协议才失去效力。此种设计，是把解除和解协议的主动权掌握在受害人手中。若加害人已经支付大部分款项，受害人可以选择不解除和解协议。

2. 《民法典》第 562 条第 2 款规定："当事人可以约定一方解除合同的事由。解除合同的事由发生时，解除权人可以解除合同。"该款规定了附解除权的合同，并未设置催告履行的前置性程序，但审判实践中掌握颇不一致。因此，在第二种方案中，要注意明确排除催告履行的前置性程序，这样可避免争议、规避风险。

和解协议审查的重中之重（3）

和解协议是不要式合同，送给律师审查的和解协议肯定是书面形式的（作用于视觉的纸面形式与电子数据形式），是约定的要式合同。和解协议审查的重点在于当事人是否存在重大误解的情形，因为和解协议事后很难以重大误解的规则进行救济。可加上当事人对争议事项性质认识的"表述条款"。

律师起草、审查和解协议，要重点考虑当事人违约（不履行和解协议）怎么办。有两种方向：一是约定和解协议的违约责任，有担保当然更好了；二是回到基础法律关系，按基础法律关系主张权利、提起诉讼。按第二种方向，要把和解协议的解除设计到位。

和解协议，要注重设定条件（4）

例：甲是违约人或侵权人，应当赔偿受害人乙10万元。甲、乙在赔偿协议中约定，甲在三天内支付8万元，剩下的2万元乙就不要了。

1. 甲、乙的赔偿协议是附生效条件的和解协议。如果甲在三天内不能支付8万元，乙可主张10万元。在和解协议中设定条件，对受害人有利。
2. 和解协议可以附生效条件，也可以附解除条件。
3. 和解协议可以设定担保，也可以约定违约责任。
4. 和解协议可以公证为可以强制执行的债权文书。

附随意条件的和解协议（5）

甲对同村的乙有侵权行为，造成损害（医疗费等若干）。

1. 甲对乙说，我把家里的老牛赔给你，就两清了吧（要约）。乙说，把牛交给我后才算完事（反要约、新要约）。甲同意（承诺）。甲、乙之间的和解协议为附生效条件（停止条件）、积极条件的协议。

2. 甲对乙说，我把家里的老牛赔给你，就两清了吧（要约）。乙说，好，若到时你不把牛交给我，协议失效（反要约、新要约）。甲同意（承诺）。甲、乙之间的和解协议为附解除条件、消极条件的协议。

3. 上述两种情形，都是约定了取决于债务人甲意志的随意条件。对于给付一头牛来说，两种约定并无实质区别。但若以金钱给付为随意条件，是生效条件还是解除条件，差别可能比较大，因为金钱之债是可分之债。

4. 甲对乙说，我把家里的老牛赔给你，就两清了吧（要约）。乙说，好，若到时你不把牛交给我，我有权解除协议（反要约、新要约）。甲同意（承诺）。甲、乙之间的和解协议为附解除权的协议（参见《民法典》第562条第2款）。此时，乙掌握着主动权。

5. 把和解协议约定为附随意条件加生效条件或随意条件加解除条件，在甲不履行时，乙并无选择的机会，只能要求原法律关系的给付。把和解协议约定为附解除权的合同时，甲若不履行和解协议，乙可以解除和解协议，也可以选择履行和解协议，因为请求履行原法律关系之债，还要承担举证义务，比较麻烦。

6. 和解协议不但可以如上例一样附随意条件，也可附偶成条件，还可以附混合条件。和解协议可以附积极条件（肯定条件），也可以附消极条件（否定条件）。

7. 生活是复杂的，因而法律关系也是复杂的。如何设计和解协议，关键看当事人的利益诉求。

第九目　遗赠扶养协议

遗赠扶养协议审查的五个点

《民法典》第1158条规定："自然人可以与继承人以外的组织或者个人签订遗赠扶养协议。按照协议，该组织或者个人承担该自然人生养死葬的义务，享有受遗赠的权利。"遗赠扶养协议是债权合同，审查协议时，有五个点值得注意。

第一，扶养人的义务应当具体化（给付种类、内容应当表述清楚）。遗赠扶养协议具有一定的人身特殊信任关系，因此扶养人不得擅自转托他人，比如不允许扶养人把被扶养人送到养老院。短期出差，安排别人照管几天，自应允许。

第二，被扶养人给付扶养人的财产应当具体化（产权、不动产位置、存放地点等），最好编定一个被扶养人财产目录，并约定被扶养人不得擅自处分。"不得擅自处分"的约定，目前只有债的效力，但有约定比没有约定好。

第三，当事人最好约定，被扶养人作为对价的财产之收益如何处理，比如房屋的租金如何处理。

第四，如果被扶养人有法定继承人，最好争取让他们在遗赠扶养协议上签字。《民法典》已经明确规定遗赠扶养协议的效力高于遗嘱，遗嘱的效力高于法定继承。[1]找法定继承人签字，是

---

[1]《民法典》第1123条规定："继承开始后，按照法定继承办理；有遗嘱的，按照遗嘱继承或者遗赠办理；有遗赠扶养协议的，按照协议办理。"

为了防止被扶养人向其法定继承人处分财产。

第五，被扶养人一般为老年人，要审查其行为能力。有些遗赠扶养协议是由监护人来代理签字的。

第十目　夫妻忠诚协议

夫妻忠诚协议可以发生效力吗？（1）

从已有的判决来看，夫妻忠诚协议是可以发生效力的。在起草协议时，要注意强调这属于"附条件的财产给付"（这是为减少无效的风险），如约定：一方如果"出轨"，就给另一方多少财产。条件包括偶成条件、随意条件、混合条件，这里的条件是随意条件。

夫妻忠诚协议的设计技巧（2）

有些女士会请律师起草夫妻忠诚协议。在我国审判史上，关于夫妻忠诚协议，存在有效与无效两种判决。在设计技巧上应当注意以下几点：

第一，不能剥夺"出轨"人的抽象财产权利，例如，约定"出轨"一方的所有财产归对方（净身出户）。

——约定剥夺抽象财产权利的，无效。

——可以约定"出轨"一方给付具体财产，不宜就"出轨"人"将来"的财产作出约定。

第二，不能违反善良风俗，例如，约定"空床费""特许费"是违反善良风俗的。

——以配偶权（人身权）的权能做交易的，当然无效。

第三，关于法律规避。《民法典》及有关司法解释未规定婚内的物质损害赔偿和精神损害赔偿，理由是"三口子不如两口子近"。夫妻忠诚协议约定的给付在性质上属于精神抚慰金。从法理而言，当事人约定婚内赔偿是有效的，但承办法官可能有不同认识。因此可以这样设计：一方违约后，另一方可在婚内或离婚时请求给付约定的财产。

第四，实践中的"夫妻忠诚协议"一般仅以男方为义务人，似乎有"性别歧视"的嫌疑。这样约定其实是可以的，但为保险起见，可作对等的约定。

第五，夫妻忠诚协议不能影响到抚养、赡养等义务，不能侵害债权人的利益。

婚外同居"散伙"时，"经济补偿协议"的设计（3）

例：张女与李男同居数月，偶然发现李男已婚，遂提出"散伙"，并以李男骗了自己为由要求补偿。双方签订了"经济补偿协议"，约定李男向张女分三期补偿30万元。李男向张女支付10万元后反悔，并以行使任意撤销权为由拒绝支付其余20万元。

1. 赠与合同是诺成合同，已经履行的部分不能任意撤销。
2. 如果法官坚持认为是赠与的话，张女可以主张是道德义务性质的赠与，不能任意撤销。但对道德义务赠与的认定，法官有自由裁量的余地，未必能支持女方的主张。
3. 实际上，男女双方签订的"经济补偿协议"，本质上是和解协议。和解协议是双务合同，而赠与合同是单务合同。
4. 为了保住"经济补偿协议"的效力，避免误认其为赠与，可将一方给付的款项明确为"精神抚慰金"或"精神损害赔偿金"。有法定"精神抚慰金"，也可以由当事人约定"精神抚慰金"。
5. 实务中，有的当事人口头达成了"经济补偿协议"，然后由一方给另一方写借条，声明一方向另一方借了多少钱。持条人起诉时，法官会以当事人之间不存在真实法律关系（真实借款关系）为由，驳回其诉讼请求。因此，还是书面言明协议的经济补偿性质为好，或者直接言明该协议为和解协议。

6. 和解协议被误认为赠与的可能性不大。

7. 本案"经济补偿协议"是否因违反善良风俗而无效？本案并非因张女与李男同居数月，李男给予补偿，而是李男欺诈了张女，使其精神上受到伤害而给予补偿，不存在违反善良风俗的事由。

第十一目　担保合同

第一分目　保证合同

保证合同设计和审查的核心（1）

保证合同的核心是：保证人是承担连带保证责任，还是承担一般保证责任。

《民法典》第686条规定："保证的方式包括一般保证和连带责任保证。当事人在保证合同中对保证方式没有约定或者约定不明确的，按照一般保证承担保证责任。"第687条第1款规定："当事人在保证合同中约定，债务人不能履行债务时，由保证人承担保证责任的，为一般保证。"第688条第1款规定："当事人在保证合同中约定保证人和债务人对债务承担连带责任的，为连带责任保证。"

一般保证责任较轻，连带保证责任较重；一般保证不容易被骗保，连带保证容易被骗保。推行一般保证，会鼓励更多的人提供保证。

连带责任保证负担沉重，优先认定一般保证，合理分配了风险，具有鼓励人们提供保证的作用。防止争议的最好办法，是在合同上注明"一般保证"或者"连带保证"的字样。

1. 对保证方式没有约定的，认定为一般保证。例如，甲、乙签订一份借款合同，丙作为借款人乙的保证人在借款合同书上签了名，此外就保证事项没有任何表述，应认定丙承担的是一般保证责任。

2. 没有直接规定保证方式时的认定。没有直接规定保证方式，但有保证责任的描述，对承担何种保证应当进行意思表示解释，可作一般保证和连带责任保证两种解释时，应采一般保证的解释。《担保制度解释》第25条规定："当事人在保证合同中约定了保证人在债务人不能履行债务或者无力偿还债务时才承担保证责任等类似内容，具有债务人应当先承担责任的意思表示的，人民法院应当将其认定为一般保证。当事人在保证合同中约定了保证人在债务人不履行债务或者未偿还债务时即承担保证责任、无条件承担保证责任等类似内容，不具有债务人应当先承担责任的意思表示的，人民法院应当将其认定为连带责任保证。"

例1：张甲（女）的弟弟向张甲的男朋友李乙借款7万元，李乙对张甲说："你要担保我就借！"张甲就在弟弟写的借条上加了句话："我弟弟无力还钱，由我承担责任。"有人认为，张甲是连带保证，因为她没有写"才"由我承担责任。

《民法典》第687条第1款的"不能履行"是客观不能，结合第686条第2款，应认定张甲是一般保证。"才"表明前提条件，没有"才"字，有这样的"意思"，也应认为前提条件成立。

例2：甲与乙签订了技术转让合同，丙作为受让人乙支付转让费的保证人。

（1）甲与丙约定，乙到期不付转让费，由丙支付。

(2) 甲与丙约定，乙到期因欠缺资力未能支付转让费，由丙承担保证责任。

(3) 甲与丙约定，乙不付转让费，由丙无条件支付。

例2中，(1) 是连带责任保证，"到期"是关键词。

(2) 是一般保证，虽然也有"到期"二字，但注明未支付的原因是欠缺资力。

(3) 是连带责任保证。

起草、审查保证合同应注意的一个术语（2）

例：甲方借给乙方10万元，债权人甲方与第三人丙方的保证合同是这样写的："甲方无息借给乙方人民币10万元，借款期限为2023年3月1日至2024年3月1日，保证期间乙方另行提供抵押担保登记时，保证人丙方不再承担保证责任。"在债务人乙方与丙方的委托担保合同中写道："2023年9月1日前，乙方承诺为甲方另行提供抵押担保，解除丙方的保证责任。"

本来债权人甲方与丙方的保证合同是一个附解除条件的保证合同，当条件成就后，丙方免除保证责任。但保证合同中使用了术语"保证期间"，这就会引起争议，因为《民法典》第692条第2款规定："债权人与保证人可以约定保证期间，但是约定的保证期间早于主债务履行期限或者与主债务履行期限同时届满的，视为没有约定；没有约定或者约定不明确的，保证期间为主债务履行期限届满之日起六个月。"

替代丙方担保的时间是2023年9月1日之前，即早于主债务履行期限。债权人甲方会主张丙方的保证期间至2024年9月1

日,而不管是否存在替代担保。甲方否定丙方免责事由的主张不能成立,但是会带来很大麻烦。

起草、审查这种保证合同时,不用或删除术语"保证期间"就可以了。保证合同可以改为:"甲方无息借给乙方人民币10万元,借款期限为2023年3月1日至2024年3月1日,乙方另行提供抵押担保登记时,保证人丙方不再承担保证责任。"

还可以强调一下丙方提供的是附解除条件的保证,其条件的成就不受保证期间限制。

签字人之前要有定语（3）

例:甲向乙借钱,丙在甲、乙签订的合同中签字,合同中并无表明丙义务的条款。后甲到期不清偿债务,乙向丙请求履行。丙的抗辩可能是:我是中间人(居间人)或见证人,不是保证人,因此我不承担保证责任。

主合同中虽然没有保证条款,但是,保证人在主合同上以保证人的身份签字或者盖章的,保证合同成立。保证合同未单独签订,保证人只是在主合同中签了个字,其有可能脱逃责任。审查这类保证合同时,关键要看签字人之前有无"保证人"三字,即签字人之前要有定语。

这类保证应当认定为一般保证。[1]

保证的保证（4）

1."保证的保证"是对保证人不履行主债务的保证。

---

[1]《民法典》第686条第2款规定:"当事人在保证合同中对保证方式没有约定或者约定不明确的,按照一般保证承担保证责任。"

例：甲对乙有100万元债权，由丙提供保证担保（人保），甲对乙的债权是主债权，对丙的债权是保证债权（从债权）。当丙的保证债务不履行或者不能履行时，由丁承担保证责任。丙担保的是主债务的履行，丁担保的是保证债务的履行。丁提供的是"保证的保证"。

2．"保证的保证"不同于共同保证，共同保证担保的是主债务的履行。

3．"保证的保证"不同于反担保。反担保是对担保人（保证人和物上保证人）向主债务人的追偿权的担保，而"保证的保证"是对保证债务履行的担保。

4．设计"保证的保证"时，要特别注意区分和明确连带保证和一般保证，此处容易出现合同陷阱。我们反对设置合同陷阱，因为诚实信用原则是民法的帝王规则。但是，害人之心不可有，防人之心不可无，律师应当"提前"维护委托人的利益。

对"变更"的审查（5）

例：甲、乙签订了买卖合同，丙作为买受人乙（主债务人）支付货款的保证人。后甲、乙协商一致变更主合同。

1．原合同是书面形式，变更协议原则上也应当采用书面形式。

2．有主合同和第三人作为担保人的从合同（担保合同），主合同当事人"变更"主合同（成立变更协议）时，审查者要注意的是：第一，该变更是加重了主债务人的负担，还是有所减轻，如果是加重的话，应当取得第三人（担保人）的同意；第二，该"变更"是不是变更，如果是更新，担保人就实现了胜利大逃亡。

最高额保证合同的保证期间（6）

最高额保证[1]最常见的是对借款合同（主合同）的保证。对借款合同的最高额保证，是对数个借款合同（主合同）的保证，但当事人在合同书中一般并不明确表述对连续发生的数笔贷款有多少个合同。

债权人和保证人（第三人）宜对每笔贷款（每个借款合同）设定保证期间，[2]比如约定："本保证对上述每一笔借款的保证期间为一年。"

每一笔借款的保证期间的起算日是不同的，可以在合同书中注明。

第二分目　定金合同

定金合同的起草与审查（1）

> **题记**：准确把握定金的性质，对起草和审查定金合同很重要，对诉讼也很重要。
>
> 合同写得好，可以减少甚至避免争议；律师把好关，可以为当事人节约成本。

---

[1]《民法典》第690条规定："保证人与债权人可以协商订立最高额保证的合同，约定在最高债权额限度内就一定期间连续发生的债权提供保证。最高额保证除适用本章规定外，参照适用本法第二编最高额抵押权的有关规定。"

[2]《民法典》第692条规定："保证期间是确定保证人承担保证责任的期间，不发生中止、中断和延长。债权人与保证人可以约定保证期间，但是约定的保证期间早于主债务履行期限或者与主债务履行期限同时届满的，视为没有约定；没有约定或者约定不明确的，保证期间为主债务履行期限届满之日起六个月。债权人与债务人对主债务履行期限没有约定或者约定不明确的，保证期间自债权人请求债务人履行债务的宽限期届满之日起计算。"

1. 定金合同是从合同，是从法律关系，从属于主债权。支付定金的一方同时是主合同的债务人，不像保证，保证人是第三人，抵押人、出质人也可以是第三人。

2. 定金合同可以是一份单独的合同书，也可以表现为主合同书中的条款。

3. 交付定金的一方是主合同的后履行义务人，收受定金的一方是主合同的先履行义务人。

4. 定金一般是担保非金钱之债的履行；定金也可以担保金钱之债的履行，但实务上罕见。担保金钱之债履行的，常是押金。

5. 定金本身是货币之债。理论上认为，货币以外的其他物也可以作为定金。[1]比如，以交付一把椅子作为定金，收受一方不履行合同的，应当返还两把椅子。以我三十年之经验，未发现过货币以外的定金。定金的交付不一定是交现金，划款（间接交付）也可以。

6. 设计定金合同时，要有"定金"的字样，避免与保证金、押金、预付款等混淆。以预付款等名义约定适用定金罚则的，应当认定为定金。

7. 所有的定金都是违约定金，在违约定金之下具体分为立约定金、成约定金、解约定金、证约定金。定金的具体性质，在合同中一般并不注明。证约定金一般是针对口头合同，在书面合同中，如果注明立约定金、成约定金或解约定金，有助于减少争议。

8. 定金是双方担保，不要以格式条款的形式写成单方担保。

---

[1] "定金通常多为金钱，但不限于金钱，其他代替物（如白米），亦无不可（此点虽法无明文，但学说上并无异议），惟不代替物却不可用作定金，因受定金之当事人，如可归责于自己之事由，致契约履行不能时，应加倍返还。不代替物，则无法办理也。"见郑玉波：《民法债编总论》（修订二版），陈荣隆修订，中国政法大学出版社2004年版，第12页。

因为发生争议时，要依照《民法典》第498条的规定，作不利于格式条款提供人的解释。[1]

9. 定金一般不适用于持续性给付，而适用于一次性给付。

10. 定金不能超过标的额的20%，超过部分可按预付款处理。律师审查合同时见当事人写多了，可建议缩减至20%以下。若双方当事人都愿意多交定金，比如执意约定为标的额的30%，应当向当事人说明利害。一方违约后，可自动按30%履行（目前的审判实践还没有意识到定金超高、利息超标等是可以自愿履行的）。

11. 定金是不充分担保，因此不适用于反担保。

12. 定金是不充分担保，因而还要考虑与违约金、赔偿金的协调。对同一违约行为，如果既约定交付定金，又约定违约金（约定的赔偿金属于违约金），则将来存在"二选一"的问题。[2]可以特约定金与违约金并用，但一定要表述清楚。定金与赔偿金可以并用，但该赔偿金是法定赔偿金，如果对赔偿金事先作出约定，那该赔偿金实际上是违约金，即约定赔偿金是违约金，也要二选一。

13. 对两个以上违约行为，可以分别约定定金和违约金，它们并不冲突。例如，对不交付租赁物导致合同解除，可约定定金，对半路毁约可约定违约金。

14. 定金不适用于迟延履行，因迟延履行而解除合同，合同履行义务终止时，可适用定金罚则。

15. 定金不适用于瑕疵履行，因瑕疵履行而解除合同，合同履行义务终止时，可适用定金罚则。

---

[1]《民法典》第498条规定："对格式条款的理解发生争议的，应当按照通常理解予以解释。对格式条款有两种以上解释的，应当作出不利于提供格式条款一方的解释。格式条款和非格式条款不一致的，应当采用非格式条款。"

[2]《民法典》第588条第1款规定："当事人既约定违约金，又约定定金的，一方违约时，对方可以选择适用违约金或者定金条款。"此规定为任意性规定。

16. 定金适用于不履行。适用定金罚则后，就免除了继续履行的义务。如果约定适用定金罚则后，还须继续履行，那么，这种"定金"实质上是违约金（这一点对诉讼律师很重要）。定金不能调整，违约金可以调整。〔1〕

17. 为了计算简便，为了简化法律关系，定金是不计算利息的。有时定金的数量很大，如500万元、1000万元等，当事人可以特约利息。例如，甲向乙交付1000万元定金，约定返还时计算利息或者将利息折抵价款。对利息的特别约定当然是允许的。

定金合同审查的五个点（2）

1. 定金合同是从合同，大多数情况下，表现为主合同书中的一个条款，也有将定金合同单写成一份合同的。

2. 定金合同是实践合同，当事人把实践合同约定为诺成合同的，约定有效。这样做的好处是便于追究不交定金一方的违约责任。

3. 定金的数额不能超过标的额的20%。

4. 当事人约定了迟延履行适用定金罚则。——这样的约定不对，要帮当事人改成不履行时或解除后（解除后处于不履行状态）适用定金罚则。

5. 要看一下，当事人约定的是分次交付，还是一次性交付。定金原则上应一次交付，并应明确，交付一部的，不发生变更定金合同的效果。定金合同是实践合同，很多学者和法官认为：一方交付不足，另一方受领了，就变更了定金合同的数额——此点不得不防。

---

〔1〕《民法典》第585条第2款规定："约定的违约金低于造成的损失的，人民法院或者仲裁机构可以根据当事人的请求予以增加；约定的违约金过分高于造成的损失的，人民法院或者仲裁机构可以根据当事人的请求予以适当减少。"

明确定金的性质（3）

例：甲、乙签订了一份买卖 1000 万元中药材的合同。双方约定，在买受人乙交付 100 万元定金时，该买卖合同生效。在乙交付 100 万元定金后，甲无理拒不履行合同，乙催告履行无效果后，通知甲解除合同，并要求甲双倍返还 200 万元。甲拒绝，理由是双方约定的是立约定金，不是主合同的违约定金，因此对主合同的不履行，不能适用定金罚则。

1. 本案双方约定的定金是成约定金。成约定金兼有主合同违约定金的性质，因此应当适用定金罚则（双倍返还）。同样，成约定金的交付一方不履行主合同的，无权请求返还定金。

2. 起草或审查定金合同时，首先要明确定金的性质。比如，预约约定的定金，一般是立约定金，此时对定金性质的审查，也是对定金（从合同）担保的主合同性质的审查，即是说，立约定金与预约可以相互印证。

第三分目　抵押合同

签订动产抵押合同的一个技巧（1）

依据《民法典》的规定，不动产抵押采登记生效主义，不登记，抵押权不能生效[1]，而不动产抵押权合同已经在先生

---

[1]《民法典》第 402 条规定："以本法第三百九十五条第一款第一项至第三项规定的财产或者第五项规定的正在建造的建筑物抵押的，应当办理抵押登记。抵押权自登记时设立。"第 395 条第 1 款规定："债务人或者第三人有权处分的下列财产可以抵押：（一）建筑物和其他土地附着物；（二）建设用地使用权；（三）海域使用权；

效;[1]动产抵押采登记对抗主义,不登记也生效,但是不能对抗善意的第三人。动产抵押合同与动产抵押权是同时生效的,而不动产抵押合同与不动产抵押权的效力采区分原则(分离原则)。

在主债权额较小,以动产作抵押时,当事人往往因嫌麻烦而不愿去登记。若不登记,抵押人将抵押物让与善意第三人后,债权人的抵押权会随之丧失,结果是竹篮子打水一场空。

我所说的技巧,是指第三人为抵押人(物上保证人之一种)时,主债权人要求抵押人承诺:由于抵押人的原因,抵押权人对抵押物不能行使抵押权时,抵押人在抵押物价值范围内承担保证责任。这样,抵押人就兼有物上保证人与保证人双重身份,当物上保证人的身份消失后,就以保证人的身份承担责任,前者是物上有限责任,后者是无限责任。

那么,抵押人会在抵押合同中加上一句话,来承诺自己的义务吗?一般会的,他会想,"抵押我都干了,对抵押担保一下有什么不可以呢"?在设立抵押时,抵押人一般不会想着将抵押物让与他人。

以上是从主债权人的角度考虑的。加上了一句话,抵押人的风险又是什么呢?请君深思之,律师不可能只为债权人一方服务。

签订不动产抵押合同的一个技巧(2)

依据《民法典》的规定,不动产抵押采登记生效主义,不登

(接上页)(四)生产设备、原材料、半成品、产品;(五)正在建造的建筑物、船舶、航空器;(六)交通运输工具;(七)法律、行政法规未禁止抵押的其他财产。"

[1]《民法典》第215条规定:"当事人之间订立有关设立、变更、转让和消灭不动产物权的合同,除法律另有规定或者当事人另有约定外,自合同成立时生效;未办理物权登记的,不影响合同效力。"

记,抵押权不能生效(不动产抵押权合同已经在先生效)。不动产抵押合同与不动产抵押权的效力采区分原则(分离原则)。

一般情况下,办理不动产抵押登记后,即取得切实担保后,主债权人才开始履行合同。但事事不能都如人愿,有的时候,在不动产抵押合同签订后,办理抵押登记前,主债权人就要履行合同。此时,主债权人可在抵押合同中与抵押人(第三人)约定,在抵押登记之前,抵押人承担保证责任,即先承担人保的责任,登记后转化为物保。

抵押人(第三人)承担保证责任可以有两种情况:其一,抵押人就抵押物承担有限保证责任,即以抵押物作为保证的责任财产;其二,抵押人以全部财产作为责任财产,此与我们通常所说的保证无异。

抵押双保险的一个技巧(3)

例:主债权人甲对主债务人乙有1000万元债权,甲与抵押人丙(物上保证人)约定,由于丙的原因,甲对抵押物不能行使抵押权时,丙在抵押物价值范围内承担保证责任。

这是对主债权人双保险的一个例子。抵押责任是物上有限责任,而保证是无限责任。这种特殊约定,对债权人有利,因为它不仅约定了物上有限责任,而且约定了对物之价值的无限责任。此种约定,对抵押人也非不公平。

抵押双保险技巧及担保陷阱(4)

例:主债权人甲对主债务人乙有200万元债权,甲与抵押人丙(物上保证人)约定,当主债务人乙不履行到期债务时,由丙在 15 天内代为履行，丙在约定的期限内不代为履行的，甲有权请求实行抵押权（就抵押物变价而优先受偿）。

1. 这是对主债权人双保险的一个例子。这种特殊约定，对债权人有利。

2. 在一定意义上，这种特殊约定对抵押人（物上保证人）也是有利的。因为，理论上认为，"抵押是有责任，无债务"，即抵押人（物上保证人）对主债务人并无代为清偿的债务，而只有以抵押物的变价款代为清偿的责任。通过当事人的事先约定，抵押人可以代为清偿，涤除（解除）抵押权，保住自己的抵押物。

3. 这种特殊约定极易形成对担保人的合同陷阱（担保陷阱）。因为主债权人会说，抵押人（物上保证人）代为清偿，是保证责任（无限责任），对该无限责任，抵押人（物上保证人）还有一个抵押担保。这种担保陷阱，是为了追究抵押人的双重责任，抵押人（物上保证人）很被动。

4. 破解这种合同陷阱（担保陷阱）的方法是约定抵押人（物上保证人）的涤除权。当事人可以这样写："主债务人乙到期不履行债务时，抵押人丙可以通过代为履行涤除（解除）主债权人甲的抵押权。上述代为履行，非保证责任。"

抵押与质押的竞合（5）

例：甲、乙写了抵押合同，但约定甲向债权人乙交付标的物（动产）。抵押不移转占有；质押移转占有，甲、乙既约定了抵押，又约定了质权成立的要件（交付占有）。

1. 此案是抵押与质押的竞合，在对抗效力上，应按质押处理（占有具有对世性）。如果按抵押处理，会影响债权人乙的利益。

2. 依《民法典》第 403 条的规定，动产抵押采登记对抗主义，不登记的也生效，但不能对抗善意的第三人。[1] 依照《民法典》第 414 条的规定，未登记的动产抵押权，在清偿次序上不占优势。[2] 未登记的动产抵押权，实际是债权的物权化，没有真正的对世性。

3. 抵押权人因欠缺占有，不能自助出卖；质权人因处于他物占有状态，可以自助出卖。

4. 律师审查合同的时候，要注意把握合同名称的设计（没有抵押登记时，应写成质押合同），防止、减少日后的争议。

不要写抵押期间（6）

例：当事人在抵押合同中写了抵押期间，比如写了抵押期间为自合同订立或登记之日起两年。

律师审查合同时，发现这样的文字，应当删除之，因为我国不承认类似于保证期间的抵押期间。

抵押登记时间的把握（7）

例：甲把房屋抵押给乙，双方在合同中约定，20 天内去办理抵押登记。到第 20 天，双方到登记机关办理了抵押登记。抵押权人乙万万没有想到，在签订抵押合同后、抵押登记前，乙把房

---

[1]《民法典》第 403 条规定："以动产抵押的，抵押权自抵押合同生效时设立；未经登记，不得对抗善意第三人。"

[2]《民法典》第 414 条规定："同一财产向两个以上债权人抵押的，拍卖、变卖抵押财产所得的价款依照下列规定清偿：（一）抵押权已经登记的，按照登记的时间先后确定清偿顺序；（二）抵押权已经登记的先于未登记的受偿；（三）抵押权未登记的，按照债权比例清偿。其他可以登记的担保物权，清偿顺序参照适用前款规定。"

屋租给了丙。丙的租赁权（债权）得对抗乙的抵押权。

1. 不动产抵押，要先签订抵押合同，再办理抵押登记。

2. 抵押权设立后抵押财产出租的，该租赁关系不得对抗已登记的抵押权。〔1〕不动产抵押权是登记设立，合同签订后，抵押权设立前，不能对抗承租权（债权）。所以，要特别注意缩短"抵押合同签订"与"抵押登记"的时间间隔。缩短时间，会减少抵押人出租的机会。抵押登记后，抵押权人就不怕出租了。

3. 当然，住宅与商铺是否有租户，影响大小不一。住宅中有人的，就不好卖，或者卖不出高价；而拥有商铺，往往就是为了出租，如果租期长，价钱又合理，反而容易变价。

为浮动抵押加一把锁（8）

例：曾有一位学员问我：如果浮动抵押物的数量非正常往下浮动，〔2〕抵押权人怎么办？

我当时的回答是：抵押权人可以行使保全权。《民法典》第408条规定："抵押人的行为足以使抵押财产价值减少的，抵押权人有权请求抵押人停止其行为；抵押财产价值减少的，抵押权人有权请求恢复抵押财产的价值，或者提供与减少的价值相应的担保。抵押人不恢复抵押财产的价值，也不提供担保的，抵押权人

---

〔1〕《民法典》第405条规定："抵押权设立前，抵押财产已经出租并转移占有的，原租赁关系不受该抵押权的影响。"

〔2〕《民法典》第396条就浮动抵押规定："企业、个体工商户、农业生产经营者可以将现有的以及将有的生产设备、原材料、半成品、产品抵押，债务人不履行到期债务或者发生当事人约定的实现抵押权的情形，债权人有权就抵押财产确定时的动产优先受偿。"第411条规定："依据本法第三百九十六条规定设定抵押的，抵押财产自下列情形之一发生时确定：（一）债务履行期限届满，债权未实现；（二）抵押人被宣告破产或者解散；（三）当事人约定的实现抵押权的情形；（四）严重影响债权实现的其他情形。"

有权请求债务人提前清偿债务。"

浮动抵押物（种类物）是浮动的，可多可少，但非正常减少，是不能允许的。

保全权是事后的救济，在事前，可以为浮动抵押加一把锁，防止浮动抵押物非正常减少。下面是质押变抵押的例子：甲将仓库的产品质押给债权人乙，乙派出保管员管理甲的仓库，货物按照约定可以进出（出质人进货、发货），进出由乙的保管员监管，其监管的目的是保证仓库库存保留约定的数量。这种质押的好处是，乙无须将货物拉到己处，甲方仍然可以进货出货，不影响生产经营。这样的质权是否有效？

这样的质权有效，但欠缺占有的可识别性，风险较大。甲、乙可以改签为浮动抵押合同，约定正常进出货的标准（数量、时间等），抵押权人乙派人到甲的仓库坐镇，甲出货、进货由乙方人员监管，这就为浮动抵押物的不正常减少加了一把锁。浮动抵押进入实行期后，就转变为固定抵押，抵押权人就可以禁止抵押物出库。

读者可能提出这样的疑问：浮动抵押若经登记，还需要六指挠痒，多来一道吗？——加一把锁，对向第三人（买受人）交付是有控制作用的。[1]

宜将从物写入抵押合同（9）

1. 无论是否写入抵押合同，无论是否登记，抵押权都及于从物。《民法典》第 320 条规定："主物转让的，从物随主物转让，但是当事人另有约定的除外。"该条有瑕疵（本应写为"主物处

---

[1]《民法典》第 404 条规定："以动产抵押的，不得对抗正常经营活动中已经支付合理价款并取得抵押财产的买受人。"

分的，从物随同处分"），极易产生争议。如果从物价值较大或难以确认，最好将从物写进抵押合同（写明从物是抵押物），可以具体写，也可以概括写，如进行抵押登记，将其与主物一并登记。

2. 质押与抵押不同。质押以占有为公示方法，即使质押合同写明了从物，从物未交付的，质权也不及于从物；即使质押合同未写明从物，从物交付的，质权也及于从物。也就是说，质押合同是否写明从物，影响不大。

商铺抵押的一个特殊风险（10）

例：银行抵押贷款，要求70%的抵押率（比如，100万元的抵押物，担保70万元的贷款），这大大降低了风险。银行以外的其他抵押权人（抵押权人必为债权人），在签订抵押合同时，一般也要考虑抵押率的大小。

1. 商铺抵押率，要考虑商铺抵押的特殊风险。商铺一般不是空着的，具体地说，在抵押登记前，商铺可能已经出租给他人。这时，要看租金是否合理，如果租金过低而租期过长，在实现抵押权时，商铺就卖不出高价或正常价。这是抵押权人的一个特殊风险，比如，贷款8000万元，作为抵押物的商铺才卖出7000万元。

2. 商铺租金过低，承租人可能不会主张优先购买权，因为他要享受低租金的待遇。

要注意界定最高额抵押的担保范围（11）

例：当事人约定"最高额"为1000万元，主债务人到期不履行的金额为995万元，实现担保物权的费用为10万元，则抵押权人（必为债权人）有5万元不能优先受偿。

1. 此例可作为律师起草最高额抵押合同的参考。[1]
2. "最高额抵押"之"最高额"是指主合同债权的"最高额"，包括"主债权及其利息、违约金、损害赔偿金、保管担保财产和实现担保物权的费用"。[2]起草、设计最高额抵押合同时，一定要考虑实现担保物权的费用。

第四分目　质押合同

界定质物，要写收条（1）

例：出质人甲与质权人乙签订了质押合同，但质押合同的描述，与实际交付的物（动产）不一样。在返还质物或变价后，出质人甲可能会追究质权人乙的保管责任，说质权人保管不善造成价值减损，或者说数量不足。

1. 《民法典》第427条第2款规定了质押合同应当包括的条款，其中第3项是"质押财产的名称、数量等情况"。当事人事先在质押合同中约定上述内容，有预防争议的作用。

---

[1]《民法典》第420条就最高额抵押规定："为担保债务的履行，债务人或者第三人对一定期间内将要连续发生的债权提供担保财产的，债务人不履行到期债务或者发生当事人约定的实现抵押权的情形，抵押权人有权在最高债权额限度内就该担保财产优先受偿。最高额抵押权设立前已经存在的债权，经当事人同意，可以转入最高额抵押担保的债权范围。"

[2]《民法典》第389条规定："担保物权的担保范围包括主债权及其利息、违约金、损害赔偿金、保管担保财产和实现担保物权的费用。当事人另有约定的，按照其约定。"

2. 最好的办法，是在质押合同中注明质物的名称、数量、质量、外观、状况等，以质权人出具的收条（或验收的字据、清单）为准。收条是出质人持有的，其自应审查收条的内容。质物数量较多时，双方应当在质权人收到质物后的清单上签字。

3. 可以将质物的照片作为质押合同的内容或附件。

物由第三人占有时，宜设计为抵押（2）

例：甲、乙签订质押合同，约定债务人甲将租给丙（现由丙占有，租期尚余一年）的冲床质押给债权人乙。甲将质押的情况通知了丙。

1. 在甲通知丙（指示交付）后，乙并不能取得动产质权，因为指示交付作为观念交付，不能使债权人乙取得现实占有。《民法典》第429条规定："质权自出质人交付质押财产时设立。"质物未交付的，不能取得对世的效力，且债权人乙（指示交付的受领人）请求丙现实交付时，丙会行使占有抗辩权（在租期届满之前，拒绝向乙交付）。

2. 若质权人（兼为债权人）乙委托律师审查合同，律师应当为乙算计：是写成质押好，还是改为抵押好？如债权数额较大，还是改为抵押较好，如辅之以抵押登记，更好。

保证金不能质押（3）

例：甲农用物资公司与乙银行订立"保证金质押合同"，甲农用物资公司存入乙银行1000万元，作为保证金，担保今后乙银行的"相关"债权。亦即，甲农用物资公司卖给客户、农民农用物资，而购买人又缺少资金，由购买人向乙银行贷款，甲农用物资公司以"保证金质押"的方式，在1000万元的范围内担保乙银行债权的实现。

1. 保证金是一种独立的担保方式，不能质押，本案当事人使用的合同名称不准确。

2. 如果甲农用物资公司将1000万元汇入乙银行的账户，属于保证金担保；如果甲农用物资公司将1000万元存入在乙银行开立的账号，而将存款凭证交付给乙银行质押，则属于最高额权利质押。

3. 最高额抵押、最高额质押、最高额保证，不一定是担保一个人的债务，而是可以担保两个以上之人的债务。起草合同时应注意：第一，要把合同名称写准确；第二，条款设计要具体。

要审查抵押、质押合同有无流押、流质条款（4）

例：债务人某甲把一台机器抵押给债权人某乙，1月1日订立抵押合同。某甲债务履行期限届满之日为同年12月1日。在1月1日到12月1日（含该日），约定某甲"不履行到期债务，该机器归某乙所有"的，为无效；在12月1日以后作出这种约定（折价协议）的，为有效。

审查合同时，若发现有流押、流质条款，应当删除之。

1. 禁止流押和流质条款的规定。《民法典》第401条针对流押规定："抵押权人在债务履行期限届满前，与抵押人约定债务人不履行到期债务时抵押财产归债权人所有的，只能依法就抵押财产优先受偿。"第428条针对流质规定："质权人在债务履行期限届满前，与出质人约定债务人不履行到期债务时质押财产归债权人所有的，只能依法就质押财产优先受偿。""流"是流失的意思。

（1）违反上述规定，导致抵押合同、质押合同的部分无效，不影响其他条款的效力。

（2）违反上述规定，也违反了物权法定原则中内容法定的要求。《民法典》第116条规定："物权的种类和内容，由法律规定。"

（3）约定"流押""流质"的时间，在债务履行期限届满之前。也就是说，在履行期限届满之后（进入抵押权、质权实行期之后），双方当事人可以约定抵押财产归抵押权人，质押财产归质权人。这种约定称为折价协议。

2. 禁止流押、流质条款的原因。

（1）一般认为，禁止流押、流质条款，是为了防止债权人乘人之危。

（2）抵押中的流押不能满足物权变动的形式要件，易使第三人蒙受不测之损害，危害交易安全。[1]

流押和流质，当事人约定的物权变动是以债务人不履行到期债务为条件的。流质尚可解释为动产简易交付，抵押不移转占有，连解释的余地都不存在。流押应当禁止，流质在法律上是否可以放宽，不无探讨的必要。

（3）流押和流质约定的折价价格到时可能会有很大变化，造成显失公平的后果。

3. 流押、流质条款对谁不利。一般认为，流押、流质条款对抵押人、出质人不利。假如流押、流质条款有效，也有可能对债权人不利（抵押权人、质权人必为债权人）。比如，在债务人为

---

[1]《民法典》第208条规定："不动产物权的设立、变更、转让和消灭，应当依照法律规定登记。动产物权的设立和转让，应当依照法律规定交付。"

抵押人、出质人时，债权人只是以抵押财产和质物为抵债的责任财产，而排除了债务人的其他责任财产。

4. 实务中的两个重要问题。

（1）将抵押物、质物抵债，需要当事人的二次约定，即当事人先签订抵押合同、质押合同（第一次约定），在进入实行期后，要再次约定以担保物抵债（第二次约定为折价协议）。

我见到过这样一个判例：双方当事人约定了流押，进入实行期后，对流押条款都没有任何异议，都同意以抵押物抵债。后来双方当事人因主合同发生争议，抵押人就向法院提出请求确认流押条款无效。当事人关于折价抵债的合意就被判决否定。

这是一个意思表示解释的问题，按照整体解释规则，应认定上述当事人有了折价抵债的二次协议。[1]

（2）当事人能否在订立抵押合同、质押合同时，就折价协议订立预约？可以，因为预约规定了当事人进入实行期后要进行二次约定。

第五分目　股权转让合同

股权转让合同审查的三大要点

1. 对转让人的审查。

（1）股权转让合同中的转让人只能是股东。目标公司不得作为转让人，因为它不能自己卖自己。

（2）审查转让人是真实股东还是代持人（名义股东）。

---

[1]《民法典》第142条第1款规定："有相对人的意思表示的解释，应当按照所使用的词句，结合相关条款、行为的性质和目的、习惯以及诚信原则，确定意思表示的含义。"第466条第1款规定："当事人对合同条款的理解有争议的，应当依据本法第一百四十二条第一款的规定，确定争议条款的含义。"

(3) 要查明转让人是原始股东还是继受股东，如果是继受股东，股权转让了几次。

(4) 查明原始股东实缴的期限是否届满，是否已经在期限内实缴。[1]此点最好在合同中注明。①最好写明转让股东的权利瑕疵担保责任。②如果转让股东出资未到位，又在合同中注明由受让人承担出资的责任，则该约定不能对抗第三人。

2. 对转让标的的审查。

(1) 合同中要写清楚转让哪个公司（目标公司）的股权或股份。如果是上市公司，则要特别注意法律对股权转让的限制性规定。

(2) 股权是标的财产，要在合同中注明。股权是全部转让还是部分转让，要把股权转让的"量"界定清楚。

(3) 了解股权是否质押给第三人、有无对赌的情形。

(4) 要特别注意区分股权转让与公司资产转让，不要"一锅煮"。股价的高低，受公司资产多少的影响，但两者不是一回事。股权属于股东，公司资产属于公司。如果转让股东是大股东，最好写明公司现存的资产，并制作有关附件（资产负债表等）。这样做，是为了防止大股东移转公司资产，使股权的价值缩水。

(5) 合同中最好写明股权移转给受让人的时间节点。比如，注明将受让人记载于股东名册后股权归受让人。再如，注明到市场监督管理机关办理股权变更登记后股权归受让人。

合同中要写明转让方应当将股权转让及时通知目标公司，并

---

[1]《公司法》第88条规定："股东转让已认缴出资但未届出资期限的股权的，由受让人承担缴纳该出资的义务；受让人未按期足额缴纳出资的，转让人对受让人未按期缴纳的出资承担补充责任。未按照公司章程规定的出资日期缴纳出资或者作为出资的非货币财产的实际价额显著低于所认缴的出资额的股东转让股权的，转让人与受让人在出资不足的范围内承担连带责任；受让人不知道且不应当知道存在上述情形的，由转让人承担责任。"

要求目标公司及时将受让人记载于股东名册、及时到市场监督管理机关办理股权变更登记。[1]实务中,有的目标公司作为第三人在股权转让合同书上签字、盖章,这就可以直接在合同中注明目标公司在股东名册上的记载义务和办理股权变更登记的义务。

(6)审查对股权优先购买权的处理情况,[2]以决定对应的策略。

3. 对解除权约定的审查。股权转让合同解除纠纷非常多,这是因为很多合同对解除权的约定非常含糊,即对解除权成立条件的约定非常含糊。

(1)解除权与价款支付的关系要写清楚。要具体写明转让价款(股价)、支付的方式和时间与解除权的关系。比如,受让人迟延支付价款达到51%以上,转让人能否成立解除权。

(2)行使解除权的程序要写清楚,比如通知解除之前是否要催告等。

(3)解除权与转让人权利瑕疵担保责任的关系要写清楚,这里的关键是权利瑕疵的类型及受让人是否为善意。

(4)解除权行使后,股权归属、违约责任及其他后果要写清楚。

---

[1] 公司是股权转让的利害关系人。《公司法》第86条规定:"股东转让股权的,应当书面通知公司,请求变更股东名册;需要办理变更登记的,并请求公司向公司登记机关办理变更登记。公司拒绝或者在合理期限内不予答复的,转让人、受让人可以依法向人民法院提起诉讼。股权转让的,受让人自记载于股东名册时起可以向公司主张行使股东权利。"

[2] 《公司法》第84条规定:"有限责任公司的股东之间可以相互转让其全部或者部分股权。股东向股东以外的人转让股权的,应当将股权转让的数量、价格、支付方式和期限等事项书面通知其他股东,其他股东在同等条件下有优先购买权。股东自接到书面通知之日起三十日内未答复的,视为放弃优先购买权。两个以上股东行使优先购买权的,协商确定各自的购买比例;协商不成的,按照转让时各自的出资比例行使优先购买权。公司章程对股权转让另有规定的,从其规定。"

第二部分
合同编

第一节　要约、承诺

不可撤销的要约（1）

> **题记**：律师代为起草要约时，应当询问委托人是否有撤销的意向。

要约分为可撤销的要约与不可撤销的要约。《民法典》第476条规定："要约可以撤销，但是有下列情形之一的除外：（一）要约人以确定承诺期限或者其他形式明示要约不可撤销；（二）受要约人有理由认为要约是不可撤销的，并已经为履行合同做了合理准备工作。"

1. 要约人在要约中确定了承诺期限。

（1）为何要约规定了承诺期限就不可撤销？因为确定了承诺期限，也就是规定了要约的有效期限，即意味着要约人在要约期限内等待受要约人承诺的送达。要约规定了承诺期限，法律就认为要约人放弃了撤销权。或者说，要约规定了承诺期限，就意味着要约人保证在承诺期限内不撤销要约，保持要约的形式约束力。

（2）要约人确定了承诺期限，就没有撤销权，是基于保护受要约人信赖利益作出的规定。

第一，要约人确定了承诺期限，一般就说明他对行情和交易条件的变化有了比较准确的把握。要约人在设计承诺期限的时候，自然考虑到了对自己利益的保护。如鲜活产品的现货出售，要约人在设计承诺期限的时候，自然要考虑保鲜的问题，因此，承诺期限要短；在处于卖方市场的情况下，卖方也会将承诺期限缩短；在行情剧烈变化的市场条件下，要约人也不会给对方留下太多的犹豫时间。因而，要约规定了承诺期限，就不允许撤销，从宏观上看，不会影响要约人的利益。

第二，要约规定了承诺期限，会使受要约人产生合理的信赖，受要约人会根据承诺期限的长短，来决定自己的相关行为。比如，某甲在1月1日以信件向某乙发出要约，以100万元的价格出售一所房屋，承诺期限为15天，信件的往返时间为6天。承诺期限的最后一天为1月16日。受要约人某乙会在预留回信时间的前提下进行准备工作，如某乙可能四处向亲友告贷。如某甲在承诺期限内突然撤销要约，就会造成某乙的损失。

第三，或许有人认为，若允许要约人撤销有承诺期限的要约，造成了受要约人的损失，可以采取损害赔偿的方法解决。若采取这种办法，不符合《民法典》尽量保护交易关系、尽量促使社会积累财富的思想，会使市场的效率、效益下降。须知，合同数量的增加，即交易数量的增加，交易数量的增加，即社会财富的增加。

（3）既然要约人确定承诺期限是放弃撤销权，那么要约人在确定承诺期限的同时也可以保留自己的撤销权。如甲对乙、丙同时发出要约：现仅有一个出租摊位，租给10天内先将头3个月租金打入我公司账号者。要约人对一个摊位，赋予两个人以承诺权，必然保留了对其中之一（后来者）的撤销权，这种规定是有效的。《民法典》第 476 条关于要约人确定了承诺期限后不得撤销的规定，是任意性规范，可以排除适用。

（4）实践中对于承诺期限的表达方式多种多样。比如，有的要约中这样规定："6 月 7 日后，价格及其他条件将失效。"要约中的"6 月 7 日"就是承诺期限的最后一天。"请按要求在 3 天内将水泥送至工地""请在 15 天内答复""3 个月内款到即发货"等，都属于对承诺期限的表述。

2. 明示要约不可撤销的情形。以下都可以被认为是明示表达要约不可撤销的情形："我方将保持要约中列举的条件不变，直到你方答复为止"；"这是一个不可撤销的要约"等。如果当事人在要约中称"这是一个确定的要约"，仅仅这样表述，不能认为该要约不可撤销，因为要约本身就是确定的。明示要约不可撤销，并不等于要约永远有效，如果受要约人在合理的时间内未作答复，要约会自动失效（《民法典》第 478 条、第 481 条），否则，经过 100 年，要约还会有效。

3. 受要约人有理由认为要约是不可撤销的，并已经为履行合同作了准备工作。

（1）要约没有规定承诺期限的，其效力也不会永久存续，要么经过合理的期间自然终止，要么由要约人撤销。要约人没有确定承诺期限，可能是因为疏忽或者对交易习惯或对行情与时间的关系把握不准，当然还有其他原因。

（2）在要约没有规定承诺期限的情况下，受要约人可能已经依信赖行事。依照信赖行事，就击破了要约人的法定撤销权。首先是信赖（受要约人有理由认为要约是不可撤销的），其次是行事（已经为履行合同做了准备工作）。尽管没有规定承诺期限，但要约仍然可能因为双方的交易习惯或者要约人的表达等，使受要约人产生合理的信赖。比如，要约人向受要约人发出"求救"的信息："工地告急，急需水泥 300 吨……"显然受要约人对此类要约是可以产生合理信赖的。

（3）一般来说，要约中要求受要约人以行为作为承诺的，受要约人就有理由认为要约是不可撤销的，如要约中指出"款到即发货""如同意，请尽快发货"等。除受要约人有理由认为要约是不可撤销的以外，还有一个并列的条件，就是受要约人已经为履行合同做了必要的准备工作，比如，购买原材料；办理借贷，筹备货款；购买车船机票，准备到要约人指定的地点去完成工作；与他人签订相关的合同等。

要约人与受要约人的博弈（2）

1. 要约人对"因迟发而迟到的承诺"的两次机会。承诺应当在承诺期限内发出并送达。迟发是指超过承诺期限发出承诺，迟发必然迟到。《民法典》第 486 条规定："受要约人超过承诺期限发出承诺，或者在承诺期限内发出承诺，按照通常情形不能及时到达要约人的，为新要约；但是，要约人及时通知受要约人该承诺有效的除外。"

对因迟发而迟到的承诺，要约人可以不予理睬，但要约人有两次成立合同的机会。第一次机会是及时发出对"迟发承诺"的承认通知，使"迟发承诺"取得与承诺相同的效果，这样符合双方的利益。第二次机会是在"迟发承诺"为新要约时，（原）要约人可以通过承诺成立合同。

2. 受要约人亡羊补牢的机会。"因迟发而迟到的承诺"，在要约人未及时发出否认通知的情况下，性质转变为新要约，（原）要约人有承诺权（简单形成权、发生形成权），（原）受要约人处于听人宰割的境地。不过，（原）受要约人还有一个亡羊补牢的机会，即行使要约撤销权。

例：北京的甲向南京的乙发出要约，其中注明："要约有效期至7月1日截止"。乙本应在7月1日之前发出并送达承诺，但其在7月2日才发出承诺，于7月6日送达甲。甲未及时通知乙承诺有效，则乙的承诺被拟制为新要约。但乙后悔了，不想与甲成立合同。

因乙的要约是被拟制的，其中没有承诺期限，其应尽快向甲发出通知，撤销被拟制的新要约。[1]实务中，乙的措辞不必很规范，明确表达不想与甲成立合同的意思即可。

3. 结语。吃后悔药的机会，当事人可以不知，法务、法律顾问、律师不可不知。不要给当事人留下埋怨的机会。

别忘了发否认通知（3）

承诺不但要在承诺期限内发出，而且要在承诺期限内送达。

未迟发而迟到的承诺是狭义的承诺迟延，是指承诺的通知在发出时虽然不构成迟延，但由于传递故障等外在原因，到达要约人时超过了承诺期限。口头通知、手机短信和电子邮件，都不会构成狭义的承诺迟延。

《民法典》第487条规定："受要约人在承诺期限内发出承诺，按照通常情形能够及时到达要约人，但是因其他原因致使承

---

[1]《民法典》第476条规定："要约可以撤销，但是有下列情形之一的除外：（一）要约人以确定承诺期限或者其他形式明示要约不可撤销；（二）受要约人有理由认为要约是不可撤销的，并已经为履行合同做了合理准备工作。"第477条规定："撤销要约的意思表示以对话方式作出的，该意思表示的内容应当在受要约人作出承诺之前为受要约人所知道；撤销要约的意思表示以非对话方式作出的，应当在受要约人作出承诺之前到达受要约人。"

诺到达要约人时超过承诺期限的，除要约人及时通知受要约人因承诺超过期限不接受该承诺外，该承诺有效。"

条文中的"及时"，是合理的最短时间。要约人未及时通知的，承诺视为未迟到。为什么要求要约人及时发出否认通知（迟到通知）呢？这是从交易安全角度进行的设计。由于外在的原因，受要约人一般不知道承诺陷于迟延，还在那里苦苦等待。毕竟，是承诺人承担迟延的风险，要约人若怠于通知，岂不是对法律的优惠视而不见？

对于合同而言，书面形式主要起证据作用。在交换意思表示时，一般采对等规则。你来我往，用同样的形式，你给我书面信件，一般我的回复也应是书面信件。为防止承诺人陷于被动，可先打电话或使用电子邮件（非纸质书面形式）进行否认通知（迟到通知），再发信正式表明态度。只打电话不行！

例：信件的异地传递时间一般是三天。甲以信件向乙发出要约的时间是1月1日，承诺期限是15天，承诺期限的最后一天是1月16日。乙接到要约的时间是1月4日，经过考虑，乙于14日向甲邮寄接受要约（承诺）的信件。信件本应于承诺期限的最后一天（1月16日）到达甲，但自然灾害导致邮路不畅或者邮局人员的工作失误，1月17日承诺才送达甲。甲如果不接受迟到的承诺，必须及时发出否认通知，否则承诺生效、合同成立。

镜像规则的例外（4）

1. 承诺与要约相一致的要求，被称为镜像规则。镜像规则要求承诺就像对着镜子反射一样与要约取得一致（要约与承诺就像照镜子一样，内容相同、方向相反）。但是，受要约人对要约人的答复，经常对要约的内容有变更。实质性变更与非实质性变更，有不同的效果。实质性变更为新要约,也有受要约人针对要约提出要约邀请。受要约人提出新要约和要约邀请,都否定了原要约的效力。

2. 对要约的非实质性变更,可构成镜像规则的例外。《民法典》第489条规定:"承诺对要约的内容作出非实质性变更的,除要约人及时表示反对或者要约表明承诺不得对要约的内容作出任何变更外,该承诺有效,合同的内容以承诺的内容为准。"非实质性变更,是指虽有表面变更,但这种变更没有实质性改变要约的内容,即没有提出新的权利义务的设计,或者虽有变更但没有增加要约人的负担。条文中的"及时",是最短的合理时间。

例1:甲向乙发出要约,要出卖给乙100万元的货物,要约中没有不得做任何变更的限制。乙回信说同意甲提出的条件,但要求把货物由路运改为水运。如果由路运改为水运没有增加甲的费用和麻烦,即为非实质性变更。甲不同意这种非实质性变更,应及时表示反对,否则以承诺的内容为准成立合同。

例2:甲向乙发出要约,要购买乙2万元的货物,在要约中提出以现金向乙支付。乙回复说同意甲提出的条件,但要求现金支付改为用银行卡支付,此为非实质性变更。甲不同意这种非实质性变更,应及时表示反对,否则以承诺的内容为准成立合同。

第二节　合同的类型

就要式合同达成的口头协议(1)

1. 要式合同的"式"是方式,即以某种方式的具备作为合同成立的要件。例如,我国《民法典》规定的担保合同(保证合同、定金合同、抵押合同、质押合同)应当采用书面形式。所谓方式,除书面方式外，还包括公证、第三人见证等。

2. 要式合同分为法定要式合同和约定要式合同。

（1）支票或者其他票据的格式是中国人民银行规定的，这种格式不能改变，否则就取不出钱，所以票据是绝对要式行为。法定书面形式的合同不等于绝对要式合同，因为根据《民法典》的规定，法律规定采用书面形式，而当事人没有采用的，合同照样可以生效。比如，通过行为，一方履行，另一方受领，行为可以排除法定书面形式。[1]也就是说，《民法典》规定的书面形式不是绝对要件。

（2）对于法定要式合同，当事人作了口头约定，可以成立预约。例如，技术开发合同、技术转让合同、建设工程合同、六个月以上的租赁合同等是法定要式合同，当事人先以口头形式达成合意的，可以构成预约。违反预约也可以构成违约责任。[2]

（3）约定的要式合同，书面形式等要件并非法律规定，而是由当事人口头或书面约定所产生。当事人的这种约定本身可构成预约。《民法典》第495条第1款规定："当事人约定在将来一定期限内订立合同的认购书、订购书、预订书等，构成预约合同。"

---

[1] 《民法典》第490条规定："当事人采用合同书形式订立合同的，自当事人均签名、盖章或者按指印时合同成立。在签名、盖章或者按指印之前，当事人一方已经履行主要义务，对方接受时，该合同成立。法律、行政法规规定或者当事人约定合同应当采用书面形式订立，当事人未采用书面形式但是一方已经履行主要义务，对方接受时，该合同成立。"

[2] 违反预约合同的责任，是违约责任，不是缔约责任。违反预约合同的法定责任形式，是损害赔偿，当事人也可以约定违约金或适用定金罚则。《合同编通则解释》第8条规定："预约合同生效后，当事人一方不履行订立本约合同的义务，对方请求其赔偿因此造成的损失的，人民法院依法予以支持。前款规定的损失赔偿，当事人有约定的，按照约定；没有约定的，人民法院应当综合考虑预约合同在内容上的完备程度以及订立本约合同的条件的成就程度等因素酌定。"预约在内容上的完备程度高，订立本约的条件的成就程度高，赔偿额相应就多。预约在内容上的完备程度高，说明本约内容设计的完备程度高。

本条提到了三"书",好像预约是书面形式的,其实口头形式的预约也是常见的。

3. 口头约定要式合同一例。

例:甲、乙于3月1日通过电话协商一致(口头约定),甲以10万元的价格出卖给乙一匹名为"神风"的赛马,约定同年4月1日在某地签订书面合同。该口头约定构成预约。买卖一匹马的合同本为不要式合同,但当事人的特约,使本约合同成为约定要式合同。本约合同的签订,产生第二个法律关系。分阶段进行交易,是正常现象。

诺成合同与实践合同的转换(2)

1. 诺成合同是双方意思表示一致即可成立的合同。实践合同又称为要物合同,其法律构成是"合意加动产交付",不仅需要两个意思表示一致,还需要交付标的物,合同才成立。

诺成合同是常态,实践合同是变态。只有极少数合同被规定为实践合同。实践合同包括定金合同,双方都是自然人的借款合同、保管合同、使用借贷合同等。还有一些是按照交易习惯形成的实践合同。

2. 诺成合同可以约定为实践合同,例如,将买卖合同约定为出卖人交货时合同成立。再如,将赠与合同约定为实践合同。

实践合同的意义在于当事人有反悔权。法定的实践合同有法定反悔权,约定的实践合同有约定的反悔权。

将诺成合同约定为实践合同,效果上等于加了一个预约。

3. 实践合同可以约定为诺成合同。例如,将自然人之间的借款合同(实践合同)约定为诺成合同。这种约定的意义是取消当事人的反悔权。

将实践合同约定为诺成合同，效果上等于取消了一个预约。

4. 实践合同、诺成合同的规定，并非强制性、禁止性规定，当然可以调整。意思自治不是空话。

5. 律师设计合同，可以根据当事人的需要，在诺成性与实践性之间进行转换。

保管合同的"另有约定"（3）

我国《民法典》第 890 条规定："保管合同自保管物交付时成立，但是当事人另有约定的除外。"根据条文中的"另有约定的除外"，当事人可以把保管合同约定为诺成合同。这种约定，是为了保护寄存人的利益。

其他实践合同能否"另有约定"？具体地说，针对其他实践合同，法律未特别规定"另有约定的除外"时，当事人能否将其约定为诺成合同？

禁止性规定，法律应设明文，未设明文的，不能认为是禁止性的。不能认为，没有规定"另有约定的除外"，就不允许"另有约定"。实践合同可以约定为诺成合同，诺成合同也可以约定为实践合同。在债法领域，没有类似于物权法定的限制。比如，两个自然人之间的借款合同是实践合同，当事人可以约定为诺成合同，排除出借人（贷与人）的反悔权。

预约和本约（4）

《民法典》第 495 条规定："当事人约定在将来一定期限内订立合同的认购书、订购书、预订书等，构成预约合同。当事人一方不履行预约合同约定的订立合同义务的，对方可以请求其承担预约合同的违约责任。"

1. 预约又称为预备合同。预约是指当事人约定于将来成立某一合同的合同，其以订立另一合同（本约）为内容，即对预约的履行是成立本约。本约又称为本合同，是依照预约成立的合同。预约与本约的概念是"姊妹花"，没有预约，也就无所谓本约，反之亦然。

预约与本约是两个合同法律关系。预约可以过渡到本约，但这种过渡并不具有必然性。

2. 预约的表现形式有认购书、订购书、意向书、意向协议、备忘录等。但有其名不一定有其实，认购书、意向书等是否构成预约，属于合同解释问题。如果签署认购书、意向书等文件的当事人并不希望受"意向"的约束，只是表达一种不受约束的愿望，那么就不是预约。如果有成立本约的意思表示，就可构成预约。

当事人也可能以口头形式成立预约，法律并未对预约的形式作限制性规定。特别是买卖合同，本身就是不要式合同。

3. 实务中经常有这样的现象：成立了一项交易，在合同中对有关联的交易作出预约，即一份合同书中包含了本交易和预约两个法律关系（两个合同）。这一点在帮当事人审查合同时要特别注意。

另外，表示要签订补充协议的，通常不是预约。

4. 预约的内容，可能包括了本约的必要条款，也可能不包括本约全部必要条款。

5. 预约分为双务预约和单务预约。双方都负担成立本约义务的，为双务预约；一方负担成立本约义务的，为单务预约。是双务预约还是单务预约，主要受买方市场或卖方市场的制约。

6. 对预约的履行，不能强制执行（法律不能）。违反预约的，被违约人可以请求赔偿，这种赔偿是违约责任。

7. 预约也是合同，自可适用《民法典》对解除的规定。

8. 将交易区分为预约和本约两个环节，可以避免可得利益的赔偿。但刻意区分为两个环节，效果不一定好，帮助当事人设计合同，还是要根据实际情况，还是要实事求是。

9. 《商品房买卖合同解释》第 5 条规定："商品房的认购、订购、预订等协议具备《商品房销售管理办法》第十六条规定的商品房买卖合同的主要内容，并且出卖人已经按照约定收受购房款的，该协议应当认定为商品房买卖合同。"[1]商品房的认购、订购、预订等协议具备《商品房销售管理办法》第 16 条规定的商品房买卖合同的主要内容，说明预约中已经包含了本约的必要条款，但它还是预约。"出卖人已经按照约定收受购房款的，该协议应当认定为商品房买卖合同"，这样规定是为了方便裁判。从法律关系论的角度来看，房款的收受，导致进入本约法律关系。

10. 我曾经办过、写过预约案件，挑出一个，供大家参考。

例：2002 年 1 月，甲、乙双方签订"买卖合同"，约定：甲卖给乙皮衣 480 件，于 2002 年 8 月、9 月间分 6 次发货，每次发货 80 件。每次发货前依当时行情分别签订合同。2002 年 11 月，乙起诉甲，追究甲到期不发货的违约责任。甲辩称，因未另行签

---

[1]《商品房销售管理办法》第 16 条规定："商品房销售时，房地产开发企业和买受人应当订立书面商品房买卖合同。商品房买卖合同应当明确以下主要内容：（一）当事人名称或者姓名和住所；（二）商品房基本状况；（三）商品房的销售方式；（四）商品房价款的确定方式及总价款、付款方式、付款时间；（五）交付使用条件及日期；（六）装饰、设备标准承诺；（七）供水、供电、供热、燃气、通讯、道路、绿化等配套基础设施和公共设施的交付承诺和有关权益、责任；（八）公共配套建筑的产权归属；（九）面积差异的处理方式；（十）办理产权登记有关事宜；（十一）解决争议的方法；（十二）违约责任；（十三）双方约定的其他事项。"

订合同，无法发货。

甲、乙双方签订的"买卖合同"实为买卖交易关系的预约。在本案中，对预约的履行是订立本约。6份本约合同并未签订，标的未具体化，价款未确定，乙不能追究甲不发货的违约责任（不能追究本约的违约责任）。

单务预约与双务预约（5）

例：甲出租门面房，乙想开一个著名品牌的快餐连锁店，打算把这间门面房租下来，又怕品牌使用许可申请不到，租到的房子用不上，遂与甲协商，双方约定：两个月内双方签订"正式"租赁合同，甲等待乙两个月，乙到期可以不签。

预约分为双务预约和单务预约。双方都负担成立本约义务的，为双务预约，一方负担成立本约义务的，为单务预约。本案甲、乙之间的协议，是单务预约。在这份预约中，甲负担签订本约合同的义务，而乙可以不签订。

甲、乙之间的约定不是附生效条件（停止条件）的合同，因为这种合同在条件成就时自动生效，不需要再签订的程序；也不是附始期的合同，因为始期对合同的生效其实没有什么意义。

谈射幸合同（6）

射幸合同，是一方或双方当事人的给付或给付多少系于偶然事件的合同，实务中常见的，是一方的给付实定，另一方的给付不确定。

例：在山东临海的一些地方，游客与渔民达成口头射幸合同：

渔民驾船用拖网捕捞，游客支付 400 元，一网下来，有多少算多少。一网有时 10 来斤，有时五六十斤，网中有鱼、虾、螃蟹等。

本案双方的合同（双务合同）是结合法律关系，包含两个单一法律关系，一个是游客为给付的单一法律关系，一个是渔民为给付的单一法律关系。游客的给付是确定的（实定），渔民的给付是不确定的（即使颗粒无收，也不影响双务合同的性质），偶然性很强。

渔民捕到鱼虾，因先占而取得所有权，交付给游客，物权变动，游客对所有权是传来取得。此处交付，满足了《民法典》第 224 条规定的（动态的）公示要件："动产物权的设立和转让，自交付时发生效力，但是法律另有规定的除外。"

主合同、从合同和委托合同（7）

1. 三角法律关系。

图 2-1　三角法律关系

（1）甲、乙之间是主合同，甲、丙之间是从合同（担保合同），乙、丙之间是委托合同。个别情况下，乙与丙是无因管理关系，即丙未受委托而替乙担保，与甲签订担保合同。

（2）如果乙自己提供定金、抵押、质押担保，则主、从法律关系都发生在甲、乙之间。

2. 根据两个合同的从属关系，可以把合同分成主合同和从合同。这种分类方法与合同的一般分类方法不同。一般的分类，如诺成合同与实践合同可以各自独立存在，而主合同与从合同不能各自独立存在，两个合同胶结在一起，才有主从之分。没有主合同，就没有从合同，反之亦然。

3. 主合同与从合同区分的意义。

（1）效力上的从属性。主合同的效力决定了从合同的效力。《民法典》第388条第1款规定："设立担保物权，应当依照本法和其他法律的规定订立担保合同。担保合同包括抵押合同、质押合同和其他具有担保功能的合同。担保合同是主债权债务合同的从合同。主债权债务合同无效的，担保合同无效，但是法律另有规定的除外。"第682条第1款规定："保证合同是主债权债务合同的从合同。主债权债务合同无效的，保证合同无效，但是法律另有规定的除外。"依据以上规定，主、从合同具有效力上的从属性。

例：甲公司卖给乙公司一批走私手表，甲（债权人）先交货，乙后给钱（乙是债务人），为债务人提供担保的是丙，甲和丙约定主合同无效，从合同继续有效。后丙拒绝承担担保责任，主张从合同无效。甲则主张："主合同无效，从合同也无效，当事人另有约定的除外。我们双方另有约定，因此从合同有效。"

这个关于从合同有效的约定本身是无效的：第一，主合同无效，从合同有效的特殊情形，须法律专设规定；第二，上例中，从合同所担保的主合同是一个买卖走私物品的合同。

一般情况下是主合同决定从合同的命运，但是也有例外。例如，甲方（买受人）和乙方（出卖人）在买卖合同中约定，甲方给乙方50万元定金，定金交付时，主合同生效，这就是成约定金。成约定金的交付是主合同生效的条件，这是当事人通过合意使从合同的生效成为主合同生效的前提。但是主合同毕竟是主合同，甲、乙就盗赃物签订买卖合同，约定交付定金时买卖合同生效，即使完成了定金的交付，主、从合同也不能生效。这是主合同性质（买卖禁止流通物）决定的。

（2）给付上的从属性。担保人（保证人和物上保证人）以"主债务人的给付为给付"，当主债权人的债权到期不能从主债务人处得到实现时，才由担保人清偿。

（3）移转上的从属性。《民法典》第547条规定："债权人转让债权的，受让人取得与债权有关的从权利，但是该从权利专属于债权人自身的除外。受让人取得从权利不因该从权利未办理转移登记手续或者未转移占有而受到影响。"当主债权移转时，债权人对担保人的从权利一并移转。

4. 为什么主债务人与担保人之间的合同不是从合同？图2-1中，主债务人乙与担保人丙之间的合同是委托合同，不是从合同，因为它在效力上没有从属性，在给付上没有从属性，在移转上没有从属性。

互易的法律适用（8）

1. 就像赠与是赠与合同的简称一样，互易是互易合同的简称。互易合同是诺成合同、双务合同、有偿合同，原则上是不要式合同（不动产互易应为要式合同）。

2. 互易有狭义、中义和广义。

狭义的互易，是指当事人约定相互交换金钱以外标的物所有权，即其是金钱以外的有体物互易，又称为易货或易货交易。《民法典》第647条规定："当事人约定易货交易，转移标的物的所有权的，参照适用买卖合同的有关规定。"这是针对狭义互易的规定。有体物的互易合同是双务合同，是双种典型契约。[1]

中义的互易，是指财产权的互易，所有权是财产权的一种。

广义的互易，不限于财产权的互换，劳务也可以互易。比如，农村居民的换工，就是一种互易。

3. 研究互易的目的，主要在于法律的适用。比如，甲将房屋给乙居住，不收钱，但乙要用自己的布料给甲做一套西服（用益与动产所有权的互易，甲有请求交付定作物的债权，乙有用益债权）。甲出了问题，要适用有关租赁合同的规定；乙出了问题，要按定作合同（兼有买卖合同的性质）处理。

例：甲到城里工作，将其在村中带院落的房子交给乙看管，同意乙"无偿"住在房子里面，乙正好没宽敞房子住，与甲一拍即合。甲的院子里有一几百斤重的石头，上边刻有花纹，有一定的文物价值，估价十余万元。一日夜，盗贼入院（院门是锁上的），挖走了石头，院子里留下一个大坑。从院外道路的痕迹来看，盗贼是用机动车把石头拉走的。甲质问乙，乙说在屋里睡觉，全家数口人均未听到任何动静。

关于乙是否有重大过失，有争议，但乙至少有一般过失（轻过失）。

甲、乙之间是广义的互易合同，是有偿合同。乙出了问题，应适用关于有偿保管合同的规定（乙的给付等同于有偿保管合同保管人的给付）。无偿保管的保管人轻过失免责，有偿保管的保管人轻过失不免责，乙应当赔偿甲的损失。

本案最关键之处是：不能当作无偿合同处理。

---

[1] 双种典型契约（Doppeltypische Vertrage, Gekoppelte Vertrage），或称混血儿契约（Zwittervertrage），即双方当事人互负的给付各属于不同的契约类型。参见王泽鉴：《债法原理》（第一册），中国政法大学出版社2001年版，第114页。

以物易物与买卖合同有何不同？（9）

以物易物，是狭义的互易。有人认为，以物易物是两个买卖合同的结合。从法律关系的角度看，这种观点不能成立。因为，买卖合同以货币所有权的移转作为物的所有权移转的对待给付，即买卖合同存在两个单一法律关系，一个给付（标的）为移转物的所有权，另一个给付（标的）为移转货币所有权。实务中，未必对货币进行交付，而为间接给付（划账、卡上拨付等方式），但未改变买卖合同以货币所有权的移转为对待给付的性质。以物易物没有货币所有权的移转作为对待给付，因此不能说成是两个买卖合同的结合。

《民法典》第647条规定："当事人约定易货交易，转移标的物的所有权的，参照适用买卖合同的有关规定。"这就意味着，以物易物与买卖非常近似，以至可以适用买卖合同的规则。最重要的是，以物易物的双方都负担出卖人的瑕疵担保义务（这些瑕疵担保义务并非针对货币而设）。当事人也可以（对动产）约定所有权保留。例如，甲方给乙方一枚祖传的翡翠挂件，换取乙方的一套房屋，双方约定甲方先将翡翠交付给乙方，待乙方房屋的所有权过户到甲方名下时，翡翠的所有权移转给乙方。在履行抗辩等方面，以物易物合同也都可以适用买卖合同的规定。

寄养马匹合同的性质（10）

近年来，北京有一股小小的"养马热"。城里人没有足够的空间养马，一般寄养在城郊的养马场。

例：甲花2万元买了一匹小马驹，与乙（养马场）签订"寄养合同"，约定由乙负担马料、喂养、看护、体检等义务，甲不支付任何费用，但乙可以利用该小马驹进行经营活动，游客可以牵马、照相等，待小马驹长大，可供游人骑乘，收入归乙。一日，由于乙的轻过失，致马腿折断，甲起诉要求赔偿。在诉讼中，甲主张本案"寄养合同"为保管合同，乙主张是委托合同。

本案"寄养合同"是广义的互易合同。

互易合同是有偿合同，因而养马场轻过失不能免责，应当承担赔偿责任。原告、被告之间的保管合同、委托合同之争，对案件的处理结果，并无决定意义。不过，法官有时会听律师对合同性质的看法。

甲的给付是允许乙使用收益，这种允许是有对价的，相当于租赁法律关系中出租人的给付。

乙的给付是提供有关劳务并负担喂养费用，也是有对价的，相当于有偿委托合同受托人的给付。为什么不相当于保管合同保管人的给付呢？委托合同的标的为"事务之处理"，保管合同的标的是特定的保管行为（法理上为特定"事务之处理"）。保管不能涵摄乙的给付，因为最重要的是"养"（增值行为），所以认定乙的给付相当于委托合同的给付更为合理。

餐饮合同是无名合同吗？（11）

很多人认为餐饮合同是无名合同，实际上，餐饮合同是有名合同。自助餐及麦当劳之类的快餐，是买卖合同；点菜专为顾客制作的，为定作合同（兼有买卖合同的性质）。提供就餐环境和条件，为从给付义务。"从给付义务有补助主给付的功能，不在于决定债之关系的类型，乃在于确保债权人的利益能够获得最大的满足。"[1] 保障顾客安全（如保持地面干净，不至于使顾客滑

---

[1] 王泽鉴：《债法原理》（第一册），中国政法大学出版社2001年版，第37页。

倒等）属于附随义务。

第三节 合同的效力

合同附条件的好处（1）

对双务合同来说，合同附条件是两个给付附条件。当事人也可以约定双务合同中的一个给付附条件。这里强调一句：合同附条件与合同中的给付附条件是不同的。实务中，更多的是给付附条件。

合同附条件是为了满足复杂社会生活的需要，其功能在于分配危险、引导当事人为特定行为和赋予动机以法律意义。

第一，分配风险。当事人订立合同，往往基于对将来发展的预期，将来发展的状况如何，虽然能够分析判断，却不能准确预知。订立合同时就可以通过附条件来分配风险，如当事人约定3个月内付清价款后标的物所有权移转，即标的物所有权之移转以3个月内付清价款为条件。

第二，引导相对人为特定行为。当事人可以通过合同附条件，引导当事人追求、履行特定的行为，如张父与其子约定，其子在3年内结婚，张父即送房屋一套（附混合条件）。

第三，赋予动机以法律意义。动机通常不为合同之内容对合同的效力通常不发生影响。我经常说的一句话是："莫斯科不相信眼泪，民事法不相信动机。"但当事人可以通过合同附条件，将动机转化为合同条件，以保护自己的利益。

例1：甲预计其父会把A房分给自己，就买了乙在A房下边的车库，结果其父将B房给了自己。甲不能以重大误解为由要求撤销买卖合同，因为动机并未进入合同（动机上的错误不构成重大误解)。

例2：甲预计其父会把 A 房分给自己，就买了乙在 A 房下边的车库，双方约定甲得到 A 房时合同生效（动机转化为合同生效条件）。若甲父将 B 房给了甲，甲就不会因与乙的交易而遭受损失。

"背靠背"条款的两种处理方法（2）

1. "背靠背"条款的含义和处理方法。

"背靠背"条款是以上游合同第三人给付或其他事由作为本双务合同债务人对价性给付（履行）的"前提条件"。"背靠背"条款的基本特征是"条件"不成就，免除对价性给付。我几十年前给学生出题，就喜欢出这种题，在实务中也接触过不少这类案例。目前，对此类案件有两种处理方法。第一种，符合《最高人民法院关于大型企业与中小企业约定以第三方支付款项为付款前提条款效力问题的批复》（以下简称《批复》）的，认定合同部分无效。第二种，不符合《批复》所规定类型和要件的，依照意思表示解释的规则和理论，将"条件"解释为期限，以排除合同履行的障碍。

上述两种处理方法的法理基础在于：对于双务合同，一方付出，有权获得对价，或者说不得剥夺一方对价。以前提条件未成就为由拒绝履行，实质是剥夺对价。

2. 《批复》的规定。

"山东省高级人民法院：

你院《关于合同纠纷案件中"背靠背"条款效力的请示》收悉。经研究，批复如下：

一、大型企业在建设工程施工、采购货物或者服务过程中，与中小企业约定以收到第三方向其支付的款项为付款前提的，因其内容违反《保障中小企业款项支付条例》第六条、第八条的规定，人民法院应当根据民法典第一百五十三条第一款的规定，认定该约定条款无效。

二、在认定合同约定条款无效后，人民法院应当根据案件具体情况，结合行业规范、双方交易习惯等，合理确定大型企业的付款期限及相应的违约责任。双方对欠付款项利息计付标准有约定的，按约定处理；约定违法或者没有约定的，按照全国银行间同业拆借中心公布的一年期贷款市场报价利率计息。大型企业以合同价款已包含对逾期付款补偿为由要求减轻违约责任，经审查抗辩理由成立的，人民法院可予支持。"

《批复》属于司法解释，其所界定合同主体具有特殊性，一方是占据优势地位的大企业，另一方是属于弱者的中小企业。确认"背靠背"条款无效的理由，是该条款违反《保障中小企业款项支付条例》（2020年）（行政法规）的强制性规定。[1]

3. 对"背靠背"条款的解释。

很多合同的"背靠背"条款不能直接适用《批复》，因为《批复》所说的合同主体具有特定性，且违反了特定的行政法规。因此，可采用意思表示解释的规则和理论，将所附"条件"解释

---

[1] 《保障中小企业款项支付条例》（2020年）第 6 条第 1 款规定："机关、事业单位和大型企业不得要求中小企业接受不合理的付款期限、方式、条件和违约责任等交易条件，不得违约拖欠中小企业的货物、工程、服务款项。"第 8 条规定："机关、事业单位从中小企业采购货物、工程、服务，应当自货物、工程、服务交付之日起 30 日内支付款项；合同另有约定的，付款期限最长不得超过 60 日。大型企业从中小企业采购货物、工程、服务，应当按照行业规范、交易习惯合理约定付款期限并及时支付款项。合同约定采取履行进度结算、定期结算等结算方式的，付款期限应当自双方确认结算金额之日起算。"

为"附期限",即解释为合同债务人在合理期限内支付款项。[1]此解释属于有利于债权人的解释。

例1:出卖人甲公司与买受人乙公司在货物买卖合同中约定,乙公司将货物转卖给丙公司,在丙公司向乙公司支付货款后,乙公司向甲公司支付。后丙公司未向乙公司支付。甲起诉乙公司要求支付。本案甲、乙二公司约定的付款条款就是"背靠背"条款。对此案有两种对立的观点:其一,"背靠背"条款无效;其二,"背靠背"条款有效,但乙公司支付货款是附生效条件的,该条件未成就。

(1)对"背靠背"条款,大多数人认为有效,也有少数人认为无效。施工合同的"背靠背"条款多一些,买卖合同的"背靠背"条款不多见。对这类条款,不宜简单地否定其效力,但简单地认定其有效也不能解决实际问题。

(2)本案"背靠背"条款是有效的,但不是附生效条件的,因为当事人是基于第三人(本案的丙公司)能够付款而签订"背靠背"条款的。在该项交易中,甲公司并没有承担失去对价风险的意思表示,其对丙公司的付款是有合理期待的,因而"背靠背"条款应当解释为附期限的付款条款,经过合理期限丙公司仍未付款,乙公司应当向甲公司支付。[2]

---

[1]《民法典》第158条规定:"民事法律行为可以附条件,但是根据其性质不得附条件的除外。附生效条件的民事法律行为,自条件成就时生效。附解除条件的民事法律行为,自条件成就时失效。"第160条规定:"民事法律行为可以附期限,但是根据其性质不得附期限的除外。附生效期限的民事法律行为,自期限届至时生效。附终止期限的民事法律行为,自期限届满时失效。"

[2]参见隋彭生、朱永平:《无效合同法律实务研究》,中国政法大学出版社2024年版,第62页。

例2：甲借给乙企业100万元，合同约定乙企业盈利时偿还。此约定是附条件还是附期限？

"乙企业盈利时偿还"，原则上应认定为附期限的给付，经过合理期限，乙企业无论是否盈利，都要还钱。

解释为附期限是为了解决实际问题，但也不是一定要解释为附期限。如果乙企业能够盈利却又不积极争取盈利，可认定为条件的拟制（恶意阻止条件成就）。[1]

例3：甲公司是专业的搜寻公司，其与乙公司签订某失事飞机残骸搜寻合同，约定7个月内搜寻到该飞机主要残骸时，乙公司支付约定的款项。

本案合同是射幸合同，条款是有效的，不能解释为附期限的合同，即不能认为满7个月就必须付款。

以射幸合同为例谈给付附条件（3）

合同分为射幸合同与实定合同。射幸合同是指当事人一方或双方的给付义务，因不确定的偶然事件而发生的合同，[2]比如保险合同、赌博合同、有奖抽彩合同等。保险合同是给付附条件的合同。赌博合同为我国法律所禁止。抽彩合同具有押赌性质，但为社会福利或其他公益目的，经过批准，也可以举办有奖抽彩活

---

〔1〕《民法典》第159条规定："附条件的民事法律行为，当事人为自己的利益不正当地阻止条件成就的，视为条件已经成就；不正当地促成条件成就的，视为条件不成就。"

〔2〕《法国民法典》第1104条第2款（债法改革后重新编排）对射幸合同的规定可供参考："当事人各方根据不确定的事件而在取得利益或遭受损失方面存在偶然性时，此种契约称为射幸契约。"

动,成立有奖抽彩合同。有奖抽彩合同也是给付附条件的合同。实定合同是指当事人双方的给付义务在合同订立时已经确定,不以不确定的事件为产生前提。

保险合同是典型的双务合同,在所谓条件成就之前,它是生效的。双务合同是复合法律关系,包括两个单一法律关系:一个是投保人为给付的单一法律关系,这个给付是事先确定的,不是附条件的;另一个是保险公司为给付的单一法律关系,是附条件的。

甲到乙的鱼塘钓鱼,约定一斤鲤鱼15元,甲钓到10斤鲤鱼,应当支付150元。这是一般买卖合同,对价具有确定性,不是射幸合同。甲到乙的鱼塘钓鱼,约定无论是否钓到鱼,无论钓到多少鱼,都给100元。这时甲对乙的给付是"实定"的,乙对甲的给付是"射幸"的,是附条件的。

这个片段是想提示一点:我们在设计合同的时候,要注意为给付附条件,而不是一根筋地为合同附条件。

容忍委托授权(4)

代理人须有代理权。代理人享有代理权,一是出于被代理人的事先同意,二是由于被代理人的事后同意。

被代理人的同意和追认,一般是明示的,但也可以是默示的。被代理人默示方式的授权行为中,有一种被称为"容忍委托授权",这种容忍是有意容忍,区别于表见代理本人(被代理人)的过失,故不属于表见代理(无权代理之一种),[1]亦不属于狭

---

[1]《民法典》第172条规定:"行为人没有代理权、超越代理权或者代理权终止后,仍然实施代理行为,相对人有理由相信行为人有代理权的,代理行为有效。"

义的无权代理,[1]而是有权代理。

例:甲公司"一把手"将一本(内有20张)加盖公章的空白介绍信交给"工头"张某。原定张某只能用这些介绍信购买施工用的原材料。张某在空白介绍信上填写自己获得某某具体授权,以甲公司的名义与他人订立合同。甲公司明知张某已经数次越权,却并未表示反对,等于让张某随意使用这些介绍信。后来,张某代理甲公司与乙公司签订承揽合同,在履行中产生了争议。甲公司主张是无权代理,乙公司主张是表见代理。

本案属于容忍委托授权,是有权代理。

判断相对人非善意的一个细节(5)

构成表见代理的一个要件是,相对人是善意的。很多人把善意等同于不知情,其实,善意的构成是"不知情且无过失"。[2]

---

[1]《民法典》第171条规定:"行为人没有代理权、超越代理权或者代理权终止后,仍然实施代理行为,未经被代理人追认的,对被代理人不发生效力。相对人可以催告被代理人自收到通知之日起三十日内予以追认。被代理人未作表示的,视为拒绝追认。行为人实施的行为被追认前,善意相对人有撤销的权利。撤销应当以通知的方式作出。行为人实施的行为未被追认的,善意相对人有权请求行为人履行债务或者就其受到的损害请求行为人赔偿。但是,赔偿的范围不得超过被代理人追认时相对人所能获得的利益。相对人知道或者应当知道行为人无权代理的,相对人和行为人按照各自的过错承担责任。"

[2]《最高人民法院关于适用〈中华人民共和国民法典〉总则编若干问题的解释》第28条规定:"同时符合下列条件的,人民法院可以认定为民法典第一百七十二条规定的相对人有理由相信行为人有代理权:(一)存在代理权的外观;(二)相对人不知道行为人行为时没有代理权,且无过失。因是否构成表见代理发生争议的,相对人应当就无权代理符合前款第一项规定的条件承担举证责任;被代理人应当就相对人不符合前款第二项规定的条件承担举证责任。"《民法典》第172条就表见代理规定:"行为人没有代理权、超越代理权或者代理权终止后,仍然实施代理行为,相对人有理由相信行为人有代理权的,代理行为有效。"

与表见代理不同,无权代理的相对人即使有过失,也可以构成善意。

在认定表见代理的场合,对善意的判断是一个复杂的问题,这里提供一个细节:合同抬头的当事人条款与落款的公章不同,说明相对人知道与谁建立法律关系(非善意)。

例:合同的抬头为:"甲方:A公司,乙方:B公司"。乙方与甲方下设的某某俱乐部(没有法人资格,亦不属于分公司)协商签订了合同,甲方在落款处盖的公章是某某俱乐部,签字的是该俱乐部主任张某(未经授权)。后发生争议,A公司主张张某是无权代理,B公司主张张某是表见代理。

合同当事人条款写的是A公司,而未写某某俱乐部,说明乙方知道谁是交易对象,因而不构成善意,应以无权代理认定合同的效力。

委托代理合同、委托授权与代理行为(6)

委托又称为委任,是委托合同的简称。委托合同是双方法律行为,委托代理合同是委托合同的一种,是代理权发生的基础法律关系之一。委托授权行为是单方法律行为(单独行为)。代理行为是指代理人以被代理人的名义实施法律行为。

例:张某委托李某买房子,答应给李某酬金1000元,双方签订了合同书。合同书载明李某的代理权在1个月内有效,内容为:在100万元以下,购买王某在某小区的三居室。李某以张某的名义与王某签订了房屋买卖合同。

本案有三个法律行为:一是成立委托合同的行为(双方法律

行为);二是委托授权行为(单方法律行为);三是李某以张某的名义与王某签订买卖合同,该买卖合同是双方法律行为。

冒名合同的效力(7)

1. 概述。冒名合同,是行为人假冒他人姓名或名称与相对人订立的合同。冒名,可以是冒自然人之名,也可以是冒法人或非法人组织之名。

2. 冒名合同的效力。

(1)先请看王泽鉴教授的分析。"例如甲自称乙,而与丙订立契约。此类案例应分别二种情形加以处理:①行为人系为自己订立契约而冒他人之名,相对人亦愿意与行为人订立契约,而对其法律效果归属何人在所不问,即姓名不具有区别性意义时,该契约对冒名的行为人仍发生效力。例如名作家某甲向某乙承租乡间小屋写作,为避免干扰,使用其弟'某丙'之名订约,乙与甲仍成立租赁关系。②相对人对该冒名之人有一定的联想,而意在与其发生法律关系时,例如甲冒某名收藏家乙之名向丙订购某画,丙因慕乙之名同意出售该画。于此情形,原则上应类推适用无权代理之规定。"[1]

王老师对第一个案例的分析,我是赞同的。但我认为,第二个案例不能类推适用无权代理的规定。冒名不同于代理,冒名的行为人自己承受合同中的权利义务,而代理是被代理人承受合同中的权利义务,即代理是要把代理的后果归属于被代理人(本人)。无权代理也是要把代理的后果归属于被代理人(本人),况且,无权代理是可追认的,而追认意味着承受代理后果,难道要被冒名的乙购买此画吗?此案应当按欺诈处理。在我国《民法

---

[1] 王泽鉴:《民法总则》(增订版),中国政法大学出版社2001年版,第451页。

典》上，欺诈是可撤销事由，受害人丙可决定是否撤销与甲的合同。即是说，甲冒乙之名与丙订立买卖名画的合同，甲是给付和受领给付的人，应认定买卖法律关系在甲、丙之间成立，但丙享有撤销权（形成诉权）。

（2）冒法人之名称，与他人签订合同，冒名者能否与他人成立合同关系？这不能一刀切。甲没有特许经营许可，而冒充有该许可的乙公司之名签订合同，因不允许甲实际承受这种权利义务，故该合同应当以主体不合格为由而确认为无效。

3. 小结。如果冒名人自己能为给付和受领给付，可以认定冒名人与相对人之间成立合同关系。冒名人欠缺特定权利能力（不同法人有不同的权利能力）的合同、欠缺相应行为能力的合同，应认定为无效。冒名签订的具有特殊信任要求的合同，可按可撤销处理。因冒名人是故意的，故其与相对人签订的合同不能按重大误解处理。

何人何时可以主张合同无效？（8）

1. 无效合同，是法律不予承认的合同，是自始确定不发生效力的合同。无效合同不产生当事人追求的效果，即不能因无效合同形成意定法律关系。

通说认为，无效合同是成立但无效的合同。其实，无效合同成立的只是合意，并未成立合同法律关系（意定法律关系的一种）。

2. 有一种观点认为，合同无效是一种事实，事实自然应该永久存在，所以任何人都可随时主张合同无效，不受时间的限制。这种观点没有对无效合同的状况作具体分析，过于武断。无效合同有两种：第一种是违反社会公共利益和国家利益的无效合同；第二种是只涉及合同当事人利益，或除合同当事人外，只涉及特定第三人利益的一般无效合同。对这两类合同，主张无效的主体和时间是不同的。

3. 对只涉及当事人或特定第三人利益的一般无效合同，主张无效应受主体和诉讼时效的限制。

（1）主张合同无效，是为了通过确认合同无效，追究当事人的责任，或使其承担相应的债务，此时主张合同无效的主体，应当是无效合同的利害关系人。就民事诉讼而言，起诉请求确认合同无效的人包括：其一，无效合同的当事人，其当然是民事诉讼法上可以作为原告的直接利害关系人。其二，合同签订的代理人，其是合同签订主体，不是合同当事人，只要其与无效合同有直接利害关系，就可以作为原告提起诉讼，请求确认合同无效。其三，无效合同之外的第三人，如果其与无效合同有直接利害关系，也可以作为原告起诉，请求确认合同无效。例如，甲把开采矿石的工作承包给乙两年之后，把采矿权非法转让给丙，丙把乙赶出矿山（侵夺占有）后，又将采矿权高价转让给丁。乙可以甲、丙、丁为被告起诉，请求确认甲与丙、丙与丁的合同无效。再如，甲欠乙巨款，为逃避履行债务，甲与第三人丙恶意串通订立虚假的买卖合同。此种情况，债权人乙有权作为原告起诉甲、丙，请求确认甲、丙的买卖合同无效。[1]

（2）因无效合同所产生的法定债权的保护，亦有诉讼时效的限制。在我国，诉讼时效届满，权利人的胜诉权消灭。这样做不会破坏当事人已经确立的事实，有利于社会经济关系的稳定。当无效合同涉及特定第三人的利益，对其构成侵权时，此类合同仍然应认定为一般无效合同。侵犯特定第三人利益的合同不是违反

---

[1] 参见隋彭生、朱永平：《无效合同法律实务研究》，中国政法大学出版社2024年版，第79页。

社会公共利益的合同,因为社会公共利益是指不特定多数人的利益;这类合同更不能称为违反国家利益的合同。第三人要求确认合同无效,要求保护自己的权利,仍然要受到诉讼时效的限制。

4. 对违反社会公共利益和国家利益的合同,主张无效的主体则比较宽泛。例如,对一份无效合同,当事人以外的人可以请求市场监督管理机关查处。确认合同无效的机关不仅仅是法院和仲裁机关,对于违反社会公共利益和国家利益的合同,有关行政机关有权依法查处,这样,这些机关实际上有确认合同无效的权利。法院和仲裁机关有确认合同无效的权利,是从民事权益、民事关系角度来讲的。有关行政机关对无效合同的违法当事人进行查处,两者之间形成的是行政法律关系,故不受民法时效制度的限制。

存在仲裁协议而有权起诉一例(9)

例:张三是无权代理人,其代理甲公司与乙公司签订了承揽合同,合同中有仲裁条款:"因合同效力等原因发生的纠纷,提交北京市仲裁委员会解决。"

该合同中的仲裁条款为"程序合同"。本案的"实体合同"与"程序合同"若未曾得到甲的追认,则甲得不理睬仲裁条款,而以张三无权代理为由起诉至法院,主张合同不生效或无效,法院应当受理。

"实体合同"的代理人张三未获授权,对"程序合同"(仲裁条款),张三同样未获得授权,这是两个无权代理。仲裁条款未获追认,不能生效。

《民法典》第507条规定:"合同不生效、无效、被撤销或者终止的,不影响合同中有关解决争议方法的条款的效力。"该条的"有关解决争议方法的条款"能够独立生效,而无权代理订立的合同中,仲裁条款不能独立生效。

若本案甲公司对张三无权代理订立的合同明示追认或者默示追认,[1]则应解释为对仲裁条款一并追认,因为本案"实体合同"与"程序合同"(仲裁条款)是由同一复杂法律事实产生的。

自己代理订立的合同是可追认的合同(10)

代理人以被代理人名义与自己订立合同,称为自己代理,代理人与被代理人是合同的双方当事人,合同的内容和订立实际上由代理人一人决定。这种只表现一人意志的合同,在法律上不能构成双方当事人的协议。这种合同如果经被代理人追认,则视为表现了双方的意志,仍可有效,因此其是一种可追认的合同(效力未定的合同),而不是无效合同。[2]自己代理被拒绝追认的,确定地不生效。

自己代理订立的合同未必都是效力未定的合同。

例:2003年6月,重庆的一对父母以3岁孩子的名义买了一套总价为70万元的商品房。孩子的父亲说:"反正将来孩子要用,写在他的名下,今后可以不交遗产税。"房地产公司销售部的人员透露,不少房产证上写的是孩子的名字,"有的说是为了逃税,也有的是为避人耳目"。[3]

此案提出的问题是:无行为能力人能否作为买受人购买房

---

[1]《民法典》第503条规定:"无权代理人以被代理人的名义订立合同,被代理人已经开始履行合同义务或者接受相对人履行的,视为对合同的追认。"

[2]《民法典》第168条第1款规定:"代理人不得以被代理人的名义与自己实施民事法律行为,但是被代理人同意或者追认的除外。"

[3] 见2003年10月21日《海南日报》。

屋？父母与作为买受人的孩子的法律关系如何？孩子长大以后能否主张房屋所有权？

1. 无行为能力人的权利能力与他人的权利能力平等，可以作为买受人购买房屋。因欠缺意思能力，需要其法定代理人代理订立房屋买卖合同。这类合同如无违法事由，应当承认其效力。

2. 如果孩子没有独立的财产，父母交了房款，则代理孩子订立房屋买卖合同的父母，与孩子之间的法律关系是赠与，而且是不附义务的赠与。不附义务的赠与属于纯获利益的合同。[1]本案赠与的是70万元资金，而不是房屋，即本案赠与合同的标的是给付资金（父母代交给房地产公司），房屋买卖合同的标的是给付商品房。根据已知的事实，孩子有权主张房屋所有权。

3. 在成立赠与合同（成立赠与法律关系）时，父母与孩子之间的关系属于自己代理，由于孩子是纯获利益的，自己代理有效。

4. 在3岁孩子成为房屋的业主以后（办理产权登记后），监护人不得"收回"财产。因为所有权已经发生移转，所以这种"收回"是剥夺。

5. 目前国家还没有征收"遗产税"，所以还谈不上逃避遗产税的问题。

6. 从实际操作的角度来看，如果是一次性付款，在交易安全上一般没有问题。如果是分期付款，又没有其他担保人，法定代理人（监护人）一般应当同时兼任付款的担保人。如果被监护人有独立的财产，法定代理人可以并有权利用该财产支付。如果被监护人没有独立的财产，法定代理人应当支付。

---

[1]《民法典》第145条第1款规定："限制民事行为能力人实施的纯获利益的民事法律行为或者与其年龄、智力、精神健康状况相适应的民事法律行为有效；实施的其他民事法律行为经法定代理人同意或者追认后有效。"

买卖"赌石"可否构成重大误解？（11）

例：甲、乙就一块"赌石"（可能有玉的成分，也可能没有）约定买卖价款 3 万元。①甲受领后，切开石头，一无所获。甲以重大误解为由请求撤销合同。②甲受领后，切开石头，发现玉石价值 30 万元。乙以重大误解为由请求撤销合同。

重大误解，是一方当事人陷入了认识错误。本案甲、乙双方都自愿承担了误解的风险，即双方都没有陷入认识错误，因而都不得以重大误解为由请求撤销合同[1]。

赠与房屋，受赠与人不是亲儿子，是否构成重大误解？（12）

例：张甲（男）与李乙（女）离婚时，约定 15 岁的儿子张丙随李乙生活，张甲想让亲生儿子过得好一点，将来结婚不必为房子发愁（动机），就将自己的一套房屋赠与张丙。办理所有权移转登记手续后，张甲发现张丙不是自己的亲生儿子。本案张甲赠与亲子房屋，他选择的是与其朝夕相处 15 年的张丙，不属于张冠李戴，对确定受赠人而言并没有发生当事人同一性的错误，

---

[1]《民法典》第 147 条规定："基于重大误解实施的民事法律行为，行为人有权请求人民法院或者仲裁机构予以撤销。"《最高人民法院关于适用〈中华人民共和国民法典〉总则编若干问题的解释》第 19 条规定："行为人对行为的性质、对方当事人或者标的物的品种、质量、规格、价格、数量等产生错误认识，按照通常理解如果不发生该错误认识行为人就不会作出相应意思表示的，人民法院可以认定为民法典第一百四十七条规定的重大误解。行为人能够证明自己实施民事法律行为时存在重大误解，并请求撤销该民事法律行为的，人民法院依法予以支持；但是，根据交易习惯等认定行为人无权请求撤销的除外。"

但发生了当事人资格错误,按传统民法的观点,张甲是动机错误,不属于内容错误,但可以视为内容错误而予以撤销。

本案构成重大误解,张甲有权以重大误解为由请求解除与张丙的赠与合同。为何构成重大误解?理由主要有以下两点。

第一,在操作上,应将张甲的动机错误视为内容错误而认定构成重大误解。重大误解是严重的错误,内容错误可以构成重大误解。内容错误是指错误存在于意思表示之内容。张甲的错误首先是动机错误,我的观点是这种错误最终转化为内容错误,而不是视为内容错误。[1]张甲的效果意思,必是赠与房屋给"亲子张丙";"张丙"作为受赠主体,不论其是亲子还是养子都可以。只不过"张丙"是明示的,"亲子"的要件是暗含的,需要通过意思表示的解释予以揭示。这也符合生活习惯,赠与人若赠与儿子一所房屋,一般在合同书上写受赠人"系赠与人之子",而不写"系赠与人之亲子"。至于效果意思中暗含的内容,不为相对人所知,也不影响内容错误的成立,只是存在应否对该错误予以救济的价值判断。

第二,按《合同编通则解释》第1条第3款,对认定重大误解予以支持。该款规定:"对合同条款有两种以上解释,可能影响该条款效力的,人民法院应当选择有利于该条款有效的解释;属于无偿合同的,应当选择对债务人负担较轻的解释。"赠与合同是无偿合同,赠与人是赠与合同的债务人。对本案的赠与合同有维持效力和予以撤销两种解释时,应选择对张甲负担较轻的解释,认定构成重大误解,即应当撤销赠与合同。

---

[1] 在实务操作中,律师主张"视为"内容错误更容易为法官所接受,因为这是法官接受的统一的职业训练。

商品标价错误可否构成重大误解？（13）

例：某商店在网上对自己出卖的球鞋标价，价格为平时出卖价的十分之一。一时间，顾客蜂拥而至。面对持币购买者，商店的解释是电脑程序在操作中出现了问题，拒绝按标价出售。有人认为，该商品的标价错误构成重大误解。

本案的标价错误不构成重大误解，标价人不能转嫁风险。应注意标价的性质，标价构成要约时，对要约人有约束力；为要约邀请时，没有约束力。[1]实物标价一般构成现物要约。

三种合同对显失公平规则的排斥（14）

《民法典》第151条规定了自始显失公平的合同。[2]自始显失公平须具备主、客观要件，主观要件是当事人意思表示有瑕疵，客观要件是对价明显倾斜（对价明显不充分）。显失公平的规则是交易规则，自然不适用于无偿合同。此外，有三种合同排斥显失公平规则。

1. 通过竞争性缔约程序成立的合同。

（1）通过拍卖方式成立的买卖合同。我国实行的是增高拍卖，价高者得，因此卖多卖少，不能说是显失公平。

---

[1]《民法典》第473条第1款规定："要约邀请是希望他人向自己发出要约的表示。拍卖公告、招标公告、招股说明书、债券募集办法、基金招募说明书、商业广告和宣传、寄送的价目表等为要约邀请。"该款认为要约是意思表示，而要约邀请不是意思表示，仅是"表示"。要约邀请作为"表示"，没有效果意思，故本身不存在重大误解的问题。

[2]《民法典》第151条规定："一方利用对方处于危困状态、缺乏判断能力等情形，致使民事法律行为成立时显失公平的，受损害方有权请求人民法院或者仲裁机构予以撤销。"

(2) 当事人通过自己设计的竞争性程序成立的合同。

例：甲向乙、丙发出要约：我这条斗狗（会武功的狗），1万元起，你们分别秘密报一次价，价高者得。交易成功后，当事人不能以显失公平为由请求撤销。

2. 和解协议。和解协议是双方互相让步成立的协议，所以它具有排斥显失公平规则适用的"基因"。此点还需要实务中的案例来佐证。

3. 射幸合同。射幸合同一般是双务合同，其中，一方的给付"实定"，另一方的给付系于偶然情况，偶然情况是合同成立后的新的法律事实。例如，张某花1万元买了彩票，或许不中奖，或许中了小奖，或许中了大奖，双方都不能因显失公平请求撤销。

要约邀请与欺诈的构成（15）

要约邀请中的欺诈能否构成合同欺诈，是需要解决的理论问题和现实问题。要约邀请是为了唤起相对人的要约，因此要约邀请本身不能构成合同欺诈（可构成不当竞争），因为欺诈规则的适用有一个要件：被欺诈人因欺诈陷入错误。

但是，要约邀请在内容上与要约有承继关系（容纳规则），要约邀请的内容被要约承继以后，要约邀请的欺诈可转化为合同欺诈。例如，广告欺诈不能等同于合同欺诈，因为广告通常是要约邀请，而要约邀请的内容会被相对人的要约或相对人的要约邀请否定，此时等于广告欺诈被否定，广告欺诈并没有产生欺诈的后果。当广告对相对人产生误导，相对人因该误导陷入错误而签订合同时，广告欺诈也就转变成合同欺诈。

合同的成立需要意思表示交换的过程。要约邀请是为唤起要约，要约是为唤起承诺。要约邀请的欺诈会导致有瑕疵的要约，要约的欺诈会导致有瑕疵的承诺，最终都会导致成立有瑕疵的合同。

合同的内容是由要约设计的，因此承诺一般不会构成欺诈。

商业吹嘘与合同欺诈（16）

经常有人将商业吹嘘与合同欺诈混为一谈。商业吹嘘是一种适度的夸大宣传，不能把商业吹嘘等同于合同欺诈。[1]商业吹嘘不是欺诈的一种表现形式或手段。

1. "今年二十，明年十八"（化妆品广告），是商业吹嘘，不是欺诈。艺术夸张常常是商业吹嘘运用的手段，它不仅促进了商品信息的传播，而且充实了人们的精神生活。因此，商业吹嘘颇有存在的余地。

2. 除了艺术夸张，商业吹嘘是在基本事实基础上的适当夸大。合同欺诈则违背基本事实。

有人称商业吹嘘是细微的吹嘘。如果完全是谎言，就不能称之为商业吹嘘了。商业吹嘘必须没有伪造、虚构的情节。某人为出卖自己的商品伪造了产品质量证明书，他的行为是欺诈，而不是商业吹嘘。某人根本没有货物，不能履约，而诡称自己有货物，与他人成立合同，那么他也构成合同欺诈。例如，某

---

[1]《最高人民法院关于适用〈中华人民共和国民法典〉总则编若干问题的解释》第21条规定："故意告知虚假情况，或者负有告知义务的人故意隐瞒真实情况，致使当事人基于错误认识作出意思表示的，人民法院可以认定为民法典第一百四十八条、第一百四十九条规定的欺诈。"《民法典》第148条规定："一方以欺诈手段，使对方在违背真实意思的情况下实施的民事法律行为，受欺诈方有权请求人民法院或者仲裁机构予以撤销。"第149条规定："第三人实施欺诈行为，使一方在违背真实意思的情况下实施的民事法律行为，对方知道或者应当知道该欺诈行为的，受欺诈方有权请求人民法院或者仲裁机构予以撤销。"

企业4月1日生产出一批饮料，为延长售卖期，在瓶贴和包装上标注为5月1日生产。这种打"时间差"的行为应当认定构成欺诈。

3. 商业吹嘘以作为的形式表现，合同欺诈以作为和不作为两种形式表现。商业吹嘘是一种积极的宣传行为，如出卖人介绍自己产品的特点和好处等。沉默不能构成商业吹嘘，商业吹嘘只能以作为的形式表现，而不能以不作为的形式表现。合同欺诈则有两种情况，一种是制造假象，一种是不揭示重要事实，前者是作为形式，后者是不作为形式。

4. 法律对商业吹嘘和合同欺诈的态度不同。在市场经济条件下，商业吹嘘是难免的事情，法律如果对其一律严加禁止，未免过于严苛，同时也是力所不能的。故法律在强调诚实信用原则的同时，对不具有社会危害性的一般商业吹嘘采取容忍态度。

第四节 债权人代位权、债权人撤销权与债务加入

债权人代位权：民法上的一条斜路（1）

1. 斜线诉讼。代位权诉讼俗称"斜线诉讼"，是解决三角债、连环债而抄近道的一条斜路。如图2-2所示，所谓斜线，是指甲（原告）越过乙，以丙为被告提起诉讼，在胜诉后，丙直接向甲清偿。

甲（债权人）————————乙（债务人）

丙（相对人、次债务人）

图 2-2　代位权示意图

2. 斜线抗辩。所谓斜线抗辩是指，图 2-2 中，丙（相对人、次债务人）对乙（债务人）的抗辩，可直接对甲（债权人）行使。[1]斜线抗辩实际还包含一种情形：图 2-2 中，乙（债务人）对甲（债权人）的抗辩，可由丙直接对甲行使。例如，甲对乙的债权已过诉讼时效，其起诉丙，请求丙向自己履行。乙对甲有诉讼时效抗辩权，丙可以直接向甲行使这项权利。在诉讼中，丙可以"异议"的方式主张这项权利。法官如果不支持丙的主张，等于认同了甲规避诉讼时效规定的脱法行为。

3. 不得杀回马枪规则。所谓不得杀回马枪规则，是指胜诉后，债权人直接向次债务人请求给付，当次债务人无力清偿时，不得再回头向原债务人请求履行原先的债务。代位权诉讼，实现了债权的裁判移转，债权人与债务人相应的债权债务关系已经消灭。[2]

因此，我们在选择走斜路、提起斜线诉讼的时候，一定要好好考察次债务人的资力，也要当心债务人把债权人引入次债务人

---

[1]《民法典》第 535 条第 3 款规定："相对人对债务人的抗辩，可以向债权人主张。"

[2]《民法典》第 537 条规定："人民法院认定代位权成立的，由债务人的相对人向债权人履行义务，债权人接受履行后，债权人与债务人、债务人与相对人之间相应的权利义务终止。债务人对相对人的债权或者与该债权有关的从权利被采取保全、执行措施，或者债务人破产的，依照相关法律的规定处理。"

的陷阱。

4. 结语。民法上的斜路还有缩短给付、涤除权等。民法设定斜路，一是为交易安全，二是为效率。

如何达到撤销权与代位权组合的效果（2）

《合同编通则解释》第46条第1款规定："债权人在撤销权诉讼中同时请求债务人的相对人向债务人承担返还财产、折价补偿、履行到期债务等法律后果的，人民法院依法予以支持。"第2款规定："债权人请求受理撤销权诉讼的人民法院一并审理其与债务人之间的债权债务关系，属于该人民法院管辖的，可以合并审理。不属于该人民法院管辖的，应当告知其向有管辖权的人民法院另行起诉。"第3款规定："债权人依据其与债务人的诉讼、撤销权诉讼产生的生效法律文书申请强制执行的，人民法院可以就债务人对相对人享有的权利采取强制执行措施以实现债权人的债权。债权人在撤销权诉讼中，申请对相对人的财产采取保全措施的，人民法院依法予以准许。"与债权人代位权明显不同，撤销权的效果，在于债务人财产的回归，债权人并不直接获得财产。《合同编通则解释》第46条的规定，弥补了债权人撤销权的制度缺憾，对其提供了有力保护。

例：债权人甲对债务人乙有800万元到期债权，其提起诉讼，请求撤销乙对丙的800万元的赠与合同，法院判决撤销该赠与合同以后，丙并不向甲清偿。甲起诉时，一是可以同时请求债务人乙的相对人丙向债务人乙履行到期债务800万元，二是可以请求受理撤销权诉讼的人民法院一并审理其与债务人乙之间的债权债务关系，请求乙向自己履行债务。债权人甲胜诉后，依据其与债务人的诉讼以及撤销权诉讼产生的生效裁判文书申请甲对乙、乙对丙强制执行的，人民法院可以就债务人乙对相对人丙享有的权利采取强制执行措施以实现债权人甲的债权。债权人甲在撤销权诉讼中，可以径直申请对相对人丙的财产采取保全措施。综上，把规定的措施用足，可以达到撤销权与代位权组合的效果。

债务加入一例（3）

1. 债务加入，又称为并存的债务承担，是在原债务人不变的情况下，加入了新的债务人，新债务人与原债务人承担连带债务。债务加入，属于广义的债务承担。

2. 债务加入，新的债务人是连带债务人，债权人既可以向原债务人主张债权，也可以向新债务人主张债权。

3. 债务加入与免责的债务承担（狭义的债务转让）不同。免责的债务承担，"免责多少，退出多少"。

例：甲欠乙10万元，债权人乙同意债务人甲将10万元债务转让给第三人丙（丙为债务承担人、债务受让人），甲的免责范围是10万元（全部债务）；债权人乙同意债务人甲将10万元债务中的5万元转让给丙，甲免责5万元，甲和丙各欠乙5万元，不存在连带责任。并存的债务承担是连带责任。

4. 债务加入与连带责任保证不同。对于连带责任保证，只有在主债务人不履行主合同或者履行主合同不符合约定的情况下，债权人才能向保证人主张权利。主债务人的债务与保证人的债务实际上有先后顺序，保证合同是一个附生效条件的合同，即保证合同发生履行效力，须以主债务人不履行主合同或者履行主合同不符合约定为条件。并存的债务承担虽然有担保的目的，但并存的债务人在履行债务时并没有顺序的问题，债权人可以择一请求,也可以向数个债务人同时提出请求。

例:1月1日,农村小青年甲打伤了乙(轻伤)。侵权人甲向受害人乙承诺赔偿5000元,但甲须去外地打工赚钱,就与乙约定5月1日至6月1日交钱。达成赔偿协议后,甲就背起行李卷,离村而去。甲父怕甲承担刑事责任,就在1月10日找到受害人乙说好话,还给了乙一张纸条,上面写道:5月1日至6月1日,你也可以找我要钱。纸条上注明担保人是丙单位(有丙单位的公章)。乙承诺不追究甲的刑事责任。

本案甲、乙的赔偿协议为和解协议,甲父为该和解协议的并存债务承担人(债务加入人),甲父与乙成立的第二个和解协议(为第三人利益合同),导致了甲父对第一个和解协议的债务加入。丙单位是甲父的连带保证人(附停止条件的连带责任),甲父到期不履行和解债务,实际上就有三个连带责任人(甲、甲父、丙单位)。如果甲父对乙承诺"到期(6月1日)甲不还钱,我还",就不是并存的债务承担,而是连带保证。保证合同也可以是和解协议。

第五节　合同的变更与解除

变更协议和催告通知应当注意的问题(1)

1.《买卖合同解释》第18条第1款规定:"买卖合同对付款期限作出的变更,不影响当事人关于逾期付款违约金的约定,但该违约金的起算点应当随之变更。"该规定有很大缺陷,实务中适用之,可能造成违背当事人意志的结果。民法允许参照适用,其他合同的有关争议也可能适用该规定。实际上,在一方违约

（付款迟延）的情况下，双方对付款期限作了合意变更（合意展期），是不能适用该规定的。

有时由于一方当事人的违约，另一方不得不同意顺延履行期限。在诉讼到法院时，违约人会援引《买卖合同解释》第18条第1款，避免"原期限"至"新期限"这个时间段的迟延责任。所以，必须在"变更协议"中注明此时间段的违约责任应当如何处理。

2. 在一方迟延履行合同时，另一方欲解除合同，经常需要先发出催告通知（《民法典》563条第1款第3项），并在通知中给违约方预留合理的时间。在诉讼中，违约方会把预留的合理时间解释为合同履行期限的变更，从而避免迟延履行的责任。所以，在解除通知中应当注明："此为违约后的宽限期，不是履行期限的变更"。

合同解除的"五个不受影响"（2）

1. 合同解除，不影响要求支付赔偿金。《民法典》第566条第1款规定："合同解除后，尚未履行的，终止履行；已经履行的，根据履行情况和合同性质，当事人可以请求恢复原状或者采取其他补救措施，并有权请求赔偿损失。"该款中请求赔偿的"当事人"，可以包括协议解除人、解除权人、被解除人。

合同解除后，合同法律关系（意定法律关系）终止，但产生救济法律关系（法定法律关系），请求赔偿是被违约人在救济法律关系中的相对权、债权。

2. 合同解除不影响要求支付违约金。《民法典》第566条第2款规定："合同因违约解除的，解除权人可以请求违约方承担违约责任，但是当事人另有约定的除外。"

违约金包括不履行违约金、迟延履行违约金和瑕疵履行违约金。解除合同,违约人处于不履行状态,适用不履行违约金。如果适用约定的违约金,则进入意定救济法律关系。《买卖合同解释》第 20 条规定:"买卖合同因违约而解除后,守约方主张继续适用违约金条款的,人民法院应予支持;但约定的违约金过分高于造成的损失的,人民法院可以参照民法典第五百八十五条第二款的规定处理。"[1]

3. 合同解除,不影响担保责任。《民法典》第 566 条第 3 款规定:"主合同解除后,担保人对债务人应当承担的民事责任仍应当承担担保责任,但是担保合同另有约定的除外。"即是说,主债务在,担保责任亦在。从文义解释来看,该款中的担保人是第三人,包括抵押人、质押人和保证人。

如果抵押人、质押人是债务人自己,主合同解除后,亦不影响担保责任,抵押权人、质权人的担保物权仍然存在。

4. 合同解除不影响定金的适用。《民法典》第 587 条规定:"债务人履行债务的,定金应当抵作价款或者收回。给付定金的一方不履行债务或者履行债务不符合约定,致使不能实现合同目的的,无权请求返还定金;收受定金的一方不履行债务或者履行债务不符合约定,致使不能实现合同目的的,应当双倍返还定金。"

(1) 条文中有两个"不能实现合同目的",有其中之一者,应予解除,解除了合同(或合同事实上处于解除状态)才能适用定金罚则,因为定金是针对不履行的,不能针对迟延履行、瑕疵履行适用。

(2) 因不可抗力致主合同不能履行的,依照《民法典》第

---

[1]《民法典》第 585 条第 2 款规定:"约定的违约金低于造成的损失的,人民法院或者仲裁机构可以根据当事人的请求予以增加;约定的违约金过分高于造成的损失的,人民法院或者仲裁机构可以根据当事人的请求予以适当减少。"

563 条第 1 款第 1 项，是合同解除的问题。[1]这个条文的规定有问题，因为法定解除是依单方法律行为终止合同，而不可抗力是因事件终止合同。即是说，这两种终止合同的法律事实不同。但因不可抗力致主合同不能履行，不适用定金罚则是肯定的。

5. 解除不影响解决争议条款的效力。《民法典》第 507 条规定："合同不生效、无效、被撤销或者终止的，不影响合同中有关解决争议方法的条款的效力。"条文中所说的"终止"，包括"解除"。我国《民法典》规定的终止，是解除的上位概念。

有人认为，解决争议条款是指仲裁条款。实际上，解决争议条款不限于仲裁条款，还可以包括其他解决争议的条款。解决争议的条款应当是当事人关于解决争议的程序、办法、适用法律等内容的约定，并不设定实体权利义务关系。当合同解除、变更、被撤销、被确认为无效时，解决争议条款可以保持效力。解决争议条款是"程序合同"，独立于"实体合同"。

（1）仲裁条款是仲裁协议的一种表现形式。当事人可以不在合同中设立仲裁条款，而另行订立仲裁协议。[2]

（2）受诉法院的条款，检验、鉴定机构的条款，法律适用条款等解决争议的条款，在合同解除后可依然保存其效力。

---

[1]《民法典》第 563 条第 1 款规定："有下列情形之一的，当事人可以解除合同：（一）因不可抗力致使不能实现合同目的；（二）在履行期限届满前，当事人一方明确表示或者以自己的行为表明不履行主要债务；（三）当事人一方迟延履行主要债务，经催告后在合理期限内仍未履行；（四）当事人一方迟延履行债务或者有其他违约行为致使不能实现合同目的；（五）法律规定的其他情形。"

[2]《仲裁法》第 19 条第 1 款规定："仲裁协议独立存在，合同的变更、解除、终止或者无效，不影响仲裁协议的效力。"

合同解除不需要催告的情形（3）

一方（债务人）重大违约，另一方（被违约人、债权人）有权单方解除合同（行使法定解除权）。为了尽量保护交易关系，有些解除需要催告的前置性程序，在没有必要或者没有可能的情况下，也可以不催告，直接通知相对人解除合同。

金钱给付一般要先行催告。

例1：开发商承诺交付的房屋结构有重大变化，楼房盖起后，买受人发现了这种变化。楼房有整体设计、整体规划的要求，不可能为买受人单独改变，此时催告无必要，买受人可直接通知开发商解除合同。

例2：婚礼上用的鲜花到时间没有送到，婚礼不能推迟，买受人可直接通知出卖人解除鲜花买卖合同。

例3：标的物是不可替代物的，出卖人已经将该物出卖给第三人并为交付，买受人可直接通知出卖人解除合同。

例4：双方的合同中事先约定，一方重大违约时，另一方可直接通知对方解除合同。

例5：《民法典》第564条规定："法律规定或者当事人约定解除权行使期限，期限届满当事人不行使的，该权利消灭。法律没有规定或者当事人没有约定解除权行使期限，自解除权人知道或者应当知道解除事由之日起一年内不行使，或者经对方催告后在合理期限内不行使的，该权利消灭。"据此，约定解除权行使期限的，解除权人可以直接通知对方解除合同。

附解除权的合同与附解除条件的合同（4）

附解除权的合同与附解除条件的合同，表面上有相似之处，但当事人的利益状态颇为不同，在文字表述上若不慎重，则可能引起争议。

《民法典》第562条第2款规定："当事人可以约定一方解除合同的事由。解除合同的事由发生时，解除权人可以解除合同。"解除权成立（解除合同的事由发生）时，合同并不自动解除。解除权人可以选择解除或保留合同，若欲解除，须通知对方，即须再实施一个单方法律行为。该解除权是意定形成权、消灭形成权、简单形成权。

《民法典》第158条规定："民事法律行为可以附条件，但是根据其性质不得附条件的除外。附生效条件的民事法律行为，自条件成就时生效。附解除条件的民事法律行为，自条件成就时失效。"附解除条件的合同在条件成就时自动失去效力。这就不同于附解除权的合同。

二者区分的实益是：附解除权的合同，在约定的条件成就后，给一方当事人再次选择的机会，合同的存废，操之于一方之手；附解除条件的合同，在条件成立后，双方当事人都没有再次选择的机会。——设计合同的技巧，就会在这个环节发生。

例1：甲（买受人）与乙（出卖人）约定，如下半年不发生地震，甲有权将购买的3000顶帐篷退给乙。这是附解除权的合同。条件成就时，合同并不自动失去效力，甲可以行使解除权，也可以不行使解除权。乙不享有解除权。

例2：甲（买受人）向乙（出卖人）购买3000顶帐篷，约定：如下半年不发生地震，甲、乙互相归还货物和价金。这是附解除条件的合同。条件成就时，合同自动失去效力；双方均可主张合同失去效力。

合同解除时的违约责任与不解除时的违约责任（5）

合同是否解除，都不影响违约责任的产生，只是救济法律关系有所不同。合同解除，追究解除后的违约责任，原法律关系消灭，成立救济法律关系；合同不解除，追究不解除的违约责任，原法律关系与救济法律关系并存。两种责任不可混淆。

1.《民法典》582条规定："履行不符合约定的，应当按照当事人的约定承担违约责任。对违约责任没有约定或者约定不明确，依据本法第五百一十条的规定仍不能确定的，受损害方根据标的的性质以及损失的大小，可以合理选择请求对方承担修理、重作、更换、退货、减少价款或者报酬等违约责任。"[1]

（1）条文中的"退货"，是解除后的违约责任。在解除后，原法律关系（一般是买卖关系）的给付消灭，取而代之的是救济法律关系。买卖合同的救济法律关系是复合法律关系，包括两个单一法律关系，一个是买受人为给付（退货）的单一法律关系，另一个是出卖人为给付（退钱）的单一法律关系。

（2）"修理、重作、更换、减少价款或者报酬等违约责任"，是不解除合同时的违约责任，原给付仍然保持。救济法律关系中的给付（修理、重作、更换）是为了保障合同法律关系的给付效果，减少价款或者报酬是为了保持对价的公平性。

2.《民法典》第583条规定："当事人一方不履行合同义务或者履行合同义务不符合约定的，在履行义务或者采取补救措施后，对方还有其他损失的，应当赔偿损失。"这是不解除合同情况下的违约责任。这里的赔偿是支付法定赔偿金，是法定救济关

---

[1]《民法典》第510条规定："合同生效后，当事人就质量、价款或者报酬、履行地点等内容没有约定或者约定不明确的，可以协议补充；不能达成补充协议的，按照合同相关条款或者交易习惯确定。"

系中的给付义务。

3.《民法典》第 584 条规定:"当事人一方不履行合同义务或者履行合同义务不符合约定,造成对方损失的,损失赔偿额应当相当于因违约所造成的损失,包括合同履行后可以获得的利益;但是,不得超过违约一方订立合同时预见到或者应当预见到的因违约可能造成的损失。"本条确立了完全赔偿规则,包括不解除的赔偿责任和解除后的赔偿责任。

4.《民法典》第 585 条第 1 款规定:"当事人可以约定一方违约时应当根据违约情况向对方支付一定数额的违约金,也可以约定因违约产生的损失赔偿额的计算方法。"第 2 款规定:"约定的违约金低于造成的损失的,人民法院或者仲裁机构可以根据当事人的请求予以增加;约定的违约金过分高于造成的损失的,人民法院或者仲裁机构可以根据当事人的请求予以适当减少。"第 3 款规定:"当事人就迟延履行约定违约金的,违约方支付违约金后,还应当履行债务。"

(1)违约金分为不履行违约金、迟延履行违约金、瑕疵履行违约金。不履行违约金为合同解除之后(或处于解除状态)的违约金,后两种违约金是不解除时的违约金。

(2)第 1 款、第 2 款的违约金可以是解除后的违约金,也可以是不解除合同而发生的违约金。

(3)第 3 款的违约金是合同不解除的违约金(迟延履行违约金、瑕疵履行违约金),是迟延履行违约金+继续履行。实务中,不履行违约金+继续履行的做法,是错误的。

合同解除后还能要求赔偿可得利益吗?(6)

例:出卖人甲、买受人乙订立买卖合同,乙付款后,甲重大违约，乙通知甲解除了合同。对合同已经解除，双方无争议。

乙的律师指出：依据《民法典》第566条第1款的规定，甲除返还货款外，还应赔偿乙的可得利益损失。

甲的律师针尖对麦芒：《民法典》第566条第1款规定的赔偿损失，不包括第584条规定的可得利益，可得利益是履行利益，合同解除，自始失去效力，没有履行效力，何谈履行利益？

《民法典》第566条第1款规定："合同解除后，尚未履行的，终止履行；已经履行的，根据履行情况和合同性质，当事人可以请求恢复原状或者采取其他补救措施，并有权请求赔偿损失。"《民法典》第584条规定："当事人一方不履行合同义务或者履行合同义务不符合约定，造成对方损失的，损失赔偿额应当相当于因违约所造成的损失，包括合同履行后可以获得的利益；但是，不得超过违约一方订立合同时预见到或者应当预见到的因违约可能造成的损失。"

《民法典》第566条第1款中的"赔偿损失"包括赔偿可得利益。

第一，《民法典》第584条是损害赔偿的一般条款，统摄了合同解除时的赔偿责任和不解除时的赔偿责任（违约责任分为解除的违约责任和不解除的违约责任）。

第二，我国法律贯彻损害填补规则，有多少损害（含可得利益损失）就赔偿多少，但受可预见规则等规则的限制。

第三，合同解除，分为溯及既往的解除（合同自始失去效力）和面向将来的解除，两种解除都不影响可得利益的赔偿。

第四，溯及既往的解除，合同自始失去了效力，为什么还可以请求赔偿可得利益？合同解除后，原法律关系消灭，成立救济法律关系。成立合同，产生可得利益；解除合同是新的法律事实,成立新的法律关系,赔偿可得利益是新的法律事实的结果。

第五,违约金是预定的赔偿金,赔偿金可以包括可得利益,违约金自然也可以包括可得利益。

第六,损害赔偿可以与其他违约责任并用,但由于违约金是预定的赔偿金,就同一违约行为,赔偿金与违约金不得合并适用。

无解除权人通知相对人解除合同的法律后果(7)

例1:甲方将房屋出租给乙方,约定租期为3年,租至1年时,由于经济原因(觉得出租不合算),甲方通知乙方解除合同。乙方接到通知后,觉得解除毫无道理,就没有理睬。3个月之后,甲方起诉乙方,要求返还租赁物的占有。乙方以解除无效为由进行抗辩。

例2:甲方出卖给乙方100万元货物,由于经济原因(觉得出卖不合算),甲方通知乙方解除合同。乙方接到通知后,觉得解除毫无道理,就没有理睬。3个月之后,乙方苦等甲方发货不至,提起诉讼。

问题:上述两例中,甲方无合同解除权,但向乙方送达了解除通知,乙方自解除合同通知到达之日起3个月内未起诉,合同是否已经解除?一种观点认为,合同尚未解除;另一种观点认为,经过起诉期后,不管解除人是否有解除权,合同都归于解除。

《民法典》第565条第1款规定:"当事人一方依法主张解除合同的,应当通知对方。合同自通知到达对方时解除;通知载明债务人在一定期限内不履行债务则合同自动解除,债务人在该期限内未履行债务的,合同自通知载明的期限届满时解除。对方对解除合同有异议的，任何一方当事人均可以请求人民法院或者仲裁机构确认解除行为的效力。"[1]

1. 本款第 2 句后半段（分号以后）规定的是债权人对债务人的解除权，或者说是债权人催告债务人履行无效果后的解除。[2] 上述两例的甲方是违约人（债务人），其解除通知既不能发生合同解除的效力，也不能适用上述第 2 句后半段。

2. 对方（被通知解除的一方）对解除合同有异议的，解除人和被解除人都可以请求人民法院或者仲裁机构确认解除行为的效力。此种异议称为"解除之异议"，此种请求称为"确认之诉"或者"确认仲裁"。《合同编通则解释》第 53 条规定："当事人一方以通知方式解除合同，并以对方未在约定的异议期限或者其他合理期限内提出异议为由主张合同已经解除的，人民法院应当对其是否享有法律规定或者合同约定的解除权进行审查。经审查，享有解除权的，合同自通知到达对方时解除；不享有解除权的，不发生合同解除的效力。"据此，被解除人即使没有在约定期限或者合理期限内提出异议，解除通知也不一定发生解除的效力。关键是解除人是否享有解除权，有解除权的，合同自通知到达对方时解除；不享有解除权，对方没有提出异议的，也不发生合同

---

〔1〕 第一，解除权行使的方式，是通知。解除通知送达对方时发生解除的效力。第二，解除通知是有相对人的意思表示，须送达合同的对方当事人。例如，甲公司与乙公司之间有一份合同，甲公司将对乙公司的解除通知送达丙公司（丙公司是乙公司的母公司，二者使用同一个网站，甲公司发生误解），不能发生解除的效力。第三，解除通知可以附加解除条件，在条件成就时合同自动解除。这个条件是随意条件，就是债务人在债权人规定的期限内仍未履行债务时发生解除的效力。例如，甲通知已经陷入迟延的乙，"30 天不付货款，合同解除"。若 30 天届满后乙还不履行，则合同自动解除。

〔2〕 应注意的是：在"履行之催告"中仅给对方宽限期而未表示解除的，或者只是威胁宽限期届满不履行将解除合同的，债务人到期不履行，合同不能自动解除，债权人还需再发一次解除通知。

解除的效力。

3. 实务中如何操作？相对人（被解除人）在接到解除通知后，应当及时提出异议，避免无谓的争议。律师或法律顾问也要及时提醒当事人作出反应，毕竟对法律的理解存在分歧意见。

第六节　违约责任

损益相抵规则（1）

1. 损益相抵的含义。所谓损益相抵，是指违约人因违约的赔偿额应当减去被违约人因违约而减少的支出或获得的利益。《买卖合同解释》第23条就损益相抵规定："买卖合同当事人一方因对方违约而获有利益，违约方主张从损失赔偿额中扣除该部分利益的，人民法院应予支持。"

损益相抵不同于抵销。损益相抵是基于同一违约行为造成损害后果的计算方法。抵销是两个法律关系、两个法律事实产生债务的充抵。

2. 损益相抵应当注意的问题。

（1）在计算损失额时，要扣除应当付出的成本。换一个角度说，在计算可得利益的时候，要扣除被违约人因对方违约而节约的支出。这里所说的成本，除了经营成本，还包括税收。

例：甲方（卖方）与乙方（买方）订立买卖100吨食糖的合同（上游合同），乙方订立这一合同后，又以这100吨食糖为标的与丙方订立了买卖合同（下游合同）。因甲方到期未能供货，上游合同遂告解除。因当时食糖是稀缺物资，下游合同亦不能履行。乙方向法院起诉，要求甲方赔偿损失。具体有两项损失：一是乙方向丙方支付的违约金 1 万元，二是可得利益损失 6 万元。法院支持了乙方的诉讼请求。

这种判决是不公平的。计算损失的方法是：可得利益=卖出价-买入价。乙方如果得到预期的利益，还要承担保管费、运输费、流转税，不可能有 6 万元的可得利益。

（2）在计算损失额的时候，应当扣除因违约所获得的利益。比如甲方迟延发货，在发货时，适逢标的物涨价，乙方在转卖时多赚 3 万元，在甲方支付的损失赔偿额中，要扣除这 3 万元。

损益相抵，违约人的一种抗辩（2）

例：甲出卖给乙一套价值 100 万元的房屋。买受人乙违约撕毁合同，拒绝购买房屋。甲起诉，请求赔偿损失 1 万元，乙举证证明该房屋的价值已经升值至 110 万元。

1. 《买卖合同解释》第 23 条就损益相抵规定："买卖合同当事人一方因对方违约而获有利益，违约方主张从损失赔偿额中扣除该部分利益的，人民法院应予支持。"本案中，甲没有损失，参照损益相抵规则，不应判决乙赔偿。

2. 本例当事人未约定违约金，当合同有违约金时，可结合《民法典》第 585 条第 2 款（关于违约金调整的规定）适用损益相抵规则。

3. 既然房屋升值，买受人为什么还要毁约呢？——这就是生活！

可得利益损失赔偿之可预见规则（3）

《买卖合同解释》第 22 条规定："买卖合同当事人一方违约造成对方损失，对方主张赔偿可得利益损失的，人民法院在确定违约责任范围时，应当根据当事人的主张，依据民法典第五百八十四条、第五百九十一条、第五百九十二条、本解释第二十三条等规定进行认定。"

赔偿可得利益损失，可能要综合运用下列规则：可预见规则[1]、减损规则[2]、损益相抵规则、双方违约规则和过错相抵规则[3]。这里谈谈可预见规则。

1. 可预见规则对损害赔偿范围的限制。当事人只对在订立合同时能够合理预见的损失进行赔偿。可预见规则限制的是对实际损失和可得利益的赔偿，还是仅仅限制对可得利益的赔偿？对《民法典》第 584 条进行文义分析，得出的结论是：可预见规则既是对实际损失赔偿的限制，也是对可得利益赔偿的限制。《买卖合同解释》第 22 条只规定了对可得利益赔偿的限制。

2. 可预见规则的法理基础。

（1）从合意的角度来讲，对违约风险的预见应当是合同的内容。如果不是当事人能够合理预见的损失，就不在合意的效力范

---

[1]《民法典》第 584 条规定："当事人一方不履行合同义务或者履行合同义务不符合约定，造成对方损失的，损失赔偿额应当相当于因违约所造成的损失，包括合同履行后可以获得的利益；但是，不得超过违约一方订立合同时预见到或者应当预见到的因违约可能造成的损失。"

[2]《民法典》第 591 条规定："当事人一方违约后，对方应当采取适当措施防止损失的扩大；没有采取适当措施致使损失扩大的，不得就扩大的损失请求赔偿。当事人因防止损失扩大而支出的合理费用，由违约方负担。"

[3]《民法典》第 592 条第 1 款就双方违约规则规定："当事人都违反合同的，应当各自承担相应的责任。"第 2 款就过错相抵规则规定：当事人一方违约造成对方损失，对方对损失的发生有过错的，可以减少相应的损失赔偿额。"

围之内。可预见规则体现了公平性的要求。当事人在订立合同时，如果能够预见违约风险的大小，就会在交易价格或其他交易条件上进行调整，要求对方增加付出，使自己的获得与自己承担的风险相适应。如果不能预见，就不能提出相应的交易条件，保护自己的利益。因此，不能合理预见的违约风险不在对价的范围之内，不能合理预见的损失也就不在赔偿的范围之内。[1]

（2）可预见规则的设立，本质上是一种风险的分配。在公平的意义上，合同正义体现为利益的分配和风险的分配。风险的分配又分为违约风险的分配和标的物毁损、灭失风险的分配。如果没有可预见规则对当事人的保护，就可能产生两种结果：第一，当事人因畏惧风险而不愿订立合同，这样就会大大减少市场上的交易量，从而影响社会财富的积累和市场经济的发展；第二，当事人因抵御风险而大大提高要价，这样不仅提高了交易成本，还在整体上使合同的数量减少。可预见规则的设立，通过向被违约人转嫁风险，避免了以上两种消极影响。

关于转嫁风险，有一个比喻：如有限责任公司和股份有限公司，股东仅以出资额为限对公司承担责任，但公司对外的债务可能已经远远超过股东的出资总额，公司经营失败的风险转嫁给了公司的债权人、社会。正是有这种转嫁制度，才能使更多的市场主体破土而出，进而大大提高社会生产力。——这个比喻，与违约风险的转嫁，在精神上是相通的。

（3）可预见规则的设立弥补了损害因果关系研究的不足。毋庸讳言，我国关于损害因果关系的研究仍很薄弱，可预见规则给法官审理案件提供了思想武器，可用其斩断连绵不绝的因果链

---

[1] 参见［美］迈克尔·D.贝勒斯：《法律的原则——一个规范的分析》，蒋兆康等译，中国大百科全书出版社1996年版，第235页。

条,迅速确定赔偿额。

3. 可预见规则在适用上的若干问题。

(1) 不能合理预见的人是违约人。可预见规则通过转嫁风险,体现了对违约人的保护。被违约人在订立合同的时候只是一个可能的受害人,如果他能合理预见,就必须提醒对方他可能受到的损害;如果他并无此举,那么他即使不能处于与契约已经得到履行时一样的地位,也怨不得别人,他须承担这一风险。

如果被违约人不能预见风险,则与违约人的赔偿额无关。以上论述无非想说明,被违约人是否预见并不影响违约人的损害赔偿责任。

(2) 违约人的违约,是过失违约。如果他是故意违约,就不能援引可预见规则减轻责任,因为可预见规则是保护过失违约人的。故意违约,是积极侵害他人的合同债权,如果适用可预见规则对违约人进行保护,在客观上有鼓励当事人违约的作用。过失违约的风险可以分配,故意违约的风险还能分配吗?

(3) 预见的时间,是在合同订立时,因为合同条件是在订立时确定的,不是在履行时确定的。

(4) 能否预见,并非以违约人的主张为准,而是应当依照社会一般观念或者行业一般观念进行判断。

可得利益损失赔偿之减损规则(4)

《民法典》第591条规定:"当事人一方违约后,对方应当采取适当措施防止损失的扩大;没有采取适当措施致使损失扩大的,不得就扩大的损失请求赔偿。当事人因防止损失扩大而支出的合理费用,由违约方负担。"此条是对减损义务的规定,减损义务也称为减损规则。

减损义务,是被违约人应当及时采取适当措施防止损失扩大的法定义务。减损义务限制了赔偿范围,体现了民法的公正原则。减损义务有两项内容:其一,要求被违约人不得以不合理的行为增加自己的损失,例如,他若知道货物因有瑕疵已失去安全性,就不应当继续使用;[1]其二,要求被违约人积极主动地采取合理措施减少损失,例如,卖方毁约,买方可以在市场上补进货物,以应急需。

违约人为了减少自己的违约成本,可以向被违约人提出合理的补救办法,被违约人因负有法定的减损义务,对合理的补救方法应当接受。比如,甲轮船公司因故未能按合同将船交给租船人,但介绍租船人向乙轮船公司另租一船,而且两船的速度、容量与租金等均相当,此项建议则应当接受。[2]按照法理,接受对方的建议后,被违约人并不因此失去诉权。

履行减损义务有时需要支出费用,如果费用的支出是合理与必要的,那么,不管是否起到了减损的效果,费用都应当由违约人承担。是否必要与合理,应依诚实信用原则进行判断。

被违约人没有履行减损义务而致使损失扩大,扩大的这一部分,与另一方违约无直接因果关系,受损害方无权要求赔偿,因为这些损失本来是可以避免的,不是违约的必然产物。只要被违约人出于善意,即使减损无效果,也应认定其履行了减损义务。

双方违约与过错相抵(5)

《民法典》第592条第1款对双方违约规定:"当事人都违反合同的,应当各自承担相应的责任。"第2款就过错相抵规则规定:当事人一方违约造成对方损失,对方对损失的发生有过错

---

[1] 参见崔建远:《合同责任研究》,吉林大学出版社1992年版,第217页。
[2] 参见高尔森:《英美合同法纲要》,南开大学出版社1984年版,第150页。

的，可以减少相应的损失赔偿额。"[1]

1. 双方违约。

例：甲将汽车交给乙保管，未按约定支付保管费；乙由于过失，致汽车损毁。甲请求赔偿，乙以甲未支付保管费为由主张免责。

本案属于双方违约，甲请求乙承担违约责任，乙不能以甲未支付保管费为由进行抗辩，因为即便寄存人未交付保管费，保管人的注意义务也不因此减轻。设甲欠乙保管费 100 元，甲的损失为 1 万元，甲通知乙抵销 100 元后，乙还应赔偿甲 9900 元。

2. 过错相抵。

例：出卖人发货迟延 10 天，造成买受人损失 10 万元（出卖人无损失）。对发货迟延造成的损失，设出卖人的过错行为的原因力占 50%，买受人的过错行为的原因力占 50%，出卖人应当赔偿 5 万元。

3. 双方违约与过错相抵的区别。双方违约，有两个损害，双方各自承担相应的责任，是两个救济法律关系；两个救济法律关系之债，可以抵销。过错相抵，是对一个损害的相抵，只产生一个救济法律关系；是相抵，不是抵销（两个法律关系才有可能抵销）。

---

[1]《合同编通则解释》第 63 条第 3 款规定："在确定违约损失赔偿额时，违约方主张扣除非违约方未采取适当措施导致的扩大损失、非违约方也有过错造成的相应损失、非违约方因违约获得的额外利益或者减少的必要支出的，人民法院依法予以支持。"

约定违约金的好处（6）

1. 违约金为损害赔偿之预定（违约金是预定的赔偿金），因此，关于赔偿金的规则，违约金也可以适用，如完全赔偿规则、损益相抵规则、过错相抵规则、减损规则等。要注意的是，可预见规则不能适用于违约金，[1]因为违约人已经把损失约定到违约金之中了（违约人已经预见了损失）。也就是说，违约人不能援引可预见规则进行抗辩。

2. 事先约定了违约金，在事后就免除了举证之苦，即原告不需要就自己损失多少进行举证。被告如果认为多了，要求下调，就要承担举证责任。[2]约定的违约金低于损失，原告要求上调，则原告应承担举证责任。[3]

违约金性质、数量的设计（7）

《买卖合同解释》第20条规定："买卖合同因违约而解除后，守约方主张继续适用违约金条款的，人民法院应予支持；但约定的违约金过分高于造成的损失的，人民法院可以参照民法典第五

---

[1]《民法典》第584条规定："当事人一方不履行合同义务或者履行合同义务不符合约定，造成对方损失的，损失赔偿额应当相当于因违约所造成的损失，包括合同履行后可以获得的利益；但是，不得超过违约一方订立合同时预见到或者应当预见到的因违约可能造成的损失。"

[2]《合同编通则解释》第64条第2款规定："违约方主张约定的违约金过分高于违约造成的损失，请求予以适当减少的，应当承担举证责任。非违约方主张约定的违约金合理的，也应当提供相应的证据。"第65条第2款规定："约定的违约金超过造成损失的百分之三十的，人民法院一般可以认定为过分高于造成的损失。"

[3]《民法典》第585条第2款规定："约定的违约金低于造成的损失的，人民法院或者仲裁机构可以根据当事人的请求予以增加；约定的违约金过分高于造成损失的，人民法院或者仲裁机构可以根据当事人的请求予以适当减少。"请注意条文中"低于"和"过分高于"的用词。

百八十五条第二款的规定处理。"

1. 解除和违约金可以并用，但这种违约金应当是不履行违约金，不应当是迟延履行违约金和瑕疵履行违约金。因为，解除尽管可能是由于债务人陷入迟延或瑕疵履行，但解除的效果相当于不履行。

2. 在设计违约金时，可以考虑把可得利益包括在内，这就避免了被违约人（债权人）对损失的举证责任。可得利益的确定，大致包括"估算法""差别法"和"约定法"。[1]违约金包括可得利益，实质上是"约定法"的表现。

3. 被违约人（债务人）要求调整违约金的，负担举证责任。

4. 买卖合同是双务合同，是复合法律关系，由两个单一法律关系组成，一个是出卖人为给付的法律关系，另一个是买受人为给付的法律关系，对可得利益损失的约定，通常是针对出卖人的。

5. 事先设计好，事后少麻烦。一般而言，这种违约金的设计不是合同陷阱。

免责抗辩及违约金调整释明（8）

《合同编通则解释》第66条规定："当事人一方请求对方支

---

[1]《合同编通则解释》第60条规定："人民法院依据民法典第五百八十四条的规定确定合同履行后可以获得的利益时，可以在扣除非违约方为订立、履行合同支出的费用等合理成本后，按照非违约方能够获得的生产利润、经营利润或者转售利润等计算。非违约方依法行使合同解除权并实施了替代交易，主张按照替代交易价格与合同价格的差额确定合同履行后可以获得的利益的，人民法院依法予以支持；替代交易价格明显偏离替代交易发生时当地的市场价格，违约方主张按照市场价格与合同价格的差额确定合同履行后可以获得的利益的，人民法院应予支持。非违约方依法行使合同解除权但是未实施替代交易，主张按照违约行为发生后合理期间内合同履行地的市场价格与合同价格的差额确定合同履行后可以获得的利益的，人民法院应予支持。"

付违约金，对方以合同不成立、无效、被撤销、确定不发生效力、不构成违约或者非违约方不存在损失等为由抗辩，未主张调整过高的违约金的，人民法院应当就若不支持该抗辩，当事人是否请求调整违约金进行释明。第一审人民法院认为抗辩成立且未予释明，第二审人民法院认为应当判决支付违约金的，可以直接释明，并根据当事人的请求，在当事人就是否应当调整违约金充分举证、质证、辩论后，依法判决适当减少违约金。被告因客观原因在第一审程序中未到庭参加诉讼，但是在第二审程序中到庭参加诉讼并请求减少违约金的，第二审人民法院可以在当事人就是否应当调整违约金充分举证、质证、辩论后，依法判决适当减少违约金。"

1. 法院的释明，只是告知当事人有请求调整违约金的机会及调整的规则，而不是作出结论。虽然不是作出结论，但已经有了不支持抗辩的内心确认。

2. 过去，被告经常处于两难的境地，若否认违约金条款的效力（一般是通过否认合同的效力来否定违约金条款的效力），可能会丧失请求降低过高违约金的权利或机会。依据《合同编通则解释》第66条，则可以放心地先提出无效等免责抗辩，即先主张免责，后主张调整违约金。对两种主张，要分别提供不同的证据。

3. 一审法院认为被告的免责抗辩成立，就不会对是否需要主张调整违约金进行释明，而直接判决不予支持原告的违约金请求。二审法院认为应当判决支付违约金的，应当在释明之后改判。也就是说，在二审中，被告仍有请求降低违约金的机会，仍有就此主张举证的机会。"直接释明"的意思，是不以一审法院未释明为由发回重审，由一审法院释明，而由二审法院自己释明。

4. 被告因客观原因在一审程序中未到庭参加诉讼的，第二审程序中仍然有权请求适当减少违约金。

5. 被告请求降低违约金，不属于请求给付，因此无须提出反诉，即应把被告请求降低违约金归入抗辩形式。

第七节　合同的解释

合同的文义解释规则（1）

《民法典》第466条第1款规定："当事人对合同条款的理解有争议的，应当依据本法第一百四十二条第一款的规定，确定争议条款的含义。"第142条第1款规定："有相对人的意思表示的解释，应当按照所使用的词句，结合相关条款、行为的性质和目的、习惯以及诚信原则，确定意思表示的含义。"合同是有相对人的意思表示。第142条第1款规定的意思表示，解释规则包括文义解释、整体解释、按行为性质和目的解释、按习惯解释及依诚信原则解释。这里略谈文义解释。

1. 文义解释是指依据合同条款词句的通常含义进行解释。对合同应当首先进行文义解释。文义解释是合同解释的基础，如果脱离了文义，也就失去了解释合同的客观标准。

2. 合同解释按《民法典》第142条第1款采表示主义。文义解释是贯彻"表示主义"的滩头阵地，也是解释合同的起点。[1]通常，解释不得不根据双方当事人意图的外在表述进行判断——

---

[1]《合同编通则解释》第1条第1款规定："人民法院依据民法典第一百四十二条第一款、第四百六十六条第一款的规定解释合同条款时，应当以词句的通常含义为基础，结合相关条款、合同的性质和目的、习惯以及诚信原则，参考缔约背景、磋商过程、履行行为等因素确定争议条款的含义。"

这种意图是依靠他们使用的书面语言或者口语的词句来传达的。[1]

3. 文义解释要求：解释合同应当按普通字面含义（通常含义）解释。当事人对合同的词、句、条款理解不一致时，在没有特殊商业背景的情况下，应按普通的字面含义即一般公众理解的含义和价值判断进行解释。对于商业上惯用的词句，应按有关行为通常赋予它们的含义予以解释。

4. 文义解释要求：特殊用语优于一般用语。合同中对事物的描述既有特殊用语又有一般用语的，若无其他证据，应先按特殊用语解释，即认定特殊用语的效力。一般而言，特殊用语所包含、反映的意思比一般用语更为具体、准确。适用此规则解释合同时，应当同时考虑整体解释的规则。

5. 对表示范围的词句，应作限制解释。合同条款将具体事项列举，最后用"等""其他"等文字表达的，"等""其他"应与合同所列举的具体事项属于同一种类。

例：甲、乙订立的承揽合同中规定，甲方可以用乙方提供的资金购买钢筋、木材、水泥等。甲方使用乙方的资金购买了电视、收音机等物品。乙方指责甲方的行为，甲方辩解说：我方购买的电视、收音机，是条款中"等"里面的。双方对"等"的理解发生争议。

甲、乙所订立承揽合同条文中的"等"，应为与钢筋、木材、水泥具有相同或类似作用的建材。"钢筋、木材、水泥"是建材，其后的"等"，也必是建材。甲方显然无权用乙方的资金购买电视、收音机等物品。

---

〔1〕参见［英］丹宁勋爵：《法律的训诫》，杨百揆、刘庸安、丁健译，群众出版社 1985 年版，第 30、31 页。

限制解释基于文义解释，同时又必然要结合合同目的。限制解释是文义解释和按合同目的解释的派生物，正因如此，也有人认为它不是独立的解释规则。

6. 文义解释是探究词句本身的含义，但可以有例外。《合同编通则解释》第 1 条第 2 款规定："有证据证明当事人之间对合同条款有不同于词句的通常含义的其他共同理解，一方主张按照词句的通常含义理解合同条款的，人民法院不予支持。"比如，甲、乙双方在合同书或其附件中对条款中的词语作出了不同于通常含义（一般含义）的界定，自应按约定的含义进行认定。约定的含义，是合意的内容。

合同的整体解释规则（2）

1. 整体解释又称体系解释，是指解释合同有争议的条款、词句时，要考察其与整体的关系，不能拘泥于只言片语。不能只见树木，不见森林。

2. 合同的条款得互相解释、互相印证，以确定每一条款在合同中的意义。如果不把有争议的条款或词句与上下文和其他有关联的条款联系起来考察，而是孤立地去探究它的一般意思或可能具有的意思，则很容易走入歧途。

3. 同一合同关系如果由多种文书（合同书、电报、电传、确认书等）组成，应合并解释，切忌以偏概全。

4. 不仅要考察条款之间的关系，还要参考缔约背景、磋商过程、履行行为等因素，来确定争议条款的含义。

5. 要约邀请的内容有时会进入合同（容纳规则），因此，有时还须考察要约邀请的内容。

6. 如果当事人有预约，还应参考预约的内容。

例：甲方卖给乙方一套商品房。乙方迟延付款一个月，甲方要求乙方按每天万分之五支付迟延履行的违约金，理由是合同约定的违约金是每天万分之五。乙方主张每天按万分之三支付违约金，原来合同中还有一个条款规定迟延付款的违约金是万分之三。甲、乙双方的合同还有第三个条款，即出卖人迟延交付房屋，应当按每天万分之三向乙方支付违约金。

前两个条款互相矛盾，结合第三个条款，在公平原则指导下运用整体解释规则，可以得出结论：乙方应当按每天万分之三向甲方支付违约金。

按合同性质和目的解释的规则（3）

1. 合同性质可以从多方面来看，比如，是有偿合同还是无偿合同，是给付财产的合同还是提供劳务的合同，等等。合同性质不同，权利义务自然有所不同。解释合同不能脱离合同的性质，例如，有偿合同双方互负义务（存在对待给付），解释合同时要平衡双方的利益。

2. 解释合同时，应当考虑当事人的缔约目的，合同使用的文字或某个条款可以作两种解释时，应采用最适合合同目的的解释。

按合同性质和目的解释还适用于采用两种以上文字订立合同产生争议的情形。[1]目的解释的结果可以用来印证文义解释、整体解释的结果。

---

[1]《民法典》第466条第2款规定："合同文本采用两种以上文字订立并约定具有同等效力的，对各文本使用的词句推定具有相同含义。各文本使用的词句不一致的，应当根据合同的相关条款、性质、目的以及诚信原则等予以解释。"

例：甲公司是复印器材经销商，欲从在美国注册的乙公司处购买一批大型复印机，指定张三、李四为代理人。张三未经与李四商量，就私自代理甲公司与乙公司用中、英文两种文字签订了合同。但两种文本条款有矛盾，若全部按英文文本履行，甲公司将无利可图，合同双方诉争到法院。

本案中法院不能根据文义解释合同，而应当根据合同目的对争议条款予以解释。

按交易习惯解释的规则（4）

习惯分为生活习惯和交易习惯。交易习惯是人们在长期反复实践基础上形成的，在某一地域、某一行业、某一领域或某类交易中普遍采用的做法、方法。[1]交易习惯实际上也是一种行为规则。当事人对合同条款的理解不一致或条款之间发生矛盾时，应当考虑当事人交易的背景，考察交易背景中实际为当事人所依据的交易习惯。

例：农民李某从县农科所购买了一批果苗，双方在合同中约定：县农科所在两年内提供有偿技术指导，合同有效期为一年。一年后，县农科所停止技术指导，理由是合同规定的有效期是一年。李某向法院提起诉讼，要求县农科所继续提供技术指导。在周围地区，提供这种果苗的单位均提供两年以上的技术指导，该县农科所向其他农民出售果苗，也是提供两年的技术指导，因而

---

〔1〕《合同编通则解释》第2条规定："下列情形，不违反法律、行政法规的强制性规定且不违背公序良俗的，人民法院可以认定为民法典所称的'交易习惯'：（一）当事人之间在交易活动中的惯常做法；（二）在交易行为当地或者某一领域、某一行业通常采用并为交易对方订立合同时所知道或者应当知道的做法。对于交易习惯，由提出主张的当事人一方承担举证责任。"

农科所的两年技术指导义务并不受合同有效期的限制。法院认为,提供两年的技术指导,已经是当地的交易惯例,因此支持了李某的诉讼请求(劳务给付本身是不能强制执行的,此点需另行探讨)。

1. 法院按交易习惯解释合同,认定被告有提供两年技术指导的义务,是正确的。此案也可从有利于消费者的角度进行解释,解释的结果是相同的。

2. 案例中的合同有两个互相矛盾的条款:一个条款是县农科所在两年内提供技术指导服务;另一个条款是合同的有效期是一年。合同有效期的约定不宜简单地认为无效,它可能是主给付的期限(提供树苗),在两年内提供技术指导是从给付义务。

3. 实务中,既约定给付期限又约定合同终止期(有的表述为合同有效期)的,两种期限的关系应当具体问题具体分析。例如,甲、乙在1月1日签订买卖合同,约定出卖人甲在3月1日前发货,同时又约定合同在同年4月1日终止。甲在4月1日以后发货,乙可以合同已经终止为由拒绝受领。

4. 律师代为起草合同时,应当注意履行期与合同有效期的协调。如果感到难以把握,可以不写合同有效期。

按有效解释规则、无偿合同有利于债务人的解释规则(5)

对合同或合同条款效力的认定,也属于合同解释的范畴。《合同编通则解释》第1条第3款规定:"对合同条款有两种以上解释,可能影响该条款效力的,人民法院应当选择有利于该条款有效的解释;属于无偿合同的,应当选择对债务人负担较轻的解释。"

1. 对合同条款有两种以上解释,一种解释是合同有效,其他解释是合同无效或者可撤销、效力待定，则采有效的解释。这是出于尽量保护交易关系的考虑，对防止无效的泛化，维护民法典的基本理念具有重要意义。

2. 两种以上解释是对同一事实适用法律的解释，不是对事实的不同认定，不是对效力偏离法律的任意解释。两种以上解释的冲突，经常表现为对法律的指导思想、法律规则之间的关系、法律与道德的关系的争议，也包含对同一事实情节是否严重的不同理解。

3. 无偿合同的债务人，如赠与合同的赠与人、无偿委托合同的受托人、无偿保管合同的保管人，是做好事的人。法律有鼓励做好事、做好人的任务，故而，合同条款有两种以上解释时，要作有利于债务人的解释，包括使其负担较轻、责任较轻等。

例：甲（赠与人）与乙（受赠人）签订了一份赠与合同，赠与金额用阿拉伯数字书写。乙主张赠与30 000元，甲主张开头不是"3"，而是"2"，即赠与的是20 000元。在无法辨别是"3"还是"2"的前提下，应当作有利于债务人（赠与人是债务人）的解释，即应当解释为赠与20 000元。

有偿合同有利于债权人的解释规则（6）

在有偿合同中，当事人兼有债权人和债务人的身份。有偿合同的一方完全履行义务以后，其债务人的"身份"消失，我称其为纯粹债权人。有利于债权人的解释，是有利于纯粹债权人的解释。

例：某年1月20日，A公司找B公司索要到期铝材货款340万元。B公司表示无力偿还，同时表示，至3月份，C公司欠自己的400万元电器货款到期，此时，自己有钱可以还给A公司货款340万元。A、B双方遂签订还款的书面协议，约定："C公司于3月29日还款时，B公司向A公司归还货款，再加上利息（从1月20日开始，按银行同期贷款利率计算）。"至4月初，A公司向B公司索要货款，B公司拒绝，A公司起诉。B公司提出：A、B两公司之间的还款协议为附生效条件的合同，现C公司到期未偿还债务，条件未成就，合同未生效。A公司提出：A、B两公司之间的还款协议为附期限的合同，期限有始期和终期，该合同为附始期的合同，至3月29日B公司就应当还款，而不论C公司是否还款。

1. A公司与B公司的还款协议是附条件的合同还是附期限的合同，属于合同解释的问题。我的意见是作有利于债权人的解释。从诚信原则来看，A公司已经付出了财产，是纯粹债权人，如果不能获得对价，则有失公平。诚信原则要求解释的结果是公平的，若解释的结果不公平，说明解释发生了错误。就本案来看，若解释为附条件的合同，C不对B清偿，A公司就不能从B处获得对价，这就违反了交易的基本规则，剥夺了A公司的财产。A公司从来没有允诺放弃自己的财产。

2. 从真意解释原则来分析，会得出相同的结论。真意解释原则要求解释合同时探究当事人的真意。何为真意？原则上以当事人表示的意思为真意，但真意解释也要求解释时不能拘泥于文字。探究当事人的真意并不要求证明当事人的心理过程，因为真意解释是对事实的综合评断。就本案而言，A公司与B公司签订还款协议，是A公司给予B公司一定的恩惠期、宽展期——这是还款协议的目的。从这个角度看，A、B两公司之间的还款协议是附期限的合同，而不是附条件的合同，无论C公司是否向B公司清偿，B公司都应按还款协议的约定向A公司清偿。

3. 有人认为，本案应当适用民法中有利于债务人的解释规则。有利于债务人的解释规则并非在任何场合都可以适用，本案若采用该规则，必然产生不公平的结果。

4. 有偿合同，是交易关系。一方当事人既是债权人，又是债务人，当他付出财产或者财产利益（如提供劳务）后，就演变成纯粹债权人，保护他，就等于保护交易安全，就等于保护公平。

5. 在民法中，债权人并不是剥削者。有利于债权人解释规则的贯彻，对我们建设诚信市场经济具有重要的意义。

第八节　买卖合同

物的适用性担保义务（1）

1. 概述。

物的适用性担保义务，是出卖人在担保无权利瑕疵、质量瑕疵以外，担保买受人能够正常使用的义务。担保无适用性瑕疵，是担保标的物能够正常发挥效用。适用性瑕疵和质量瑕疵可同时成立。物的适用性担保义务可根据合同目的进行判断，也可由当事人特约。

例：甲的机器坏了一个零件，到乙处（专营店）去购买，但不知购买哪一种为好。在甲向乙详细介绍情况以后，乙推荐了一种零件，并保证能够适用于甲的机器。由于乙是专营店，甲出于对其专业知识的信任，就购买了这种零件，但买回后发现不能用于自己的机器。尽管标的物本身没有质量瑕疵，且双方约定不能退货（解除合同），但由于乙违反了适用性担保义务，甲有权退货。

适用性担保义务不同于权利瑕疵担保义务，不发生第三人向买受人主张权利的问题。适用性担保义务也不同于物的质量（品质)瑕疵担保义务。物的质量瑕疵,是指标的物本身有质量有问题。适用性担保义务不在于担保标的物本身的质量,而是担保其适用性。违反适用性担保义务,可以用损害赔偿等方式来解决,构成重大违约时,买受人也可以解除合同。

《民法典》仅规定了物的质量瑕疵担保义务。第615条规定:"出卖人应当按照约定的质量要求交付标的物。出卖人提供有关标的物质量说明的,交付的标的物应当符合该说明的质量要求。"第616条规定:"当事人对标的物的质量要求没有约定或者约定不明确,依据本法第五百一十条的规定仍不能确定的,适用本法第五百一十一条第一项的规定。"第617条规定:"出卖人交付的标的物不符合质量要求,买受人可以依据本法第五百八十二条至第五百八十四条的规定请求承担违约责任。"

仅有出卖人质量上的担保义务,而无适用性担保义务,是立法供应不足的一种现象,今后应当弥补。

在实务中,为使法官承认和接受,可将适用性担保义务解释为物之瑕疵担保义务的一项内容。[1]

2. 示例。

例1:甲(房地产公司)向乙出售商品房,房屋位居二层。乙在购买前已经详细了解了情况,得知一层也是住宅设计,且整套商品房为高级住宅。乙入住不久,甲将一层全部改为商用房出租,各种食品气味及嘈杂声直袭二楼。这种情况,应当认为甲违反了适用性担保义务。

---

[1] 我国台湾地区"民法"第354条(物之瑕疵担保责任)规定:"物之出卖人对于买受人,应担保其物依第三百七十三条之规定危险移转于买受人时无灭失或减少其价值之瑕疵,亦无灭失或减少其通常效用或契约预定效用之瑕疵。但减少之程度,无关重要者,不得视为瑕疵。出卖人并应担保其物于危险移转时,具有其所保证之质量。"

例 2：某甲卖给某乙一套房屋，房屋本身无瑕疵。在交付之前，某甲在该房屋之侧盖了一座小房，小房之内安装了对人体健康有影响的放射性设备。

某甲违反了适用性担保义务，经催告不能排除危害时，买受人有权解除合同。

例 3：甲（房地产公司）在售楼广告中宣称，其出卖的别墅，短期内将在周围建设配套生活设施，生活方便。乙相信其宣传，购买山区别墅一套，入住后发现周围数十里无生活设施，欲解除合同。经仔细阅读商品房买卖合同，发现上边有印刷好的一行小字："广告宣传不作为本合同的内容"。

甲使用的合同文本是有关部门发布的示范文本，但其在合同上印刷未与相对人乙协商的条款（"广告宣传不作为本合同的内容"），该条款应为格式条款（此点特别重要）。按容纳规则，售楼广告内容仍进入甲、乙的合同法律关系。

甲在合理期限内未能建设相应的生活设施，违反了适用性担保义务，经催告不能改善时，买受人有权解除合同。

买受人对多交标的物的无偿保管及一般过失免责（2）

1.《民法典》第 629 条规定："出卖人多交标的物的，买受人可以接收或者拒绝接收多交的部分。买受人接收多交部分的，按照约定的价格支付价款；买受人拒绝接收多交部分的，应当及时通知出卖人。"

2.《买卖合同解释》第 3 条规定："根据民法典第六百二十九条的规定，买受人拒绝接收多交部分标的物的，可以代为保管多交部分标的物。买受人主张出卖人负担代为保管期间的合理费用的，人民法院应予支持。买受人主张出卖人承担代为保管期间非因买受人故意或者重大过失造成的损失的，人民法院应予支持。"

3. 买受人代为保管是无偿的，与出卖人之间形成保管法律关系。代为保管期间的"合理费用"，应解释为必要费用、保存费用。"合理费用"是保管的成本，不包括利润，如果包括利润，就变成有偿保管法律关系了。

4. 无偿保管的保管人一般过失（轻过失）免责。这是法律的一种优惠，是为了鼓励实施无偿行为。

5. 无偿法律关系也可以成立留置权，当多交标的物的出卖人不支付合理费用时，代为保管人可成立留置权。

6. 对多交的货物，买受人应当及时作出拒绝受领的通知（附随义务）。

普通动产的一物多卖（3）

一物多卖之"一物"，是特定物，种类物不存在一物多卖的问题。比如，某公司对外出售大米（种类物、可替代物），有多家买受人，这不能说是一物多卖。

不动产都是特定物，因为任何不动产都有不可取代的空间位置。动产分为特定物和种类物。一物多卖的普通动产，应是特定物。这里所说的普通动产，是指机动交通运输工具以外的动产。普通动产不涉及登记的问题。

《买卖合同解释》第6条规定："出卖人就同一普通动产订立多重买卖合同，在买卖合同均有效的情况下，买受人均要求实际履行合同的，应当按照以下情形分别处理：（一）先行受领交付的买受人请求确认所有权已经转移的，人民法院应予支持；（二）均未受领交付，先行支付价款的买受人请求出卖人履行交付标的物等合同义务的，人民法院应予支持；（三）均未受领交付，也未支付价款，依法成立在先合同的买受人请求出卖人履行交付标的物等合同义务的，人民法院应予支持。"

（1）本条适用的一个前提是，一物多卖的各个合同均有效。基于债的相对性，一物多卖的各个合同可以都有效，认定合同有效便于保护买受人的利益，未得到实际履行的买受人得向出卖人主张违约责任。定金罚则、违约金都可以适用。

（2）买卖的标的物是特定物，买受人均要求实际履行合同时，应当作出抉择，看看应当谁优先，应当支持谁。

（3）一物多卖，出卖人有任意清偿的地位（决定向谁发货）。出卖人是否彻底丧失任意清偿的地位，请看示例：出卖人张三将一面雕刻龙凤的翡翠屏风分别与 A、B、C 签订买卖合同。

例 1：
张三 3 月 1 日与 A 签订买卖合同；
张三 4 月 1 日与 B 签订买卖合同；
张三 5 月 1 日与 C 签订买卖合同。

在对 A、B、C 均未交付的前提下，张三可以任意清偿，也就是说，他可以效益违约。交付给谁，都有效。

例 2： 设张三交付给 C，C 取得所有权（见《民法典》第 224 条）。A、B 起诉，请求实际履行合同，即使 A、B 先付款或者先签订合同，也不应予以支持（法律不能）。

占有 > 付款
占有 > 成立在先

王泽鉴教授经常以一物双卖的例子说明物权优先于债权，即受领交付的买受人享有物权，该物权优先于其他买受人的债权。——此观念深入人心。我不同意王老师的观点，因为买受人受领交付，取得物权后，出卖人就同一标的物与其他买受人的合同就终止了，其他买受人丧失了请求给付该物的权利，只剩下追究出卖人违约责任的权利。——根本不存在物权与债权的冲突。

例3：在张三对 A、B、C 均未交付的前提下，买受人起诉，请求实际履行，则：

占有＞付款＞成立在先

先行付款＞后付款

例4：张三 3 月 1 日与 A 签订买卖合同并交付之后，又就同一标的物与他人签订买卖合同的，不属于一物多卖，属于无权处分，已经不存在任意清偿的可能。

分期付款买卖与所有权保留买卖的竞合（4）

例：张甲将其手工制作的一个地图仪卖给李乙，约定：地图仪交付后，李乙在 10 个月内分期支付 10 万元，每个月月初支付 1 万元，付清全款后，地图仪的所有权属于买受人李乙。

在张甲交付地图仪之后，买受人李乙按期支付了 8 万元，剩余两期货款（2 万元）到期未付。张甲通知李乙解除合同，要求李乙返还地图仪。

本案发生分期付款买卖与所有权保留买卖的竞合。《民法典》第 634 条就分期付款买卖规定："分期付款的买受人未支付到期价款的数额达到全部价款的五分之一，经催告后在合理期限内仍未支付到期价款的，出卖人可以请求买受人支付全部价款或者解除合同。出卖人解除合同的，可以向买受人请求支付该标的物的使用费。"《民法典》第 642 条第 1 款就所有权保留买卖中出卖人的取回权规定:"当事人约定出卖人保留合同标的物的所有权,在标的物所有权转移前,买受人有下列情形之一,造成出卖人损害的,除当事人另有约定外,出卖人有权取回标的物:(一)未按照约定支付价款,经催告后在合理期限内仍未支付;(二)未按照约定完成特定条件;(三)将标的物出卖、出质或者作出其他不当处分。"《买卖合同解释》第 26 条第 1 款规定:"买受人已经支付标的物总价款的百分之七十五以上,出卖人主张取回标的物的,人民法院不予支持。"

1. 按分期付款买卖,出卖人张甲在买受人李乙迟延的金额达到 1/5 时(本案为 2 万元),有权解除合同并要求返还原物。

2. 按所有权保留买卖,因李乙支付的贷款已经超过总贷款的 75%,张甲丧失取回权。

3. 李乙的律师以张甲丧失取回权为由,主张其解除无效。取回权与解除权的内涵不同,行使效果也不同。行使取回权并不导致合同终止,[1] 而行使解除权导致合同终止。本案处于分期付款买卖与所有权保留买卖的竞合状态,张甲虽然丧失了取回权,但有权解除合同并要求返还原物。李乙律师的抗辩理由不成立。

"主观特定物"的好处(5)

《买卖合同解释》第 11 条规定:"当事人对风险负担没有约定,标的物为种类物,出卖人未以装运单据、加盖标记、通知买

---

[1] 出卖人主张取回权后,买受人还可以回赎。《民法典》第 643 条规定:"出卖人依据前条第一款的规定取回标的物后,买受人在双方约定或者出卖人指定的合理回赎期限内,消除出卖人取回标的物的事由的,可以请求回赎标的物。买受人在回赎期限内没有回赎标的物,出卖人可以以合理价格将标的物出卖给第三人,出卖所得价款扣除买受人未支付的价款以及必要费用后仍有剩余的,应当返还买受人;不足部分由买受人清偿。"

受人等可识别的方式清楚地将标的物特定于买卖合同,买受人主张不负担标的物毁损、灭失的风险的,人民法院应予支持。"

1. 可识别的方式（加盖标记、贴封条等），使种类物成为"主观特定物"。主观特定物适用特定物的规则。

2. 可以预设风险的负担。

例：未及时受领时风险的负担。

7月1日,甲、乙订立买卖合同,甲卖给乙1万箱啤酒。甲的发货大厅里有5个库房,每个库房的装货量是1万箱啤酒。因当时啤酒供不应求,应买受人乙的要求,甲在1号库房的大门上加贴"封条",并在"封条"上注明1号库房的1万箱啤酒"专供"给买受人乙,"封条"也是为阻止其他买受人提取1号库房的货物。合同约定乙是上门提货,提货时间是7月25日至8月1日。8月3日,乙去提货,得知由于不可抗力,甲的库房在8月2日上午起火,5个库房的啤酒全部灭失。请问：1号库房货物灭失的风险,应由谁承担?

《民法典》第608条规定："出卖人按照约定或者依据本法第六百零三条第二款第二项的规定将标的物置于交付地点,买受人违反约定没有收取的,标的物毁损、灭失的风险自违反约定时起由买受人承担。"[1]依据上述规定,买受人乙未在规定的期限内

---

[1] 《民法典》第603条第1款规定："出卖人应当按照约定的地点交付标的物。"第2款规定："当事人没有约定交付地点或者约定不明确,依据本法第五百一十条的规定仍不能确定的,适用下列规定：（一）标的物需要运输的,出卖人应当将标的物交付给第一承运人以运交给买受人；（二）标的物不需要运输,出卖人和买受人订立合同时知道标的物在某一地点的,出卖人应当在该地点交付标的物；不知道标的物在某一地点的,应当在出卖人订立合同时的营业地交付标的物。"本案无须适用第2款。

提取"主观特定物",应当承担1号库房货物灭失的风险。

如果没有将1号库房的货物特定化,即使5个仓库的货物全部毁损、灭失,受领迟延的乙也不需要承担风险。

3.1号库房的1万箱啤酒成为"主观特定物"后,可以对买受人以占有改定方式交付。

4.1号库房的1万箱啤酒成为"主观特定物",买受人乙以占有改定方式取得所有权后,可以向第三人为指示交付。

瑕疵担保责任减免的特约(6)

《买卖合同解释》第24条规定:"买受人在缔约时知道或者应当知道标的物质量存在瑕疵,主张出卖人承担瑕疵担保责任的,人民法院不予支持,但买受人在缔约时不知道该瑕疵会导致标的物的基本效用显著降低的除外。"进一步而言,如果买受人在缔约时不知道或者不应当知道标的物质量存在瑕疵,但出卖人故意或者因重大过失不告知买受人标的物的瑕疵,合同又约定减轻或者免除出卖人对标的物的瑕疵担保责任的,出卖人主张依约减轻或者免除瑕疵担保责任的,法院不应予以支持。

以格式条款方式减免出卖人物的瑕疵担保责任,还适用《民法典》第496条、第497条的规定。[1]

---

[1]《民法典》第496条规定:"格式条款是当事人为了重复使用而预先拟定,并在订立合同时未与对方协商的条款。采用格式条款订立合同的,提供格式条款的一方应当遵循公平原则确定当事人之间的权利和义务,并采取合理的方式提示对方注意免除或者减轻其责任等与对方有重大利害关系的条款,按照对方的要求,对该条款予以说明。提供格式条款的一方未履行提示或者说明义务,致使对方没有注意或者理解与其有重大利害关系的条款的,对方可以主张该条款不成为合同的内容。"第497条规定:"有下列情形之一的,该格式条款无效:(一)具有本法第一编第六章第三节和本法第五百零六条规定的无效情形;(二)提供格式条款一方不合理地免除或者减轻其责任、加重对方责任、限制对方主要权利;(三)提供格式条款一方排除对方主要权利。"

1. 瑕疵的分类。依不同标准,瑕疵可作不同分类。
(1) 设计上的瑕疵、制造上的瑕疵、指示上的瑕疵。

例1:某甲的汽车在急转弯时翻倒、起火。该汽车在翻倒后不能打开车门,以致某甲无法逃出,被烧伤。该汽车的瑕疵是设计上的,受害人有权请求赔偿。

例2:有一次讲了一天课,回家后感到又渴又累。我买了一瓶汽水,一饮而尽后,才发现瓶底长了长毛,上边有两只苍蝇(是一对)。该汽水的瑕疵是制造上的瑕疵。制造上的瑕疵也称为生产上的瑕疵。

例3:某种药孕妇不能服用,而瓶贴上没有说明。该药存在指示上的瑕疵。

当事人预先约定减免物的瑕疵担保责任,包括这三种瑕疵的担保责任,可以适用《买卖合同解释》第24条。
(2) 外观瑕疵与隐蔽瑕疵。外观瑕疵也称为表面瑕疵,一般是指用肉眼等人体器官能够发现的瑕疵。隐蔽瑕疵一般是指需要仪器检验、实际使用等才能发现的瑕疵。《买卖合同解释》第24条所规定的主要是隐蔽瑕疵。

例:甲以30万元的价格将一头藏獒卖给乙,乙看藏獒面部较宽(面相是决定藏獒价格的一个重要因素),就同意购买。合同中约定,乙负担风险,交付后出现问题,甲一概不负责。乙养了几个月后,藏獒驾鹤西归,乙请兽医对藏獒解剖,发现藏獒面部被填入硅胶,该藏獒在出卖前被整了容。

其心可诛!尽管有"交付后出现问题,甲一概不负责"的约定,甲仍然要承担责任。在订立合同时,甲负担瑕疵担保责任

（担保没有不合理瑕疵的责任，实为法定义务），至交付后，已经演变成违约责任。

2."貌似规定"。《民法典》第506条规定："合同中的下列免责条款无效：（一）造成对方人身损害的；（二）因故意或者重大过失造成对方财产损失的。"此条规定了加害给付，而《买卖合同解释》第24条规定的是"不告知物的瑕疵"，二者表面相似，实际并不相同。

例：双方当事人约定，由于出卖人的过失致使买受人财产受到损害的，出卖人不承担责任。这个约定是否有效呢？如果出卖人非故意、非重大过失而造成买受人损失，则适用此约定；反之，不能适用。

动产所有权保留买卖的几个问题（7）

1.《民法典》第641条规定："当事人可以在买卖合同中约定买受人未履行支付价款或者其他义务的，标的物的所有权属于出卖人。出卖人对标的物保留的所有权，未经登记，不得对抗善意第三人。"

《买卖合同解释》第25条规定："买卖合同当事人主张民法典第六百四十一条关于标的物所有权保留的规定适用于不动产的，人民法院不予支持。"不动产不能所有权保留，因为不动产物权原则上是登记物权，在不动产交付后，所有权并不发生移转。比如，买卖的房屋在交付给买受人后不发生所有权移转，因而无从"所有权保留"。

动产物权是占有物权，动产依照买卖合同交付后，所有权即发生移转，约定所有权保留的除外。[1] 动产所有权保留是物权变动形式主义的例外。

2. 动产交付给买受人后，出卖人保留该物的所有权。该物的所有权是脱离占有的本权，即出卖人交付占有后，脱离占有，但保留本权。脱离占有的本权与间接占有在效力上"同质"。比如，张甲卖给李乙一条柴犬，约定支付货款前所有权保留，则交付（交付占有）后，出卖人张甲保留的所有权是脱离占有的本权，该本权从效力的角度看，是间接占有，间接占有人就占有物（柴犬）有返还请求权。买受人李乙是直接占有人，当其支付货款后，所有权保留消灭（张甲的本权消灭），李乙取得所有权。

3. 在所有权保留期间，所有权人请求返还占有的（主张占有回复请求权），买受人可以主张占有抗辩权，抗辩的理由包括付款期限尚未届满、支付金额已经超过总金额的75%等。[2]

4. 买受人对所有权保留物不能成立留置权，因为他是债务人，留置权人等担保物权人必是债权人。

第三人善意取得，出卖人丧失取回权（8）

出卖人与买受人约定了所有权保留，在出卖人将标的物交付给买受人之后、所有权移转之前，买受人又将标的物交付给第三人，第三人善意取得的，出卖人丧失取回权。

例1：甲将一峰白骆驼出卖给乙，约定了所有权保留，交付后，乙谎称是自己的白骆驼而卖给丙，丙若构成善意取得，甲就

---

[1]《民法典》第208条规定："不动产物权的设立、变更、转让和消灭，应当依照法律规定登记。动产物权的设立和转让，应当依照法律规定交付。"第224条规定："动产物权的设立和转让，自交付时发生效力，但是法律另有规定的除外。"

[2]《买卖合同解释》第26条第1款规定："买受人已经支付标的物总价款的百分之七十五以上，出卖人主张取回标的物的，人民法院不予支持。"

丧失了取回权。

例2：甲将一峰黑骆驼出卖给乙，约定了所有权保留，交付后，乙谎称是自己的黑骆驼而出质给丙，丙若善意取得质权，在质押期间，甲就丧失了取回权（一时的丧失），在行使质权（将质物变价）之后，甲将永久地丧失取回权。

质押时，出卖人取回权的丧失（9）

例：甲以6万元的价格将一匹小马驹出卖给乙，约定在交付后所有权仍归甲，待乙分三期付清款项后，所有权转给乙。乙取得占有后，将该小马驹冒充为自己所有，与第三人丙签订了质押合同。乙到期未履行对甲的付款义务，甲的取回权如何？

我设计了以下几种情况：

1. 乙对第三人丙尚未交付（尚未移转占有）时——甲有取回权。

2. 乙对丙交付，后丙因饲养不便，又将马驹交还给乙，约定丙仍享有质权——甲有取回权。

3. 乙对丙交付，丙未构成对质权的善意取得——甲有权取回。

4. 乙对丙交付，丙善意取得质权——在丙占有期间，甲自然丧失取回权；丙将质物变价后，甲终局丧失取回权。

5. 乙对丙交付，丙善意取得质权，后乙履行了对丙的债务，丙虽然占有质物，但其主债权消灭，质权作为从权利随同消灭，此时甲有取回权。也就是说，第三人善意取得质权后，出卖人是一时丧失取回权。

有偿转让权利的合同可以参照适用买卖合同的有关规定（10）

《买卖合同解释》第32条规定："法律或者行政法规对债权转让、股权转让等权利转让合同有规定的，依照其规定；没有规定的，人民法院可以根据民法典第四百六十七条和第六百四十六条的规定，参照适用买卖合同的有关规定。权利转让或者其他有偿合同参照适用买卖合同的有关规定的，人民法院应当首先引用民法典第六百四十六条的规定，再引用买卖合同的有关规定。"〔1〕

1. 民法允许参照适用，这与刑法不同。法官审理民事案件，适用和参照适用法律有关规定，没有规定的依交易习惯，没有交易习惯的依法理，法官不得以法律无规定为由拒绝裁判。

2. 参照适用买卖合同有关规定的合同，包括债权转让、股权转让等有偿权利转让合同，也包括其他有偿合同。

债权、股权等权利的转让包括有偿转让和无偿转让，无偿转让是赠与行为，适用赠与合同的有关规定，不能参照适用买卖合同的有关规定。

3. 例如，《民法典》关于买卖合同中出卖人的权利瑕疵担保义务的规定，〔2〕债权、股权等权利的有偿转让合同可参照适用。

例：甲将对乙的债权转让给丙，在债权转让通知送达债务人

---

〔1〕《民法典》第467条第1款规定："本法或者其他法律没有明文规定的合同，适用本编通则的规定，并可以参照适用本编或者其他法律最相类似合同的规定。"第646条规定："法律对其他有偿合同有规定的，依照其规定；没有规定的，参照适用买卖合同的有关规定。"

〔2〕《民法典》第612条规定："出卖人就交付的标的物，负有保证第三人对该标的物不享有任何权利的义务，但是法律另有规定的除外。"第613条规定："买受人订立合同时知道或者应当知道第三人对买卖的标的物享有权利的，出卖人不承担前条规定的义务。"第614条规定："买受人有确切证据证明第三人对标的物享有权利的，可以中止支付相应的价款，但是出卖人提供适当担保的除外。"

乙后，甲要求受让人丙支付转让款。丙此时发现，甲在与自己签订债权转让合同之前已将债权质押给了丁。甲违反了权利瑕疵担保义务，参照《民法典》第614条，丙可以行使履行抗辩权（拒绝支付转让款）。

第九节 赠与合同

为什么要把赠与合同规定为诺成合同（1）

赠与人任意撤销权是建立在诺成合同基础之上的。所有的赠与合同（动产赠与、不动产赠与及其他财产的赠与）都是诺成合同，没有例外。假如赠与合同是实践合同，赠与人就不必通知对方撤销；不履行，赠与合同就不能"生效"。

将赠与合同作诺成合同的制度安排，是考虑到有些赠与合同应当履行，不得反悔，还因为赠与的标的财产具有广泛性，[1]同时也是参照其他立法例的结果。

任意撤销权的行使与实践合同之不交付赠与的动产，都是行使反悔权的表现，但前者是积极的行为，后者是消极的行为。积极的行为表现为通知，使受赠人可以及时采取措施防止损失的发生或扩大。对实践合同的不行为，法律没有明确规定通知的义务（附随义务），容易导致受赠人的损失。

应当这样认为：一般赠与合同是附有任意撤销权的诺成合同；具有救灾、扶贫等公益、道德义务性质的赠与合同以及经过

---

[1] 实践合同的法律构成是合意加动产的交付。由于赠与标的财产的多样性，不宜采用实践合同的设计。例如，赠与债权是以通知方式移转债权，赠与专利权是以登记方式移转专利权。采用实践合同的设计，就无法照顾到以非交付方式移转财产的情况。

公证的赠与合同，是不具有任意撤销权的诺成合同。[1]

把赠与合同规定为诺成合同，还有两点实益：其一，赠与人死亡之后，受赠人仍然可以取得赠与的财产，对赠与人而言，并不妨碍他的利益，不仅赠与人可以向受赠人为意思表示撤销赠与合同，其继承人同样可享有任意撤销权。其二，为附条件和附负担（附义务）赠与的存在提供坚实的基础。如果赠与合同是实践合同，则条件成就以后，赠与人也可以拒绝交付，使赠与合同不生效；如果受赠人完成了所附义务，赠与人通过不移转财产否认赠与合同的效力，将使受赠人产生信赖利益的损失。

动机如何，不影响赠与的效力（2）

赠与的动机如何，既不会影响一般赠与的效力，也不会影响道德义务赠与、公益性质赠与和经公证赠与的效力。

有学者指出：人无偿给予财产，不一定仅限于利他的动机，也有可能是出于回报以前接受的利益、期望对方将来作出奉献、获得名誉或其他各种有对价的或利己的动机。但是，法律不管这些动机，只要契约内容是无偿的，就认定为赠与。[2]"例如有人当众以百金赠与一乞儿，故示人以慷慨，明知豪于外而吝于心，赠与终属有效。"[3]

---

[1]《民法典》第658条规定："赠与人在赠与财产的权利转移之前可以撤销赠与。经过公证的赠与合同或者依法不得撤销的具有救灾、扶贫、助残等公益、道德义务性质的赠与合同，不适用前款规定。"第660条规定："经过公证的赠与合同或者依法不得撤销的具有救灾、扶贫、助残等公益、道德义务性质的赠与合同，赠与人不交付赠与财产的，受赠人可以请求交付。依据前款规定应当交付的赠与财产因赠与人故意或者重大过失致使毁损、灭失的，赠与人应当承担赔偿责任。"

[2] 参见［日］我妻荣：《我妻荣民法讲义V₂：债权各论》（中卷一），徐进、李又又译，中国法制出版社2008年版，第3页。

[3] 梅仲协：《民法要义》，中国政法大学出版社1998年版，第363页。

为回报以前接受的利益而为赠与，不改变赠与的无偿性质。"过去的对价不是对价"。一位公司法务经常找我咨询，过节的时候送我一条大鱼表示感谢，这不是有偿合同，而是无偿合同。此种赠与应认定为道德义务性质的赠与，是不能任意撤销的赠与。

动机未作为法律事实的要件时，不发生效力。我经常说的一句话是："莫斯科不相信眼泪，民事法不相信动机。"

死因赠与（3）

死因赠与是指以赠与人先于受赠人死亡为条件的赠与。[1] 死因赠与是赠与人生前与受赠人订立的赠与合同，其实质是赠与合同以赠与人先行死亡为条件而发生给付效力。

一般认为，死因赠与是附条件赠与，实际上是附条件给付。也就是说，死因赠与是诺成合同，在赠与人死亡之前就生效（不完全效力）。正因如此，死因赠与的赠与人生前也可享有任意撤销权。

死因赠与不同于遗赠，遗赠是单方法律行为，以遗嘱的形式表现；死因赠与须双方达成合意，是双方法律行为，以合同的形式表现。死因赠与也不同于遗赠扶养协议，遗赠扶养协议是有偿合同，存在对价关系；死因赠与是无偿合同，无对价关系。

只要赠与人死亡，死因赠与就发生无偿给付的效力。但死因赠与也可以"特殊情况下的死亡"为停止条件，比如，赠与人在契约中声明："如果我在某次战役中战死，我即将此项财物赠你。"如果赠与人在这次战役中并未死亡，受赠人对赠与物就没有任何权利。[2] 赠与人在以后的战役中死亡时，原受赠人不得主张权利。

---

[1] 参见周枏：《罗马法原论》（下册），商务印书馆1994年版，第623页。
[2] 参见周枏：《罗马法原论》（下册），商务印书馆1994年版，第623页。

当死因赠与的赠与人死亡时，标的财产移转给受赠人。《民法典》第230条规定："因继承取得物权的，自继承开始时发生效力。"死因赠与的财产归属，应当参照此条确定。我的意思是，对死因赠与来说，赠与人死亡时，受赠与人同时取得赠与的财产，赠与人的继承人因而无任意撤销权。

为什么要赋予赠与人任意撤销权（4）

法律通常给予无偿合同债务人反悔权（毁约权）。"相较于订立有偿合同的情形而言，赠与合同的无偿性使赠与人可以方便地摆脱自己所受到的拘束。"[1]学者指出，有的赠与合同的订立，是因一时情感因素而欠于考虑，如果绝对不允许赠与人撤销，则对赠与人太过苛刻，也有失公允。[2]"欠考虑"并不是意思表示有瑕疵的表现，对赠与人的轻率行为进行救济，只是立法对赠与人的一种优惠政策。"赠与合同的立法建构中，一个基本的价值判断即出于保持双方利益平衡的考虑，需要对赠与人进行特别保护。"[3]任意撤销权就是对赠与人进行特别保护的一种法律措施。

规定赠与人的任意撤销权，也是为鼓励赠与这种助人为乐的行为。《公司法》规定了出资人的"量上有限责任"，[4]该优惠规定是为鼓励当事人出资。这种鼓励作用与任意撤销权的鼓励作

---

〔1〕 参见［德］迪特尔·梅迪库斯：《德国债法分论》，杜景林、卢谌译，法律出版社2007年版，第147页。

〔2〕 参见胡康生主编：《中华人民共和国合同法释义》，法律出版社1999年版，第280页。

〔3〕 易军、宁红丽：《合同法分则制度研究》，人民法院出版社2003年版，第152页。

〔4〕《公司法》第4条第1款规定："有限责任公司的股东以其认缴的出资额为限对公司承担责任；股份有限公司的股东以其认购的股份为限对公司承担责任。"有限责任公司的股东和股份有限公司的股东承担的都是"量上有限责任。"

用，在道理上是相通的。没有任意撤销权，赠与人在作出赠与决策时就会过于畏缩和犹豫，结果反而会减少赠与的数量。

赠与标的财产权利的移转与任意撤销权的行使（5）

> 题记：赠与人的任意撤销权可能是一个，也可能是两个以上。

赠与合同依法成立后，赠与人负有向受赠人移转财产权利的义务。有学者认为，赠与合同是移转财产所有权的合同，[1]但从《民法典》的规定来看，所有权以外的其他财产权利也可以作为赠与的标的财产。例如，技术秘密（因不是有体物、不具有独占性，不称为所有权）就可以赠与；再如，债权人可以把对第三人的债权作为赠与的标的财产。此处所言赠与是财产权利本体（本身）的移转，我国《民法典》规定的赠与不包括使用借贷等用益赠与。[2]任意撤销权的行使是在赠与的标的财产权利移转之前，[3]标的财产不同，权利移转方式自然不同，任意撤销权消灭的具体原因也就不同。

例如，一份赠与合同中包括房产、设备和专利技术三种财产的赠与，这些财产权利的移转有不同要求，三种财产的三个任意撤销权的消灭也不一样。这样的"一份"赠与合同，实际上有三个单一的法律关系，有三个给付，因而有三个任意撤销权，赠与人可以一并行使、分别行使，也可以先后行使。——这个片段为

---

〔1〕 参见余延满：《合同法原论》，武汉大学出版社1999年版，第596页。
〔2〕 用益赠与是用益价值的无偿移转，典型者如使用借贷，无形财产也可以用益赠与，如无偿的技术许可使用等。
〔3〕 形成权一般用除斥期间进行限制，但任意撤销权因移转财产而消灭，故无规定除斥期间的必要。

律师处理实务问题提供了实用的思路。

赠与人撤销权的客体（6）

> **题记**：赠与人的撤销权及民法上其他撤销权的客体，是意定法律事实（法律行为），法定法律事实不存在撤销的可能。法律事实与法律关系同时发生，撤销了法律事实，也就撤销了法律关系。

对合同有两种表述：第一种，合同是双方法律行为；第二种，合同是指合同法律关系。赠与人撤销的是双方法律行为，还是单方意思表示，抑或是赠与法律关系？对赠与来说，撤销法律行为与撤销法律关系并不矛盾，只是角度不同。从源头上说，当事人是通过撤销法律行为来撤销法律关系的。

赠与合同是双方法律行为，这是原因法律事实。双方法律行为是通过要约和承诺两个单方法律行为合成的，赠与人通过撤销自己的单方法律行为（在赠与合同中，赠与人可能是要约人，也可能是承诺人），而达到撤销双方法律行为的结果。撤销双方法律行为，使其效力溯及地消灭，作为结果法律事实的赠与法律关系当然不复存在。

权利尚未移转者，赠与人可以全部撤销；权利一部分已移转者，得就其未移转之部分撤销之。[1]部分撤销是通过变更法律事实而变更赠与合同，究其实质，是赠与人的一种单方变更权。例如，赠与的标的财产经常是物，赠与主物而通知受赠人不交付从物的，应认为是部分撤销。不得任意撤销的赠与合同，受赠人有

---

[1] 我国台湾地区"民法"第408条规定："赠与物之权利未移转前，赠与人得撤销其赠与。其一部已移转者，得就其未移转之部分撤销之……"上述规定是针对"赠与物"的，我国《民法典》上的赠与人任意撤销权并不受物的限制。

权请求交付从物。[1]

应当将赠与合同的撤销与要约的撤销相区分。撤销要约是撤销了单方行为，撤销赠与合同是撤销了双方行为。两种撤销适用的规则也不相同。[2]

具有公益性质和道德义务性质赠与的要约，及载明要办理公证的要约，均可撤销，而不受对赠与合同撤销的限制。

债权人保全撤销权与赠与人任意撤销权（7）

例：甲对乙有100万元的债权，乙除价值100万元的木材外，别无责任财产。乙就木材对丙为道德义务性质的赠与或为公益性质的赠与，或者经公证而预先放弃了任意撤销权。乙对丙的赠与不能任意撤销，但是甲可以请求法院撤销乙与丙的木材赠与合同，而不管赠与物是否交付。

债权人的保全权，包括债权人代位权和债权人撤销权。债权人撤销权与赠与人任意撤销权有很大区别，但也可能发生联系。

第一，债权人撤销权是形成诉权，赠与人任意撤销权是简单形成权。

第二，债权人撤销权的主体自然是债权人；在赠与中，任意

---

[1]《民法典》第320条规定："主物转让的，从物随主物转让，但是当事人另有约定的除外。"

[2]《民法典》第476条规定："要约可以撤销，但是有下列情形之一的除外：（一）要约人以确定承诺期限或者其他形式明示要约不可撤销；（二）受要约人有理由认为要约是不可撤销的，并已经为履行合同做了合理准备工作。"第477条规定："撤销要约的意思表示以对话方式作出的，该意思表示的内容应当在受要约人作出承诺之前为受要约人所知道；撤销要约的意思表示以非对话方式作出的，应当在受要约人作出承诺之前到达受要约人。"

撤销权人是赠与人，其是债务人。

第三，债权人撤销权是法律关系以外的第三人的撤销权，赠与人任意撤销权是法律关系当事人的撤销权。

第四，债权人撤销权的设定，是通过保全债务人的财产而保全债权人自己的财产；赠与人任意撤销权的设定是给予赠与人反悔权，并不属于财产保全制度。

第五，赠与人任意撤销权受合同性质限制，也受公证的限制；债权人的撤销权不受合同性质限制，对公益性质的赠与、道德义务性质的赠与和经过公证的赠与均可撤销。

赠与人法定任意撤销权与其法定事由撤销权的关系（8）

《民法典》第663条规定了赠与人的法定事由撤销权，[1]其产生的法律事实与赠与人任意撤销权产生的法律事实不同。任意撤销权也是法定的，伴随着合同成立而产生。法定事由撤销权，是在赠与合同成立之后，由于新的法律事实的出现而产生。[2]

问题的关键是，赠与人的法定任意撤销权与法定事由撤销权能否发生竞合？有学者认为，法定事由撤销权是在完成赠与行为之后产生的。[3]应当指出，法定事由撤销权虽多在完成赠与义务后发生，但在赠与标的财产的权利移转之前也可发生。例如，在赠与的房屋交付之后、办理过户登记之前，受赠人有重大忘恩负

---

[1]《民法典》第663条规定："受赠人有下列情形之一的，赠与人可以撤销赠与：（一）严重侵害赠与人或者赠与人近亲属的合法权益；（二）对赠与人有扶养义务而不履行；（三）不履行赠与合同约定的义务。赠与人的撤销权，自知道或者应当知道撤销事由之日起一年内行使。"

[2] 参见李锡鹤：《民法哲学论稿》（第二版），复旦大学出版社2009年版，第216页。

[3] 参见王洪亮：《赠与合同若干法律问题研究》，载王洪亮主编：《合同法难点、热点、疑点理论研究》，中国人民公安大学出版社2000年版，第354页。

义的行为，赠与人既有法定任意撤销权，也有法定事由撤销权。当事人可能更愿意行使法定事由撤销权，以占领道德制高点，但行使法定事由撤销权要承担举证义务。两种形成权都是简单形成权，通知对方即发生撤销的效果。

赠与人任意撤销权与可撤销合同之撤销权的关系（9）

可撤销合同之撤销权，是因为意思表示有瑕疵，该合同属于附撤销权的有效合同。[1]任意撤销权不考虑赠与人的意思表示是否有瑕疵。但是，赠与人的任意撤销权与因意思表示有瑕疵的合同撤销权有可能发生竞合。例如，受赠人以欺诈方式与赠与人成立赠与合同，[2]从理论上看，赠与人既享有任意撤销权，又享有因意思表示有瑕疵的合同撤销权（受害人撤销权）。

但是，任意撤销权是简单形成权，因意思表示有瑕疵的合同撤销权是形成诉权。

实务中，有的赠与人因不知道自己享有任意撤销权或其他原因，而以意思表示有瑕疵为由起诉，法院应当受理。原告一般是赠与人，但也有可能是受赠人。例如，赠与人因受赠人有残疾而答应赠与一辆代步机动车，在交付机动车之前发现受赠人是假装残疾骗取自己的赠与。赠与人有两种选择：其一，通知受赠人撤销赠与，这是行使任意撤销权的行为，受赠人可以道德义务性质的赠与不允许任意撤销为由而起诉，法院自应受理。其二，以自己意思表示有瑕疵为由请求撤销赠与。对以上情况，法院的审理

---

〔1〕 意思表示有瑕疵的合同，包括因重大误解而成立的合同、自始显失公平的合同、因欺诈而成立的合同、因胁迫而成立的合同。但赠与合同不能以显失公平为由进行撤销，因为显失公平的合同可撤销的是交易规则，赠与合同不是交易合同。

〔2〕 因欺诈而成立赠与合同，不包括受赠人被欺诈的情形，而只能是受赠人实施欺诈行为，如伪造残疾证明等。因欺诈成立的赠与合同多发生在道德义务性质赠与的场合。

仍有现实意义。若法院认定不构成意思表示有瑕疵而不允许撤销，赠与人的任意撤销权不被排斥，在诉讼以后仍可行使。

赠与人享有任意撤销权而以意思表示有瑕疵为由请求撤销赠与，法官是否有义务向赠与人阐明其享有任意撤销权？向赠与人阐明权利是有利有弊的：其一，意思表示有瑕疵的举证责任在原告，其主张未必能够成立，若其败诉，其仍可通知受赠人任意撤销，所以，法官向原告阐明法定权利，可以避免浪费司法资源。其二，向原告阐明其任意撤销权，就是让原告以通知的方式来撤销赠与，这样就使法官丧失了中间立场。再者，当事人不行使任意撤销权，而以意思表示有瑕疵为由主张撤销，还可能有另外的考虑（比如让被告口服心服，以免除道德上的压力，等等）。综合起来看，向原告阐明权利是弊大于利的。

赠与动产的观念交付（10）

赠与的标的财产很广泛，包括物和其他财产。物分为动产和不动产，这里谈谈赠与动产的观念交付。

1. 对于赠与动产的合同，由于动产的现实交付和观念交付，赠与人丧失任意撤销权（参见《民法典》第658条）。

2. 现实交付是移转占有的法律事实，观念交付只是双方法律行为的效果，并不移转占有。观念交付改变本权，而实际占有不变。

3. 观念交付包括简易交付、指示交付和占有改定。[1]

---

〔1〕《民法典》第226条就简易交付规定："动产物权设立和转让前，权利人已经占有该动产的，物权自民事法律行为生效时发生效力。"第227条就指示交付规定："动产物权设立和转让前，第三人占有该动产的，负有交付义务的人可以通过转让请求第三人返还原物的权利代替交付。"第228条就占有改定规定："动产物权转让时，当事人又约定由出让人继续占有该动产的，物权自该约定生效时发生效力。"

（1）简易交付。受赠人因租赁、借用、保管等原因实际占有赠与人的动产，在赠与人与其达成赠与合意时，该动产所有权移转，赠与人丧失任意撤销权。

（2）在指示交付的场合，标的物处于第三人占有之下。例如，甲就一台农用设备与乙签订赠与合同，但这台设备正由丙维修，处于丙的占有之下。甲与乙达成赠与合意时，该设备的所有权并没有移转给乙，在转让通知送达丙时才发生所有权的移转。因此，在转让通知送达之前，某甲可以任意撤销。

（3）赠与人在将赠与的动产交付之前，与受赠人约定由自己保管、借用、租用等，属于占有改定，占有改定导致受赠人取得动产所有权。

例：甲赠与乙一峰骆驼，乙要求牵走时，甲提出借用三天，乙同意。在甲与乙之间有两个交付，一个是赠与合同的交付，一个是借用合同的交付，两个交付都是观念交付中的占有改定。[1]占有改定之"改"，是指本权发生改变。赠与人甲的本权从所有权（自物权）改为借用人的债权。

简易交付、指示交付与占有改定一样，也发生了移转本权的效果，故致赠与人丧失任意撤销权。

"赠与欠条"或"情侣欠条"不构成观念交付（11）

有学者认为，所谓"赠与欠条"是指一方基于感情，承诺给另一方财物，但迫于经济状况等局限，没有实际交付，而是写一张欠条作为凭证。如果赠与不侵犯他人财产权，也不存在可撤销的情

---

〔1〕 关于占有改定包括的两个观念交付，参见隋彭生：《论以占有改定设立动产质权——与通说商榷》，载《法学杂志》2009年第12期。

形,应认定赠与人通过出具欠条,实现了赠与财产的观念交付。[1]情侣之间的"赠与欠条"又称为"情侣欠条"。

我认为,"赠与欠条"不构成财产权利的移转,也是以观念交付的方式实现了财产权利的移转,而只能表明赠与人自己的债务。赠与的观念交付是不移转实际占有而移转本权的行为。"赠与欠条"不发生移转本权的效果,只是为受赠人设立了一个债权。以货币的"赠与欠条"为例,由于货币"占有与所有同一"的特性,本权与占有不能分离,只写欠条并不能发生货币本权的移转。"赠与欠条"的出具不是财产权利的移转,赠与人仍保有任意撤销权。

例:张甲想给情人李乙10万元,但又没有这笔钱,就在3月1日给李乙写了一张欠条,言明:"欠李乙人民币10万元"。这表明张甲以后要给李乙10万元。对此案有两个问题要注意:其一,在3月1日,双方的赠与合同已经成立并生效,并不是在实际给钱的时候成立、生效,但当事人之间不发生观念交付的效果。在实际给钱之前,如果符合条件,张甲可以任意撤销。其二,张甲是否有权撤销,要着重考察是否构成道德义务性质的赠与(道德义务性质的赠与,赠与人没有任意撤销权)。"赠与欠条"或"情侣欠条"的情况比较复杂,不可一概而论。

以占有改定排除赠与人的任意撤销权(12)

例:甲曾多次向乙咨询法律事务,为表示感谢,打电话对乙

---

[1] 参见马瑞杰、王延平:《情侣欠条的效力认定》,载《人民法院报》2011年9月22日,第7版。

说,"我购得一条鱼王想送给你",还把鱼王的照片发给乙。乙看了鱼王的"玉照"后,回电话表示接受赠与。乙说,"我要去云南出差,你帮我保管三天吧",甲同意。乙出差回来,要甲交付鱼王,但甲已经将该鱼王出卖给丙,已经对丙交付。甲依据《民法典》第658条的规定,通知乙撤销赠与合同。有人认为,甲多次向乙咨询法律事务,因而"送鱼"的合同是双务、有偿合同,甲没有赠与合同的任意撤销权。

1. 甲曾多次向乙咨询法律事务,为表示感谢,要送乙一条鱼王。"过去的对价不是对价","感谢"只是动机,因而双方成立赠与合同(单务、无偿合同),不成立双务、有偿合同。

2. 《民法典》第658条规定:"赠与人在赠与财产的权利转移之前可以撤销赠与。经过公证的赠与合同或者依法不得撤销的具有救灾、扶贫、助残等公益、道德义务性质的赠与合同,不适用前款规定。"赠与人的任意撤销权是在"赠与财产的权利转移之前"。

3. 《民法典》第228条对占有改定作出规定:"动产物权转让时,当事人又约定由出让人继续占有该动产的,物权自该约定生效时发生效力。"在占有改定的场合,必有两个合同,一个是转让合同(买卖、赠与等),一个是保管、租赁、借用、委托、质押等合同。占有改定避免了两个合同的反复现实交付,而同时实现了两个合同的两个观念交付。

4. 甲将鱼王赠与给乙,在交付之前,双方又成立保管合同。这里有两个占有改定方式的交付,一个是赠与合同占有改定方式的交付,一个是保管合同占有改定方式的交付。由于占有改定方式的交付,鱼王的所有权已经移转给乙,甲已经丧失任意撤销权。

就被继承人债务的清偿达成合意，是否构成道德义务性质的赠与？（13）

例：张某生命之灯将枯，吟陈后主诗："此处不留人，自有留人处。"张某去往另一世界之后，债权人王某要求张某的继承人李某还债 100 万元。经王某与李某核实，张某唯一的遗产是一套价值 20 万元的纪念邮票，由李某继承。债权人王某与继承人李某达成协议，约定李某偿还 100 万元。

《民法典》第 1161 条规定："继承人以所得遗产实际价值为限清偿被继承人依法应当缴纳的税款和债务。超过遗产实际价值部分，继承人自愿偿还的不在此限。继承人放弃继承的，对被继承人依法应当缴纳的税款和债务可以不负清偿责任。"

继承人以继承的遗产为限对被继承人的债务承担责任（有限责任）。超过继承财产的债务，继承人没有偿还的法定义务，也不属于自然之债。继承人放弃继承的，对被继承人的债务也没有清偿的义务。

在没有 80 万元义务的前提下，继承人李某与被继承人的债权人王某达成合意，由李某偿还被继承人 100 万元的债务，其中 80 万元在性质上应为道德义务性质的赠与，不能任意撤销。在成立合意之后，李某也不能以自然之债为由而拒绝履行。赠与之债是法律关系，自然之债虽为生活关系，但并非法律关系。

夫妻之间的赠与（14）

题记：须注意的是，亲朋好友之间常见的赠与，往往是道德义务性质的赠与，而道德义务性质的赠与是不得任意撤销的一项独立的事由。

依据《民法典》第 1065 条的规定，男女双方可以将"婚前财产"约定为共同所有。[1]这种约定可以是婚前的约定，也可以是婚后的约定。

男女双方将一方的婚前财产约定为双方共有的，是赠与行为，婚姻关系（身份关系）只是赠与关系的基础法律关系，并不能取代或消灭赠与的效力。婚前和婚内赠与应当适用《民法典》的规定，包括适用有关任意撤销权的规定。

1. 婚前约定一方的财产归夫妻共有，是以结婚为生效条件的。条件成就后，转化为道德义务性质的赠与。

2. 婚后（夫妻之间）的赠与是否属于道德义务性质的赠与？如果是道德义务性质的赠与，就不能任意撤销。

夫妻之间的赠与，可能是道德义务性质的赠与，也可能不是。亲属（含夫妻）之间为扶养给付的赠与属于道德义务性质的赠与。例如，丈夫王某考虑到妻子赵某没有工作，自己撒手西去之后其生活可能会发生困难，就与妻子就房屋或其他财产订立赠与合同，这种赠与就是道德义务性质的赠与。如果没有这类情节，只是为了讨好，就不是道德义务性质的赠与。

对子女的赠与是否构成道德义务性质的赠与？（15）

对未成年子女的赠与多为道德义务性质的赠与。对成年子女的赠与也可以是道德义务性质的赠与。

---

[1]《民法典》第 1065 条第 1 款规定："男女双方可以约定婚姻关系存续期间所得的财产以及婚前财产归各自所有、共同所有或者部分各自所有、部分共同所有。约定应当采用书面形式。没有约定或者约定不明确的，适用本法第一千零六十二条、第一千零六十三条的规定。"第 2 款规定："夫妻对婚姻关系存续期间所得的财产以及婚前财产的约定，对双方具有法律约束力。"

例：张某（男）与李某（女）在"离婚协议书"中约定："孩子张小某已经成年，即将大学本科毕业，如果去英国留学，男方负责30万元的学费和生活费。"二人离婚后不久，张小某考上英国某大学，攻读硕士学位，李某和张小某要求张某支付30万元。张某称，张小某已经年满18周岁，自己已经没有法定的抚养义务，故拒绝支付。

张某与李某的"离婚协议书"是"混血儿契约"，它包含解除身份关系的约定（身份合同），也包含债的约定（债权合同）。此债的约定就是对第三人（张小某）的赠与（涉他合同），张小某是受益人。这个赠与是道德义务性质的赠与，张某没有任意撤销权，应当向张小某支付30万元。

对儿媳的赠与是否构成道德义务性质的赠与？（16）

例：甲赠与儿媳一套房屋，一直未办理过户手续。甲之子死后，甲撤销赠与，理由是儿媳闪电改嫁。儿媳的律师说，这种撤销理由是违法的，因为亲属之间的赠与为道德义务性质的赠与。

亲属之间的赠与经常构成道德义务性质的赠与，但亲属关系本身并不是构成道德义务性质赠与的条件，或者说亲属之间的赠与也不必然是道德义务性质的赠与。从本案的已知条件看，甲赠与儿媳一套房屋不构成道德义务性质的赠与（没有道德上给付的理由），甲有任意撤销权。甲行使任意撤销权并不需要理由，其撤销通知送达儿媳即发生撤销效果。

继承人如何撤销被继承人赠与情人的房产（17）

例：甲（男）与情人乙（女）签订了一份赠与合同，将个人所有的一所房屋赠与乙。甲病发而亡时，房屋已经交付给乙使用一年，尚未办理过户手续。甲之妻丙想要收回房屋，有两种选择。

第一种选择，是丙起诉乙，主张赠与合同无效，因为将财产赠与情人，违反了善良风俗。违反公序良俗的合同无效，良俗就是善良风俗。但是打起官司来很麻烦，因为丙要证明乙是甲的情人。况且，对情人的赠与，各地判决不一，有的按有效处理，有的按无效处理。

第二种选择，是丙依照《民法典》第658条的规定，通知乙撤销赠与合同，因为被继承人甲死亡，第一顺序继承人丙成为赠与法律关系中的赠与人（债务人），乙仍为受赠人（债权人）。

《民法典》第658条规定的撤销权，称为法定任意撤销权。所谓"法定"，是指法律有直接规定；所谓"任意"，是指不需要任何理由。该撤销权是简单形成权、消灭形成权、法定形成权，行使的方式是通知。

依照法条和理论，丙操作的程序是通知乙撤销合同，并依《民法典》的规定请求返还原物。[1]此请求返还原物（房屋），是返还占有，不是返还所有。实践中，当事人不习惯通知撤销，而是起诉要求撤销并返还。

---

[1]《民法典》第235条规定："无权占有不动产或者动产的，权利人可以请求返还原物。"

经过公证的赠与（18）

1. 推定赠与人放弃任意撤销权。任意撤销权是一种法定的反悔权、毁约权。推定赠与人放弃任意撤销权，是指赠与人未就放弃作出明示，但对其行为进行真意解释，推定其有放弃任意撤销权的意思。在受赠人方面，由于赠与人具有特殊意义的行为，受赠人产生了特殊利益，这种特殊利益也是值得法律特别保护的。

推定赠与人放弃任意撤销权的情形，包括公证、设立担保、约定违约金等。

2. 经过公证的赠与，推定赠与人放弃任意撤销权。

（1）有学者认为："经公证的赠与合同是诺成合同，完成赠与公证程序时赠与合同成立。"[1]其实，赠与合同本身就是诺成合同，赠与法律关系在达成合意时成立，而不是在公证时成立。

例：甲在1月1日与乙订立赠与合同，约定一周后去办理公证。在办理公证前，甲可以对已经成立的赠与合同行使任意撤销权。

对赠与合同进行公证，只是赋予其特殊效力，而不是成立合同。从赠与人方面看，经过公证的赠与，是其经过深思熟虑、周密思考的赠与，[2]不必再给予其犹豫期，应当认为赠与人预先放弃了反悔权，因此赠与人不得任意撤销。

---

[1] 河山、肖水：《合同法概要》，中国标准出版社1999年版，第178页。
[2] "允诺一般是为了得到某种回报而作出的'平等交换契约'。一个人允诺去做某事而根本不图回报是不正常的，所以法学家立即会问自己，一种如此利他的行为是否可能是真正完全自愿的或者经过深思熟虑引起法律义务的行为。"见［德］海因·克茨：《欧洲合同法》（上卷），周忠海、李居迁、宫立云译，法律出版社2001年版，第81页。

当事人仅仅订立书面赠与合同，尚未依约办理公证，并不影响任意撤销权的成立。

（2）对经过公证的赠与，能否如同经公证撤销遗嘱一样，再次经过公证撤销？——不存在再次公证撤销的问题，因为对赠与合同的公证是对双方法律行为的公证，而对遗嘱的公证是对单方法律行为的公证。单方法律行为人可以单方去公证，而双方法律行为的再次公证，需要双方取得一致意见。如果双方就不履行赠与合同取得一致意见，就没有必要再去公证了。

赠与人死亡，继承人可否撤销赠与（19）

有时赠与人尚未将财产权利移转给受赠人即死亡，此时的问题就是赠与人的继承人有无任意撤销权。

此种情况发生债务的法定承受，赠与合同并不终止，只是继承人成为新的赠与人，可根据《民法典》第658条行使任意撤销权（包括对房屋赠与的撤销）。[1] 除此之外，因受赠人的违法行为致使赠与人死亡后，其继承人还可享有法定事由撤销权，[2] 它不同于继承人的任意撤销权。它们的区别是：

1. 继承人的任意撤销权是新赠与人的任意撤销权，在其没有赠与人的身份时，可行使法定事由撤销权。因受赠人的违法行为

---

[1] 从法理上看，定期赠与不发生继承人的法定承受。我国台湾地区"民法"第415条规定："定期给付之赠与，因赠与人或受赠人之死亡，失其效力。但赠与人有反对之意思表示者，不在此限。"我国《民法典》未规定定期赠与。

[2] 《民法典》第664条规定："因受赠人的违法行为致使赠与人死亡或者丧失民事行为能力的，赠与人的继承人或者法定代理人可以撤销赠与。赠与人的继承人或者法定代理人的撤销权，自知道或者应当知道撤销事由之日起六个月内行使。"我国台湾地区"民法"第417条规定："受赠人因故意不法之行为，致赠与人死亡或妨碍其为赠与之撤销者，赠与人之继承人，得撤销其赠与。但其撤销权自知有撤销原因之时起，六个月间不行使而消灭。"

致使赠与人死亡，当然要由继承人行使撤销权。

2. 继承人的任意撤销权仍然要受权利未移转的限制（只能在权利移转前撤销），而法定事由撤销权并不受此限制。

3. 继承人的任意撤销权要受《民法典》第658条第2款的3项限制（经过公证、公益和道德义务性质的赠与），而法定事由撤销权并无这样的限制。

受赠人死亡与任意撤销权（20）

道德义务性质的赠与，受赠人和受益人合一，是特定人。受赠人死亡，应认定为道德义务不复存在，赠与人有任意撤销权；分期给付的赠与合同随死亡而终止，终止以后，任意撤销权自然消灭。

例1：甲赠与乙房产，在办理产权变更登记之前乙死亡，甲通知乙的继承人撤销赠与，乙的继承人不得以道德义务性质的赠与不得撤销为由请求继承该房产赠与合同的债权。

例2：张某见李某生病，无钱治疗，就答应分期送给李某10万元医疗费，在交付5万元后李某死亡，赠与合同终止，受赠人的继承人不能承受赠与合同的债权，即被继承人的5万元债权不存在继承的问题。

赠与合同撤销后自始失去效力（21）

赠与合同成立之后，赠与人向受赠人发出撤销通知（行使任意撤销权），是行使形成权的单方法律行为，该撤销通知（单方法律行为）在送达受赠人时生效。

撤销通知作为单方法律行为的效力，是使赠与合同这个双方法律行为自始失去效力。也就是说，撤销赠与合同的单方法律行为的生效时点,与双方法律行为(赠与合同)失去效力的时点并不相同。

例:赠与合同在3月1日成立,赠与人发出的撤销通知在4月1日送达。撤销通知在4月1日生效,赠与合同自3月1日起失去效力。

因任意撤销权是赠与人的法定反悔权(毁约权),所以撤销赠与合同并不承担违约责任。但撤销者有过错的,应当承担相应责任。

学者认为,如受赠人为接受赠与而花费了租赁场地、交通食宿等费用,其有权要求赠与人赔偿其所受损失。[1]这种观点是正确的。

赠与合同撤销后用益价值的保留(22)

赠与的标的财产经常是物,但也可以是物以外的财产。任意撤销,是在赠与的标的财产权利移转之前。在权利移转给受赠人之前,受赠人对赠与的财产可能已经占有或者准占有,享有了使用权、收益权,即构成了用益债权。

就不动产的赠与而言,占有的移转与所有权的移转通常有时间间隔。

例:甲将一套房屋赠与儿子、儿媳,交付以后,办理过户手续之前,儿子去世,儿媳改嫁。因所有权并未移转,甲有权对前儿媳行使任意撤销权,[2]并行使房屋的占有回复请求权。房屋交

---

[1] 参见王德山:《论赠与人的责任》,载《政法论坛》2000年第5期。
[2] 可能有人认为对儿子、儿媳的赠与属于具有道德义务性质的赠与,赠与人无任意撤销权。道德义务性质的赠与应依一般社会观念认定,本案赠与人与前儿媳亲情已了,行使任意撤销权不应认为是违反道德义务的。

付之后，占有回复之前，儿媳享有的居住权是债权性的，是用益债权，具体表现为使用利益。甲撤销赠与后，不得以不当得利为由要求返还使用费。

对赠与合同，如果交付与产权移转是两个阶段（交付与产权移转分离）的话，应当解释为赠与人（债务人）有两种给付：一种是持续性给付（使受赠人享有用益债权），一种是一次性给付（使产权移转）。赠与人的任意撤销，应当认为是撤销其中的一次性给付，并使持续性给付终止。依照诚信原则，不应认为是自始撤销持续性给付。诚信原则有认定一般社会观念效力的功能，一般社会观念不认为任意撤销后受赠与人有返还不当得利的义务。而且，任意撤销后要求返还不当得利，会使受赠与人支付类似租金的费用，有强加于人之嫌。

从法律关系论的角度看，在受赠人享有使用利益的场合，赠与人与受赠人之间有两个法律关系，一个是移转权利本体的法律关系，一个是移转用益价值的用益法律关系。赠与人任意撤销权的行使，使赠与合同从成立时失去效力，但这应当限于给付财产本体的法律关系。用益法律关系是继续性法律关系，对享有用益债权的受赠人，其用益债权应自撤销通知送达之日起失去效力，这样，其依然可以保有已经发生的用益利益，即赠与人的给付中属于用益的部分，按"用益赠与"处理，赠与人不得以不当得利为由要求返还。这与买卖合同有明显的不同，因为买卖合同的出卖人从未有让他人无偿使用的意思，而赠与人曾有赠与（无偿转让财产）的意思。

在赠与专利技术的场合，受赠人由于准占有而有所收益的，不应认为赠与人在行使任意撤销权后享有请求返还不当得利的权利。

债务免除与任意撤销权（23）

例：当事人之间成立买卖合同，出卖人先交付了1万元的货物，之后出卖人通知买受人免除其1万元货款的债务。

1. 买卖合同是双务合同，在当事人之间有两个单一法律关系：第一个是出卖人为给付的单一法律关系，第二个是买受人为给付的单一法律关系。
2. 出卖人通知买受人免除债务，是第二个单一法律关系债务的免除。第一个单一法律关系因失去对价，转化为赠与法律关系，即已经交付的货物转化为赠与物。因标的财产已经移转，赠与人自不得撤销。
3. 出卖人转化为赠与人，其责任是否会有变化？应当有变化，即在瑕疵担保义务上应有变化。当然，为规避法律的免除应另当别论。
4. 有偿和无偿的消费借贷，都可以免除相对人的债务。例如，有偿的消费借贷免除利息债务、免除返还原本的债务或者本息全部免除，贷与人的给付部分或全部转化为赠与。对无偿的消费借贷免除债务，是免除原本的返还义务，原给付转化为赠与。在免除的场合，因标的物已经交付，赠与人没有任意撤销权。

附生效条件的赠与能否任意撤销？（24）

附生效条件（停止条件）的赠与能否任意撤销，法律没有规定。在条件成就之前和成就之后构成道德义务性质赠与的，不得任意撤销，反之可以任意撤销。不能认为赠与合同成立时不是道德义务性质的赠与，就永远不是道德义务性质的赠与。条件成就是新的法律事实出现，自然产生新的法律关系。

赠与附偶成条件，在条件成就之前，受赠人的期待权与不附偶成条件的赠与没有什么两样。因此，赠与人的任意撤销权不因仅仅约定赠与附条件而丧失。在偶成条件成就以后，受赠人的期待权已经得到了加强，而且，条件成就，赠与人的动机可以得到满足，[1]这就有可能构成道德义务性质的赠与。

例：甲与乙约定，如果3个月内发生地震，甲就送给乙10顶帐篷。如果条件成就，受赠人的特定需求也就形成了。由于对赠与的期待，受赠人可能就不去准备帐篷，而如果没有赠与，其可能就会自己做准备。也就是说，由于条件成就，产生了赠与人的道德义务，其也就丧失了任意撤销权。

附负担的赠与，赠与人是否有任意撤销权？（25）

所附负担（义务）不一定是在赠与人履行义务之后履行，也有受赠人先履行的情况。[2]如果赠与合同约定受赠人先履行义务，则若受赠人未履行，赠与人可行使抗辩权，也可请求受赠人履行义务，或撤销其赠与（法定事由撤销权）；若受赠人已经履行了义务，一般情况下应认为已经构成不可撤销的赠与，即应认为赠与人的任意撤销权已经丧失。

对附负担的赠与，若是约定赠与人先履行，其在履行前也享有任意撤销权，此种情况下，行使任意撤销权一般不会造成受赠人的损失。

---

〔1〕 动机一般不是意定法律事实的要件，但附停止条件（生效条件）可反映当事人的动机，或者使当事人的动机得到满足。

〔2〕 参见［日］我妻荣：《我妻荣民法讲义 V_2：债权各论》（中卷一），徐进、李又又译，中国法制出版社2008年版，第15页。

赠与人通知受赠人抵销的情形（26）

赠与人有时以抵销的方式实现赠与财产的移转。[1]

例：债务人张某欠债权人李某1万元，李某催还该1万元借款的时候得知张某夫人产一子，于是道："你还我8000元吧，那2000元算是我的贺礼。"张某表示感谢，后归还8000元。

李某是赠与2000元，不是免除2000元的债务。李某让张某只还8000元，包含抵销2000元债务（贺礼）的意思表示。赠与人抵销了2000元，即已经履行了赠与2000元贺礼的债务。

2000元贺礼是否属于道德义务性质的赠与会有争议，但抵销的事实非常明显，赠与人对这2000元自不可再行使任意撤销权。

抵销权是简单形成权，抵销的通知在送达时生效。如果债权人李某对债务人张某说，"欠我1万元，还我8000就行了"，就是债务的部分免除。免除是单方法律行为，通过合意（双方法律行为）免除亦常见。

顺便指出，免除没有撤销制度。免除他人债务应当慎重。

债权赠与与赠与人的任意撤销权（27）

1. 债权赠与在通知债务人后发生债权移转。转让债权的合同是诺成合同，无偿转让债权的合同是赠与合同之一种。债权赠与

---

[1]《民法典》第568条规定："当事人互负债务，该债务的标的物种类、品质相同的，任何一方可以将自己的债务与对方的到期债务抵销；但是，根据债务性质、按照当事人约定或者依照法律规定不得抵销的除外。当事人主张抵销的，应当通知对方。通知自到达对方时生效。抵销不得附条件或者附期限。"

以通知债务人为权利移转的要件,〔1〕即在债权让与通知送达债务人后,赠与人的任意撤销权消灭。

2. 证券化债权的转让,并不需要转让通知。证券,是格式化的书面凭证。证券化债权具有高度的流通性,根据其性质及为节约成本,其转让不需要通知。比如,张某有一张电影票(证券),转让给李某,并不需要通知放映公司(债务人),持票者即为债权人。

具体到赠与也是这样,代表债权的证券交付,受赠与人凭证券即可受领财产的,应认为债权已经移转给受赠人,赠与人丧失任意撤销权。

3. 存款单、存折是对银行的债权凭证,也是一种证券,受让人仅持有存款单、存折而不能受领存款的,不应认为完成了债权的移转。

例:刘某与张某于2004年经人介绍相识,建立恋爱关系。在结婚前,张某将一张5000元定期存折交给刘某,说是将这笔钱赠与刘某,刘某也欣然接收。存折上存款人的姓名是张某,当时,张某没有告诉刘某这张存折的密码。不久,二人便进行了结婚登记,举办了结婚典礼。婚后刘某始终没有支取这笔钱。结婚几个月后,双方的感情便出现裂痕,原告刘某向法院起诉与被告张某离婚,并要求将存折中的5000元判归原告所有。法院判决本案赠与合同没有履行,被告有权撤销。

张某与刘某之间的合同是债权赠与合同,在债权移转之前,赠与人张某有任意撤销权。

---

〔1〕《民法典》第546条规定:"债权人转让债权,未通知债务人的,该转让对债务人不发生效力。债权转让的通知不得撤销,但是经受让人同意的除外。"

第十节　保管合同、中介合同

保管合同实践性解说（1）

保管合同原则上是实践合同。《民法典》第890条规定："保管合同自保管物交付时成立，但是当事人另有约定的除外。"仅有保管人和寄存人的合意，保管合同尚不能成立，须有标的物交付的法律事实，合同才成立。交付是指交付占有。

在交付前，当事人之间关于保管的合意，为保管预约。无保管预约，也可成立保管合同。

保管合同被当事人特约为诺成合同，自无问题，就像当事人可以把实践合同约定为诺成合同一样。有的当事人特约保管合同签字、盖章时成立，自当允许。

保管合同自成立时生效，成立与生效在同一个时间点上。例如，旅客将行李交付火车站寄存处寄存，保管合同成立时同时生效，保管人接受保管物后即产生保管责任。其他实践合同，如定金合同、两个自然人之间的借款合同，成立与生效也在同一个时间点上。

例：孙某驾驶汽车进入"海内旅店"的院内，按院内的"收费停车场"的箭头指示牌进入收费停车场，将车停放之后，到旅店办理住宿手续。第二天早上，孙某到停车场，发现汽车已经丢失。孙某向法院提起诉讼，要求旅店赔偿。法院判决旅店赔偿9万元。后此案由检察院提起抗诉，抗诉的理由是：其一，旅店所设的收费停车场管理人员不在场，双方之间的合同并未成立；其二，孙某没有交费。

孙某与旅店就汽车成立了保管合同。保管合同是实践合同，一是双方意思表示要取得一致，二是标的物要交付。孙某是按旅店的箭头指示牌进入收费停车场的，尽管旅店的管理人员当时不在现场，但双方仍有意思表示，而且取得了合意。旅店的箭头指示牌上书"收费停车场"，构成要约（不宜认定为要约邀请），是书面意思表示，孙某开车进场停放，是以行为承诺。当事人成立保管合同前，没有预约。

孙某将汽车开进旅店院内的停车场泊放（交付占有），旅店即产生保管责任，因为保管合同成立时生效，是否交费并不影响保管合同的成立和生效。

孙某与旅店之间成立的是有偿保管合同，如果停车场注明是"免费停车场"，仍应视为有偿保管合同，因为保管费用已经计入住宿费之中了。

综上，旅店应当承担赔偿责任。

消费保管合同（2）

例：张先生让李先生为自己保管1万元现金，交付后，双方法律关系如何？

1. 双方的消费保管合同又称为消费寄托合同，是以消费物（消耗物）为保管物的合同。

2. 《民法典》规定了消费保管合同。[1]消费保管合同与其他保管合同一样，是实践合同。保管合同在交付标的物时成立，交付之前的保管约定，在性质上属于预约。

---

〔1〕《民法典》第901条规定："保管人保管货币的，可以返还相同种类、数量的货币；保管其他可替代物的，可以按照约定返还相同种类、品质、数量的物品。"

3. 消费物是种类物、可替代物的一种。保管的消费物包括货币和其他消费物。对货币，交付后保管人取得所有权，届期可以替代物返还，比如李先生可以花掉这1万元。货币以外的消费物，须有"专门约定"，才能替代返还。货币与其他消费物区别对待，考虑到了货币"占有与所有同一"的特性。

4. 有学者认为，成立消费保管之后，寄存人只享有债权性返还请求权。[1] 在我国《民法典》中，货币交付给保管人之后，寄存人请求返还的权利是债权请求权。对其他消费物如无专门约定，不能替代返还，即交付后所有权不移转给保管人（此点与买卖、赠与等移转所有权的合同不同），寄存人享有的是物权请求权。如双方约定可以返还替代物，应认为交付使寄存物所有权移转给保管人。

媒介中介的双重法律关系（3）

《民法典》第961条规定："中介合同是中介人向委托人报告订立合同的机会或者提供订立合同的媒介服务，委托人支付报酬的合同。"中介人也称为居间人，是经纪人的一种。中介人的报酬也称为中介费、居间费、佣金。中介合同分为报告中介（也称为指示居间）和媒介中介。

报告中介是一个合同法律关系，媒介中介可以包含两个合同法律关系。委托人与中介人就媒介中介达成合意时，成立了一个合同法律关系。在第三人同意中介人斡旋时，就产生了以中介人为连接点的中介合同法律关系，即构成了媒介中介的双重法律关系。第三人接受斡旋并没有什么风险，因为居间成功才支付报

---

[1] 参见［日］我妻荣：《我妻荣民法讲义 V_3：债权各论》（中卷二），周江洪译，中国法制出版社2008年版，第195页。

酬。第三人可以默示方式与中介人成立合同。

在第三人同意媒介中介的情况下，必为两个中介合同法律关系，中介人必为双重中介人。媒介中介之双重中介（一手托两家）的特性，不能被特别约定所排除，因为排除之后，中介任务是无法完成的。再者，中介人是以自己的名义在委托人和第三人（第一委托人和第二委托人）之间斡旋，不会与双方代理发生混同，即双重中介不产生双方代理的后果。

中介人可以同时为代理人，也可以兼为担保人，这不会伤害到中介的性质，也不影响双重中介。实务中，媒介中介人经常在两个委托人之间的买卖合同上签字，但由于合同的相对性，其不是买卖合同的当事人，买卖合同也不包括在中介合同之中。

媒介中介人可以从双方（两个中介合同的委托人）取得报酬，[1]之所以如此，是因为其完成了两个中介合同的给付。但根据合同自由原则，当事人可以另行作出约定。实务中，中介人往往只向一方委托人收取佣金。在双重中介中，中介人对双方均有忠实义务。[2]

---

[1]《民法典》第963条规定："中介人促成合同成立的，委托人应当按照约定支付报酬。对中介人的报酬没有约定或者约定不明确，依据本法第五百一十条的规定仍不能确定的，根据中介人的劳务合理确定。因中介人提供订立合同的媒介服务而促成合同成立的，由该合同的当事人平均负担中介人的报酬。中介人促成合同成立的，中介活动的费用，由中介人负担。"

[2]《民法典》第962条规定："中介人应当就有关订立合同的事项向委托人如实报告。中介人故意隐瞒与订立合同有关的重要事实或者提供虚假情况，损害委托人利益的，不得请求支付报酬并应当承担赔偿责任。"

第十一节 和解协议

最常见的无名合同（1）

回忆一下，你作为律师，是否多次代当事人起草和解协议？

1. 和解协议是最常见的无名合同。法律对常见的合同赋予特定名称，并设定具体规则，这些合同就是有名合同（典型合同）。

2. 和解协议，是当事人约定互相让步，以终止争议或防止争议发生的合同。[1] 和解的客体是法律关系，[2] 该法律关系是已经存在的法律关系，学者多称为基础法律关系。和解是当事人通过协商解决彼此之间的争议。因和解形成的合同，是诺成合同，自依法成立时起对当事人具有法律约束力。因双方互为让步，和解协议又为双务合同。和解协议还是不要式合同。亦有学者认为和解协议是有偿合同："和解为双务契约及有偿契约。在和解当事人双方互相让步，即双方互负有为给付之债务，其应为给付之债务，相互的为对价，故为双务及有偿契约。因其为有偿契约，应准用关于买卖之规定。"[3]

3. 有学者指出，和解具有创设效力，和解成立后，不得就和解前之法律关系，再行主张。例如，和解内容以他种法律关系替代原有法律关系者，不得再依原有法律关系请求给付。[4] 值得注

---

〔1〕 我国台湾地区"民法"第736条规定："称和解者，谓当事人约定，互相让步，以终止争执或防止争执发生之契约。"

〔2〕 参见黄立主编：《民法债编各论》（下），中国政法大学出版社2003年版，第831页。

〔3〕 史尚宽：《债法各论》，中国政法大学出版社2000年版，第857页。

〔4〕 参见杨与龄编著：《民法概要》（债编及亲属编再修正），中国政法大学出版社2002年版，第252、253页。

意的是，和解协议经常是附生效条件的和附解除条件的，当和解协议未生效或者被解除时，当然可以主张原法律关系的给付。

和解协议由于是互相让步成立的合同，在一方不履行合同时，一般而言，被违约人更愿意履行原法律关系。但也不免对和解协议产生特殊需要，例如，和解协议约定给付一所房屋，被违约人对进驻这所房屋也有了一些准备。

4. 和解协议与其他合同一样，可以"双附"，即可以在一份合同中既附生效条件，又附解除条件。当条件成就，合同生效后，又出现解除条件时，合同失去效力。法律关系本来就是不断运动着的。

5. 协商和解是当事人以自治的方式解决争议的途径，这种方式成本比较低，但《民法典》并未对其作出具体、明确的规定，这是一大遗憾。

和解协议中，被违约人的抉择（2）

例：甲欠乙2万元保管费，乙催要，甲要求以自己的一匹小赛马驹抵债（要约），乙同意（承诺）。甲、乙之间成立以物抵债协议，该合同是一个和解协议，是有偿合同，是新的法律关系。甲不履行和解协议时，被违约人乙是请求原法律关系（保管合同）的给付，还是请求和解协议的给付？

本案甲对和解协议（以物抵债协议）构成重大违约，被违约人乙实际处于可以选择的地位，他可以请求履行和解协议，也可以解除和解协议，要求履行原法律关系。《合同编通则解释》第27条第2款规定："债务人或者第三人履行以物抵债协议后，人民法院应当认定相应的原债务同时消灭；债务人或者第三人未按照约定履行以物抵债协议，经催告后在合理期限内仍不履行，债权人选择请求履行原债务或者以物抵债协议的，人民法院应予支持，但是法律另有规定或者当事人另有约定的除外。"

双方在判决确定的法律关系的基础上达成的和解协议，一方不履行的，另一方可依和解协议起诉，请求判决并执行。

和解协议确定的赔偿额高了，能否撤销（3）

例：甲被乙撞伤，双方达成赔偿协议（和解协议），约定："乙赔偿甲5万元，甲不可再就此事纠缠不休。"后乙听医院里的朋友说，这种伤治疗起来顶多1万元就可以了。乙请教律师丙，问可不可以反悔，丙说不可以，但告诉乙："你要是有甲伪造医疗凭证，故意提高治疗费用的证据，可以请求人民法院撤销这个协议。"问题：①丙的判断是否正确？依据何在？②如果甲撇开赔偿协议又起诉乙侵权，乙应如何应对？

1. 乙撞伤了甲，甲因此对乙享有侵权之债的债权，甲、乙的赔偿协议事实上就是处分这个法定债权，故是财产关系，适用《民法典》，不可以反悔。既然适用《民法典》，则：如果甲伪造医疗凭证，故意提高治疗费用，乙当然可以因受欺诈而主张撤销合同，所以律师丙的判断是正确的。因赔偿协议是双方让步的结果，乙也不能以重大误解为由撤销合同。

2. 如果甲撇开赔偿协议又起诉乙侵权，则其依据已经不存在，因为侵权之债已经被赔偿协议所替代（以获得5万元为对价放弃侵权之债的债权），乙应当遵守赔偿协议。

附生效条件的和解协议（4）

例：2002年2月7日，张某与某公园签订了合作养殖"橡皮鸡"的合同。由于张某违约，致使公园遭受12万元的损失。2002年12月8日，张某与公园签订了赔偿协议，约定："张某赔偿公园8万元，在签订协议后15天内一次性交付。该协议于签订之日起15天内交付8万元时生效。生效后双方的债权债务关系清结。"签订赔偿协议后，张某在15天内只筹集到3万元交给公园。2003年1月6日，公园起诉张某，要求张某承担违反合作养殖"橡皮鸡"合同的责任，向公园赔偿12万元。张某的律师认为，双方以赔偿协议的形式，解除了合作合同，张某不应当承担合作合同的违约责任。公园的律师指出，赔偿协议是附生效条件的合同，条件未成就，赔偿协议未生效。张某的律师认为赔偿协议不是附生效条件的合同，因为履行义务不能作为所附条件，张某只要再交付5万元即可。

张某与公园签订的赔偿协议是附生效条件（停止条件）的和解协议，条件未成就，不发生消灭原合作合同违约责任的效力。张某应当向公园赔偿12万元的损失，并支付迟延的利息。

本案的特点在于，把特定时间的履行行为作为和解协议生效的条件（随意条件）。这种设计，体现了对当事人行为的利益引导。

保证人王二麻子说，看我的面子！（5）

例：张三把李四打伤，李四花去医疗等费用1万元。李四找张三要钱，张三表示无力支付。王二麻子打圆场，说："看我的面子，给8000元算了。"张三与李四签订赔偿协议，约定三天之内支付8000元，王二麻子在协议上签字，对该8000元承担连带保证责任。后张三不履行协议，在催告无效后，李四通知张三解除赔偿协议，请求支付1万元，并要求王二麻子承担8000元的保证责任。

1. 受害人李四与侵权人张三签订的赔偿协议为和解协议，原赔偿1万元的法律关系为法定法律关系，和解协议为意定法律关系。

2. 受害人李四通知侵权人张三解除和解协议，自可请求支付1万元（原法律关系）。

3. 《民法典》第566条第3款规定："主合同解除后，担保人对债务人应当承担的民事责任仍应当承担担保责任，但是担保合同另有约定的除外。"主合同解除后，债务人承担的责任可能是意定之债（意定救济法律关系），如约定的违约金之债，也可能是法定之债（法定救济法律关系），如赔偿金之债。

和解协议是主合同，受害人李四与王二麻子之间的保证合同是从合同。和解协议解除后，王二麻子是否应当承担8000元的保证责任？从逻辑上来看，不应承担，因为主合同解除后，保证人承担的是主合同衍生的责任，而和解协议解除，并不发生和解协议衍生的责任，只是恢复原法律关系的效力。因此，债权人解除有担保的和解协议，须慎重。

律师应当掌握的一道司法考试真题（6）

> 题记：这道司法考试真题是关于和解协议的，考生可以不掌握，执业律师却应当掌握。就考试而言，它是铁树开花，多年不遇，而在生活中，真题反映的争议却经常发生。

（2007卷三单项选择第2题）甲被乙打成重伤，支付医药费

5万元。甲与乙达成如下协议："乙向甲赔偿医药费5万元，甲不得告发乙"。甲获得5万元赔偿后，向公安机关报案，后乙被判刑。下列哪一选项是正确的？

A. 甲、乙之间的协议有效

B. 因甲趁人之危，乙有权撤销该协议

C. 甲、乙之间的协议无效

D. 乙无权要求甲返还该5万元赔偿费

流行的答案是D。其实，这是一道错题，正确答案应当是C和D。

1. 就"重伤"放弃告发的权利，放弃行为无效，因而排除A，选择C。

2. 无效合同不存在撤销的可能，故排除B。另外，甲是受害人，不能认为甲趁人之危。

3. 乙对甲侵权，形成侵权之债，这是和解协议的基础法律关系。甲、乙的和解协议无效，因此甲依据和解协议拿到5万元构成不当得利，应当予以返还。但是，在基础法律关系中，乙应当给付甲5万元。

现在有两个法律关系，一个是赔偿5万元的侵权之债，一个是返还5万元不当得利的法律关系。甲得以侵权之债中自己的债权抵销不当得利法律关系中自己的债务，因此选择D。

4. 流行的答案仅仅是D，理由是和解协议属于部分无效，即乙给5万元有效，甲承诺不告发无效。本案和解协议作为双务合同，包含两个给付：一个是侵权人乙的给付（支付5万元）；一个是受害人甲的给付（不告发），是不作为形式的给付。由于受害人甲的给付（不告发）无效，侵权人乙的给付（支付5万元）亦无效，这是基于双务合同的两个给付在效力上的牵连性。由于这种牵连性，不可能发生部分无效的情况。

5. 只有可分之债、可分给付才有部分无效的可能。定金超高，利息超标等（可分之债），是一方的给付部分无效，与本案不同。

更新与和解协议的区别（7）

和解协议是为了解决争议，而且是双方让步的结果。更新不是为解决争议，不要求当事人互相让步，而是当事人新的追求。

例1：甲出卖给乙A（特定物）车，双方签订了买卖合同。后乙想买B车（特定物），向甲提出后，甲表示同意，双方成立B车的买卖合同，这对原合同是更新，不是和解协议。在甲撕毁买卖B车的合同后，乙不能请求履行买卖A车的合同。

例2：甲出卖给乙A车（特定物），合同成立后，甲违约将A车所有权移转给丙，造成乙的损失。甲、乙协商，以成立B车（特定物）的买卖合同来弥补乙的损失。这不是对原合同的更新，而是成立和解协议。在甲撕毁和解协议后，乙不能请求交付A车，因为已经属于法律不能，但乙可以请求履行和解协议的基础法律关系（买卖A车的违约责任法律关系，如赔偿等）。

第十二节　定金合同

对定金的错误分类（1）

学说上把定金区分为五种：违约定金、证约定金、立约定金、成约定金和解约定金。[1]

这种分类的错误在于把违约定金与其他定金并列，使其成为等量齐观的东西。所有的定金都是违约定金，只是在违约定金的基本性质基础上，才有若干不同的作用或者功能。

证约定金，是说定金可以起到证明合同成立的作用，这种作用主要针对口头合同。书面合同，没有必要用交付定金的方式证明。

立约定金，只能由预约来设定，它是担保成立本约的定金，并不是担保成立主合同的定金。

成约定金，是当事人特约在定金交付后主合同才成立或生效。

解约定金，是当事人特约以适用定金罚则为代价，一方或者双方获得单方解除合同的权利（意定形成权）。

立约定金与"犹豫定金"（2）

立约定金是当事人在预约中确定的为担保订立主合同而交付的定金。定金是双方担保，因而立约定金适用于双务预约，不适用于单务预约。

---

[1]《合同编通则解释》第67条第1款规定："当事人交付留置金、担保金、保证金、订约金、押金或者订金等，但是没有约定定金性质，一方主张适用民法典第五百八十七条规定的定金罚则的，人民法院不予支持。当事人约定了定金性质，但是未约定定金类型或者约定不明，一方主张为违约定金的，人民法院应予支持。"第2款规定："当事人约定以交付定金作为订立合同的担保，一方拒绝订立合同或者在磋商订立合同时违背诚信原则导致未能订立合同，对方主张适用民法典第五百八十七条规定的定金罚则的，人民法院应予支持。"第3款规定："当事人约定以交付定金作为合同成立或者生效条件，应当交付定金的一方未交付定金，但是合同主要义务已经履行完毕并为对方所接受的，人民法院应当认定合同在对方接受履行时已经成立或者生效。"第4款规定："当事人约定定金性质为解约定金，交付定金的一方主张以丧失定金为代价解除合同的，或者收受定金的一方主张以双倍返还定金为代价解除合同的，人民法院应予支持。"第2款规定的是立约定金，第3款规定的是成约定金（未交付但实际履行合同的效力），第4款规定的是解约定金。

实务中有一种"犹豫定金",实为立约定金,这种定金也给我们提示了签订预约的一个原因:犹豫。立约定金是由预约约定的。对预约的履行,是订立本约。不订立本约应承担违约责任,而不是缔约责任。

立约定金不同于成约定金。立约定金所担保订立的合同(本约),尚需当事人的签订行为。成约定金,是交付后主合同才成立或生效的定金,主合同已经签订完毕,处于万事已毕,只欠东风的状态。

立约定金不同于解约定金。立约定金是担保签订一个新的合同,而解约定金之解约,是以丧失定金或双倍返还定金为代价,获得单方解除合同的权利,与新合同无关。

立约定金一例(3)

例:甲方欲把一套房屋出租给乙方。甲方起草了包含必要条款的合同书,未签字、盖章,交给了乙方;乙方在该合同书上签字、盖章后,返还给甲方,同时交付了1万元定金,等待甲方在合同书上签字、盖章。乙方交给甲方1万元定金的意思是,让甲方不要把房屋再租给别人。双方约定定金以后抵作租金。

要约应当具备两个要件:一是应当包含足以使合同成立的必要条款,二是要约人表示受自己意思表示的约束。[1]要约邀请无

---

[1]《民法典》第472条规定:"要约是希望与他人订立合同的意思表示,该意思表示应当符合下列条件:(一)内容具体确定;(二)表明经受要约人承诺,要约人即受该意思表示约束。"第473条规定:"要约邀请是希望他人向自己发出要约的表示。拍卖公告、招标公告、招股说明书、债券募集办法、基金招募说明书、商业广告和宣传、寄送的价目表等为要约邀请。商业广告和宣传的内容符合要约条件的,构成要约。"

受拘束的意思，其可能包含必要条款，也可能不包含必要条款。未签字、盖章的合同书欠缺受拘束的意思，只满足要约邀请的要件；签字、盖章的合同书满足要约的要件。

甲方将未签字、盖章的合同书交给乙方，是提出要约邀请的行为；乙方将签字、盖章的合同书交给甲方，是提出要约的行为。如果甲方拒绝签字、盖章，应当适用定金罚则。

在签订租赁合同之前，本案双方当事人之间有一个预约，交付的定金就是预约存在的证明。该定金应当解释为立约定金，立约定金是担保今后订立本约的定金。对预约的履行是订立本约。本案预约是双务预约，乙方签字、盖章，是履行预约义务的行为，甲方收到定金和已经签字、盖章的合同书之后，若拒绝订立本约（租赁合同），应当双倍返还定金。

本案中的定金能否认定为履行租赁合同的定金？不能，主要有三个理由：其一，当事人设立定金是为了防止甲方将该套房屋租给他人，按真意解释，该定金为立约定金；其二，租赁合同尚未成立；其三，租赁合同是持续性给付，而定金作为履行合同债务的担保，一般是不适合持续性给付的。

本案意外事件不适用定金罚则（4）

例：张某交了5000元定金给酒店，欲举办婚宴（双方成立承揽合同中的定作合同）。但张某的岳母在婚礼前一天因车祸死亡，张某要求解除合同。酒店表示，解除可以，但是，因已经备料，有些食品已经半加工，处理给他人之后，实际损失为7000元，要求适用定金罚则，即要求赔偿7000元，定金5000元不返还。张某则以不可抗力为由要求免责。请问：此案应当如何处理？

张某不能举行婚礼，不属于不可抗力所致。不可抗力导致的不能履行，是客观不能，比如张某被歹徒挟持，不能到现场举行婚礼，则可以认为是不可抗力所致（符合不可抗力"三不能"的条件）。

本案中，张某不能举行婚礼，是受人之常情的制约，是意外事件造成的主观不能，是定金罚则的免责事由。本案适用定金罚则是不公平的，是违反善良风俗的。在本案中，如果酒家提出的 7000 元是实施减损行为之后的损失，则张某应当予以赔偿。

酒店返还定金和张某支付赔偿金的两项债务可以抵销，抵销 5000 元后，张某应再向酒家支付 2000 元。

鱼和熊掌，可否兼得？（5）

《民法典》第 588 条第 1 款规定："当事人既约定违约金，又约定定金的，一方违约时，对方可以选择适用违约金或者定金条款。"在课堂上，我经常讲，不履行违约金与定金罚则（适用于不履行）是鱼和熊掌，不可兼得。我现在要特别说明的是，当事人特约在适用定金的基础上又适用违约金，这种约定是有效的，原因在于《民法典》第 588 条第 1 款并非强制性规定，可以排除适用。

例 1：当事人约定，买受人向出卖人交付 1 万元定金，同时又约定，任何一方"撕毁合同"，除适用定金罚则外，还应当按标的额的 10% 支付违约金。此例中，鱼和熊掌可以兼得，如果法院判决只能择一适用的话，并不是我说错了。律师为当事人设计"双用"条款时，一定要慎重。"双用"条款的风险，来自对《民法典》第 588 条第 1 款的不同理解。

例 2：当事人约定，买受人向出卖人交付 1 万元定金，同时又约定，任何一方"撕毁合同"，应当按标的额的10%支付违约金。此例中，鱼和熊掌不可以兼得，法院只能判决择一适用。因为此例看不出当事人对《民法典》第588条第1款排除适用的意思。

当事人特约"双用"的，可以依照《民法典》第585条第2款的规定请求调整违约金，该款规定："约定的违约金低于造成的损失的，人民法院或者仲裁机构可以根据当事人的请求予以增加；约定的违约金过分高于造成的损失的，人民法院或者仲裁机构可以根据当事人的请求予以适当减少。"

当事人特约"双用"，法院对违约金进行调整时，应先适用定金罚则，对损害不足填补部分再计算违约金，然后看是否需要调整。

"三金"的运用（6）

1. 定金与赔偿金的合并适用。在按定金罚则处理时，债权人仍有损失，而合同中没有约定违约金的，债务人应当再支付赔偿金，赔偿金数额应是损失减去定金的余数。例如，甲与乙订立了一份买卖合同，甲向乙支付定金2万元。合同订立后，甲无理由拒绝履行，给乙造成损失3万元，此时，甲无权要求乙返还定金，而且还应再支付给乙1万元的赔偿金，甲实际支出3万元。如果在这份合同中，乙无理由拒绝履行合同，给甲造成损失3万元，则乙应按定金罚则双倍返还定金，即返还4万元，而且还应支付给甲赔偿金1万元，乙实际支出3万元。

2. 定金与赔偿金合并适用的规则是：先计算（适用）定金，不足部分再适用赔偿金。这样就避免了定金和赔偿金的总和高于因违约造成的损失。

3. 定金与赔偿金可以"组合",而定金与违约金是"鱼和熊掌"的关系,不能兼得,不能合并适用,只能依照《民法典》第588条第1款的规定选择适用(有特约的除外)。

六种担保金(7)

留置金、担保金、保证金、订约金、押金、订金这"六金",是通过预先交付而起担保作用的金钱,总称为担保金,其基本特征是:第一,具有"单方担保"的性质,可以是主合同的给付(具有预付款的性质),也可以不属于主合同的给付,而是从合同的给付物,具体要看当事人是如何约定的;第二,在合同履行完毕时可折抵主合同款项或者原数返还,但一般采取折抵的办法处理,折抵的时候要多退少补;第三,不受定金不得超过主合同标的额20%的限制,例如预定入住旅店一天,交付的押金可超过当天的住宿费。

《合同编通则解释》第67条第1款规定:"当事人交付留置金、担保金、保证金、订约金、押金或者订金等,但是没有约定定金性质,一方主张适用民法典第五百八十七条规定的定金罚则的,人民法院不予支持。当事人约定了定金性质,但是未约定定金类型或者约定不明,一方主张为违约定金的,人民法院应予支持。"在合同纠纷案件中,当事人一方以担保为目的交付的金钱,由于使用的名称不规范,经常引起争议。对此类问题应当具体分析。在合同中使用了留置金、保证金、押金等名词,但具体规定交付的一方如果不履行合同,无权要求返还,收受的一方如果不履行合同则应双倍返还的,应当按定金对待,承认其效力。

对只"单方担保"的保证金、押金等,法律并无明文规定,有人认为,应一概否认其效力,因为它违反了定金的双方担保性质。我认为,对留置金、保证金、押金等,不能一概否认其效力。在一方先投入财物或劳务的情况下，其有权要求对方提供担保。"单方担保"有交易的特殊需要和特殊价值，在法律、行政法规没有明文禁止的情况下，可以确认"六金"的"单方担保"效力。

第三部分
用益债权

用益债权、用益赠与、用益互易、用益对价、用益侵权、用益法律关系、用益权合同（1）

例：甲将房屋出卖给乙，1月1日签订合同，2月1日交付，6月1日办理过户手续。在交付之后、办理过户手续之前，房屋所有权仍归甲，为什么乙可以使用、收益？因为乙享有用益债权。

1. 用益债权，是对他人财产使用、收益的债权，包括对他人物的使用、收益，也包括对他人无形财产（知识产品等）的使用、收益。

用益债权与用益物权不同：①用益债权的种类和内容并不受限制，用益物权受物权法定原则的限制。《民法典》第116条规定："物权的种类和内容，由法律规定。"②用益债权人用益的财产，包括有形财产和无形财产，用益物权用益的财产是物（目前只能是不动产）。③用益债权是相对权，用益物权具有两面性，对设立人是相对权，对其他人是绝对权。

2. 用益赠与，不是赠与财产本身，而是无偿让渡财产的使用价值。用益财产不限于物，例如，可以用无形财产作为用益赠与的标的财产。

3. 互易有狭义、中义和广义，用益互易是广义的互易，是财产使用、收益权的互换，如我的房子给你住一个月，你的钢琴给我用 40 天。用益互易是诺成、有偿合同。

4. 用益对价，是指用益他人财产支付的对价。法定孳息的本质是用益的对价。天然孳息是孳息，法定孳息是拟制的孳息。

5. 用益侵权，是指未经财产权利人同意或者没有法律根据，而擅自用益他人财产的侵权行为。

6. 用益法律关系，是依照约定或者法律规定而用益他人财产形成的法律关系。用益侵权形成的法律关系不是用益法律关系。

7. 用益权合同，是当事人为移转财产的用益价值而成立的债权合同，是意定用益法律关系的主要形式。

典权性质的变化（2）

例：甲急需一笔资金，要把自己的房屋典给乙。《民法典》没有规定典权，甲、乙双方签订的典契，能否有效？可以有效，典权可以作为用益债权存在。

一方有空闲的房屋但需要资金，另一方有资金但需要居住或经营的房屋，律师可帮助双方设计典契。我相信民间有这种需求。

典权有悠久的历史，是我国独有的制度。按照通说，典权是用益物权。但是，在原《中华人民共和国物权法》的框架下，典权并非用益物权。[1]

---

[1] 原《中华人民共和国物权法》自 2007 年 10 月 1 日起施行。其第 5 条规定："物权的种类和内容，由法律规定。"该条规定为《民法典》第 116 条所承袭。我国采严格的物权法定原则，依习惯也不能成立物权性质的典权。

应当强调的是，典权作为用益债权仍然存在。当事人约定典权为物权的，不发生物权的效力，但债权的效力不受影响。在蜕去用益物权的性质之后，典权作为用益债权为什么可以存在？

1. 用益物权的基础都是债权，并无例外。具体到典权，它本来就是由于出典人给付而成立的债权，这种给付的内容，就是出典人将自己的不动产交付给典权人占有、使用和收益。用益债权人不一定是用益物权人，而用益物权人必同时为用益债权人，因为用益物权人同时存在要求相对人给付的债权请求权。

2. 典权作为债权，仍具有占有、使用、收益和处分的内容，其对标的物的"支配性"依然存在。例如，典权人转典、出租、转让的权利，并不因为典权蜕变为债权而丧失，因为典权人的上述权利都来源于出典人的给付，这种给付恰恰是合同的债务。

用益权合同（3）

用益权合同，是当事人为移转财产的用益价值而成立的债权合同，是意定用益法律关系的主要形式。也有学者把这类合同称为"使用财产的合同"，并指出，使用财产的合同，是民事主体之间，一方将自己的财产交给另一方使用的合同。[1] 还有学者指出："设定用益权的合同是当事人约定一方移转特定物的占有于他方，他方为使用收益的合同类型。"[2]

应超越"用益权合同是对有体物用益的合同"的局限，所有用益他人财产的合同，包括用益知识产品、人格派生财产以及有体物的合同，都应归入用益权合同。用益权合同（包括设立用益

---

[1] 参见王家福主编：《中国民法学·民法债权》，法律出版社1991年版，第647页。

[2] 张俊浩主编：《民法学原理》，中国政法大学出版社1991年版，第717页。

物权的合同[1]），都是用益债权合同。用益债权合同的标的（客体）是给付，知识产权人应当以作为或者授权的方式完成给付。

用益权合同可以是有偿的，也可以是无偿的。就知识产品无偿使用成立的用益权合同，是一种用益赠与，它不移转财产的本体，而是无偿移转用益权能，或者说是移转用益价值。就知识产品的用益赠与，法律没有明确规定。实践中因用益赠与发生争议的，可以参照《民法典》关于赠与的规定处理。

动产用益质权（4）

例：甲将一幅独创的国画质押给乙（已交付），按照双方约定，乙有权通过展览该国画获取收入。请问：乙享有何种质权，甲、乙之间的法律关系如何？

乙享有用益质权，甲、乙之间存在质押法律关系与动产用益债权法律关系的竞合。

1. 动产用益质权，是指出质人允许质权人对动产质物用益的质权。动产用益质权的设立弥补了质物不能用益的缺憾。

2. 动产用益质权包含动产质权和动产用益债权两种不同性质的权利，是质押（相对）法律关系与动产用益债权法律关系竞合的产物。在竞合时，出质人也称为用益出质人，质权人也称为用益质权人。出质人为物上保证人时，不妨碍这种竞合。

3. 动产用益质权法律关系是对应主体之间的两个双边法律关系的竞合。质押法律关系与动产用益债权法律关系都是双边法律

---

[1] 参见隋彭生：《民事用益法律关系——一种新的理论概括》，载《清华大学学报（哲学社会科学版）》2010年第1期。

关系,都有各自对应的主体。所谓对应的两个主体,是权利义务对立的两个主体。

4. 在对应的两个主体之间发生两个以上的双边法律关系,只是竞合的必要条件,不是充分条件。例如,某甲卖给某乙一套设备,又租了某乙的一套房屋,在甲、乙之间有两个法律关系,但并不发生竞合。动产用益质权法律关系,是在同一标的物(两个给付的同一指向对象)上发生的两个双边法律关系的竞合。

5. 双边法律关系,也是相对法律关系。因而,动产用益质权法律关系也是两个相对法律关系的竞合。

6. 动产用益债权法律关系作为相对法律关系并无疑问。质押法律关系也是相对法律关系,质权作为他物权、绝对权,只不过是相对法律关系的一个结果。就像动产买卖合同是相对法律关系,而履行(交付占有)的结果,却使买受人享有了一个物权(绝对权)。竞合的两个法律关系都是以请求权的方式(请求给付)表现的法律关系,或者说都是以给付为标的的法律关系。不管设立何种他物权,都具有给付性。给付性是相对法律关系的效力。

7. 质权是他物权之一种。质押法律关系首先是相对法律关系,其次是绝对法律关系;首先是债权法律关系,其次是物权法律关系。质权首先是对人权,其次是对世权;首先是请求权,其次是支配权。其实,任何他物权都具有债权和物权的两面性,[1]质权当然不会例外。

8. 动产质权的标的物是特定物,但不妨是一般意义上的消费物(消耗物);动产用益债权法律关系的用益物是特定物,但不

---

[1] 例如,《民法典》第419条规定:"抵押权人应当在主债权诉讼时效期间行使抵押权;未行使的,人民法院不予保护。"抵押权之所以能够受诉讼时效限制,是因为它首先是一项债权、相对权。

能是消费物。在竞合的情况下，两个法律关系的标的物必是特定物、不消费物。

实物用益出资的评估及用益年限（5）

对公司的实物用益出资，是有偿行为，是类似租赁的持续性给付，在公司获得用益权能后，实物的用益价值持续性转给公司。因此，用益债权的评估应当以租金加用益的时间为基本标准。例如，公司章程规定公司经营10年，甲以一套房屋的使用权对该公司出资，将该房屋供公司办公使用，则甲的出资额应当相当于10年的租金。不过，用益出资的年限不受《民法典》关于定期租赁不得超过20年的规定。

用益出资的物一般应当是价值较大、能够长期使用的物。应注意的是，实物出资的使用年限与公司存续期间的关系。例如，公司章程规定甲公司经营20年，乙用于出资的房屋尚能使用30年，出资人约定以该房屋使用权出资10年。实物用益出资是以用益权能可带来的用益价值折价出资，用益时间短，折价就少，用益时间长，折价就多，因而，仅从可用益时间的角度看，实物出资的使用年限短于公司存续年限是可以用益出资的。

但应当强调指出，用益物本身的使用年限短于公司存续年限的，就没有必要用益出资了，而应当移转出资，因为该出资物的所有交换价值都将移转到公司。例如，公司章程规定甲公司经营20年，乙用于出资的汽车按规定使用10年就要报废，若用该汽车出资10年以上，就应当采用移转出资的方式，而不宜采取用益出资的方式，因为该汽车的所有用益价值都移转给了公司。用益价值之全部，应等于交换价值。

用益互易（6）

用益互易，是广义的互易，是双方就自己的财产为对方设立用益债权。

例：甲与乙签订"借用合同"，约定甲将房屋借给乙居住半年，同时，乙将汽车借给甲使用半年。

1. 虽然双方使用了"借用合同"的名称，但实际上甲、乙双方之间形成的是有偿法律关系。在合同名称与合同内容不符时，应按合同内容解释。甲对于房屋，相当于租赁合同的出租人，乙对于汽车，相当于租赁合同的出租人，发生纠纷时，可参照关于租赁合同的规定处理。
2. 甲、乙之间，有两个给付方向不同的用益债权法律关系，两个给付是对价关系。
3. 甲向乙交付房屋后，在二人之间又形成占有媒介关系，甲是间接占有人，乙是直接占有人。
4. 乙向甲交付汽车后，在二人之间形成第二个占有媒介关系，乙是间接占有人，甲是直接占有人。间接占有与脱离占有的本权同质。
5. 甲开汽车发生撞人等交通事故，按《民法典》规定的侵权责任处理。[1]
6. 请问：甲、乙之间有几个单一法律关系？

---

[1]《民法典》第1209条规定："因租赁、借用等情形机动车所有人、管理人与使用人不是同一人时，发生交通事故造成损害，属于该机动车一方责任的，由机动车使用人承担赔偿责任；机动车所有人、管理人对损害的发生有过错的，承担相应的赔偿责任。"

用益抵债（7）

用益抵债，是债务人与债权人约定，以债务人的物或者其他财产供债权人使用、收益，以抵偿债务。以用益抵债，是财产权人给相对人设立用益债权的行为。用益是一个持续的过程，以用益抵债，应约定债权人使用债务人财产的时间。

例1：甲从乙处借款1万元，将一匹马质押给乙，约定到期若不能清偿债务，就由乙使用半年，之后两不相欠。

例2：甲从乙处借款2万元，将一匹马质押给乙，约定半年后偿还借款。甲、乙还约定，在质押期间，乙有权使用该马，使用半年折抵1万元。到期甲若不能清偿剩余的1万元债务，就由乙再使用半年，之后两不相欠。

例1是甲给乙设立用益债权（附条件），在主债务履行期限届满后，乙有权使用甲的马，以实现自己未被清偿的债权。

例2是甲给乙设立用益质权，在主债务履行期限届满前，乙有权使用甲的马。主债务履行期届满后，乙仍可使用，以实现自己未被清偿的债权。

对质物的用益抵债，区分为主债务履行期限届满以前的用益和届满以后的用益。

流质的约定无效。[1]当事人约定到期不能偿还债务，就由质权人使用质物若干时间，以冲抵债务。——这样的约定不违反物权法定原则，但约定无期限使用者，应认定为规避法律的行为，或认定为剥夺出质人财产权的行为，使用期应缩短至"合理使用

---

[1]《民法典》第428条规定："质权人在债务履行期限届满前，与出质人约定债务人不履行到期债务时质押财产归债权人所有的，只能依法就质押财产优先受偿。"

期"。约定以用益抵债的，仍应认为是简易交付设立用益债权。

　　这里仅是以质物用益抵债为例，用益抵债自然不限于质物。甲欠乙钱，将某物交给乙用一段时间，是生活中常有的事情。物以外的其他财产也可用益抵债。

第四部分 物权编

第一节 物权概述

"特定的物"是"特定物"吗？（1）

1. 特定的物是物权的客体。

物是物权的客体。《民法典》第114条规定："民事主体依法享有物权。物权是权利人依法对特定的物享有直接支配和排他的权利，包括所有权、用益物权和担保物权。"第115条规定："物包括不动产和动产。法律规定权利作为物权客体的，依照其规定。"特定的物作为物权的客体，包括特定物和种类物。

2. 我国通说对"特定的物"的界定。我国学者基本上把所谓"特定的物"解释为"特定物"，将二者等同起来，形成通说，认为物权的客体必须是特定物。

认为"特定的物"是特定物，就排除了种类物作为物权客体的"资格"。通说将"特定的物"等同于特定物，是理论上的一个误解，误解的原因是把交易规则当成了物权归属规则。

3. "特定的物"的含义是否排斥种类物。

（1）"特定的物"要求作为物权客体的物是有体物。

（2）"特定的物"要求作为物权客体的物是独立物。物的成分不是物权的客体。

(3)"特定的物"要求作为物权客体的物是现存的物。买卖合同、赠与合同、租赁等合同可以就未来物作出约定。

(4)"特定的物"是可支配的物。

(5)"特定的物"是具体的物。

综上,"特定的物"不排斥种类物。特定的物包括特定物和种类物,就如一万斤大米,作为种类物仍然是物权的客体。

天然孳息与法定孳息(2)

例1:甲将一头母猪租给某乙用于繁殖(收益租赁),约定某乙以两头小猪作为收益租金。小猪相对于母猪,自为天然孳息,而作为对价却是法定孳息。

例2:甲把一头母猪出租给乙,约定生的小猪归乙所有,乙是以债权人"身份"收取天然孳息的。如果甲把一头公猪(种猪)出租给乙用于繁殖,该公猪与乙的母猪结合,母猪生下一窝小猪,乙是以物权人的"身份"取得所有权的,因为对动物采"母物主义"。不能说鸡蛋是公鸡的孳息。一位男士有两个儿子,他开玩笑说:"我有两个孳息"。人不是物,更不是母物。

1. 法定孳息是拟制的孳息,是用益他人财产的对价。[1]法定孳息与天然孳息一样,都是有体物。

2. 天然孳息是派生之物、收益之物;法定孳息是交易之物,是作为对价的物。

3. 天然孳息,是物权法律关系的客体,是静态财产的体现;

---

[1] 参见隋彭生:《法定孳息的本质——用益的对价》,载《社会科学论坛(学术研究卷)》2008年第6期。

法定孳息，是债权法律关系客体（给付）的给付物（标的物），是商品交换的产物，是动态财产的体现。

4. 天然孳息，存在于绝对法律关系，是静态的财产；法定孳息，存在于相对法律关系（用益法律关系），是财产流通的表现。天然孳息反映了新物（孳息）的归属关系，法定孳息（对价）反映了交易关系。

5. 天然孳息是通过事实行为取得，法定孳息是通过法律行为取得。

6. 天然孳息的物质形式是货币以外的动产。法定孳息的物质形式是货币，但有例外。货币是人直接创造的物，即货币没有对应的原物，不能作为天然孳息。

7. 法定孳息的取得都是因他人用益自己的财产，因而法定孳息又可称为用益法定孳息。法定孳息作为对价，只能是传来取得。天然孳息分为自物用益天然孳息和他物用益天然孳息。天然孳息，有一个从无到有的过程，因而无论是自物用益人的取得，还是他物用益权人（用益物权人和用益债权人）的取得，都是原始取得。

8. 取得法定孳息，总是以债权人的"身份"，而不是以物权人的"身份"，即便是抵押权人在抵押物被扣押后收取对抵押物用益的法定孳息，也是代抵押人（对用益人收取对价的债权人）之位向第三人（用益抵押人财产的人）收取。抵押人向第三人收取的请求权基础是意定的，抵押权人向第三人收取的请求权基础是法定的。

天然孳息与从物（3）

例1：2月1日，甲与乙签订赠与合同，约定甲将黄牛赠与乙，并约定3月1日交付，但甲迟延到4月1日才交付。在3月1

日前所产牛奶,自然属于甲所有。买卖合同也是如此。基本规则是:孳息由占有人收取,即由原物的占有人原始取得对孳息的占有;由原物所有权人原始取得所有权。

例2:张三自书一份遗嘱,说明自己离世以后,自己的花牛归邻居王二(遗赠)。遗嘱对花牛的从物鼻绳等未置一词。张三死亡后,花牛的从物也归王二所有。张三立遗嘱后,花牛生了小花牛,在此之后张三死亡,则小花牛不是遗赠物,不归王二所有。

孳息不一定跟着原物走,但从物跟着原物走。

关于孳息的法律规则,主要是孳息归属的规则;关于从物的法律规则,主要是从物处分的规则。天然孳息反映了派生上的关系,从物反映了利用上的关系。

"从物的根本性标志是,它对主物具有服务性功能,并与主物处于某一特定的空间关系中,但不允许具备成分性质。而如何识别从物,则根本上取决于交易观念。"[1]从物随同主物为法律处分,例如,在出卖、赠与的时候,要随同交付从物;在为他人设立用益物权和用益债权的时候,也要随同交付从物。再如,在抵押的时候,从物随同抵押。处分原物,与孳息无干,只是在有特约的时候,孳息才随同原物交付。在抵押的时候,除非抵押物被扣押,否则抵押权也与孳息没有关系。

《民法典》认为主物与从物属于同一人,[2]而天然孳息与原物可分属于不同的民事主体。

从物不是物的成分,它与主物是互相独立的特定的物,在法

---

[1] [德]鲍尔、施蒂尔纳:《德国物权法》(上册),张双根译,法律出版社2004年版,第28页。

[2] 《民法典》第320条规定:"主物转让的,从物随主物转让,但是当事人另有约定的除外。"这实际上是认为主物与从物属于同一人。

律上不是一个所有权（一物一权）。在这一点上，从物与天然孳息是相同的。孳息与从物作为特定的物，可以是种类物，也可以是特定物。[1] 从物可以是动产，也可以是不动产，[2] 而天然孳息都是动产。

物权优于债权一例（4）

例：张某与李某某等三人共同出资成立一有限责任公司。按照约定，张某以一套价值100万元的房屋出资。办理公司设立登记时，就张某的出资在市场监督管理机关办理了登记手续。但公司成立后，张某未将该房屋过户给公司。公司一直将该房屋作为办公用房。

公司成立后一年左右，张某将该房屋卖给王某，并办理了过户手续。王某向公司主张返还该房屋。

王某与公司之间成立了物权请求权法律关系。王某对公司有权主张所有物返还请求权（物上请求权），其请求返还，是返还占有，而非返还所有。

股东以房屋出资的，应当办理产权移转手续。[3] 本案作为出

---

[1] 关于"特定的物"与"特定物"的区别，请参阅隋彭生：《"特定的物"是"特定物"吗？——与"通说"商榷》，载《比较法研究》2008年第4期。

[2] 我国台湾地区"民法"第68条规定："非主物之成分，常助主物之效用，而同属于一人者，为从物。但交易上有特别习惯者，依其习惯。主物之处分，及于从物。"依此，从物可以是动产，也可以是不动产。《德国民法典》认为不动产不能为从物，其第97条第1款规定："非主物的组成部分而确定地辅助主物实现其经济目的并为这一特性而与主物发生空间上的相应联系的动产（可动之物）为从物。但在交易上不认为是从物的除外。"

[3] 《公司法》第49条第2款规定："股东以货币出资的，应当将货币出资足额存入有限责任公司在银行开设的账户；以非货币财产出资的，应当依法办理其财产权的转移手续。"

资的房屋未办理产权移转手续，因此，公司从未取得该房屋的所有权。王某就该房屋享有的是脱离占有的本权，具体地说，是脱离占有的所有权。公司就该房屋对出资人张某享有的是债权。本案反映了物权优于债权的规则。

如果张某不是移转出资，而是用益出资，在王某请求返还原物时，公司得行使占有抗辩权（拒绝返还占有）。

物权排他效力一瞥（5）

物权的排他效力，在狭义上是指同一物上不能存在不相容的两个以上的物权。

1. 这主要是指，一个物只有一个所有权（自物权）。物权实行"一物一权主义"（建筑物区分所有权为例外），例如，主物与从物是两个物，是两个所有权。所有权与他物权可以并存于一物上，例如，某甲将自己的房屋抵押给某乙，所有权与抵押权可以并存。

2. 占有他物权，不能同时有两个以上。通说认为这是物权的排他效力。我认为是占有的效力。

动产质权是占有他物权，在同一动产上不能发生两个以上的动产质权。

例1：甲将枣红马质押给乙，又以指示交付的方式质押给丙。乙享有的是动产质权，丙享有的是后次序权利质权。

例2：甲将枣红马质押给乙，经甲同意，乙将枣红马转质押并交付给丙。在习惯上，乙被称为质权人，丙被称为转质权人。其实，乙退居为后次序权利质权人。

3. 非占有他物权，可以同时存在两个以上。例如，同一物上可以存两个以上的抵押权，当然，它们之间有前后顺序之分。

4. 债权不具有排他性。例如对同一给付物，可以有两个以上债权人要求交付并移转所有权，比较典型的例子是，一物双卖时，两个买卖合同都可以有效。

未取得登记的不动产物权的处分（6）

例1：①房子在甲的名下，但法院判决认定该房屋属于乙所有，乙出卖给丙，不能发生物权变动的效力。乙应当把房屋登记到自己的名义，然后过户给丙。②房子在甲的名下，但法院判决认定该房屋属于乙所有，甲出卖并过户给丁，丁可以善意取得。

例2：甲5月1日死亡，甲的房子在登记簿上还在其名下，但其儿子乙已经取得了该房屋的所有权（既得权）。若乙想将这套房屋卖给丙，必须先将房屋登记在自己的名下，然后办理过户登记。

因公法行为、继承、受遗赠和事实行为享有物权的，处分（买卖等）该不动产物权时，依照法律规定需要办理登记的，未经登记，不发生物权效力（参见《民法典》第229条至第232条）。律师代写合同时，应注意这一点。

一物多卖时的物权与债权（7）

一般认为，物权优于债权。对此应当具体问题具体分析。

有一个"公理式"的观点：若特定物既是债权的标的物，又被第三人取得物权，则物权优先于债权。即使物权是后成立的，也是如此。这种说法准确吗？

例：甲与乙约定，将一套房屋出卖给乙，该房屋是乙的债权请求权的标的物。甲一物双卖，又与丙签订买卖合同。在出卖人甲处于任意清偿地位时，一物双卖的两个合同都有效。甲将房子过户登记给丙（所有权移转给丙），一般认为，丙的物权优于乙的债权。

上述"公理式"物权优于债权的观点并不准确，因为债权与物权共存时，才发生谁优先于谁的问题。

所谓"优于"，其实是丙的物权消灭了乙请求移转房屋所有权的债权。因为，甲将房屋过户给丙之后，对乙的履行为法律不能，甲、乙的合同终止。在这里，法律优先保护物权。甲、乙之间的法律关系转化为救济法律关系（违约责任法律关系）。

第二节 善意取得与动产抛弃

善意取得之"有偿"（1）

物之所有权善意取得的条件之一是"有偿"，当事人不能无偿善意取得。

移转所有权的合同不限于买卖合同，还可以是其他合同，例如互易合同、以物抵债合同。

狭义的互易合同是以物换物的合同，有人认为它相当于两个买卖合同的组合。其实，互易合同是两个单一法律关系的结合，只有两个对价式的给付：一个是甲移转所有权的给付，一个是乙移转所有权的给付。设甲对其向乙交付的动产并无所有权，属于无权处分，乙可以善意取得。

以物抵债是以他种给付代替原定给付。例如，甲欠乙2万元保管费，乙催要，甲要以一马驹抵债，乙同意。甲将丙寄存的马驹冒充为自己所有而交付给乙，乙可以善意取得。乙显然是有偿取得。

动产善意取得人何时为善意？（2）

一般认为，动产善意取得人须在物转让时为善意。

有学者指出，在现实交付之情形，须于交付时为善意，其后为善意与否，在所不问。在简易交付之情形，须于达成让与合意时为善意。附有停止条件或附有期限者，虽物之交付于条件成就前行之，仍于条件成就或始期届至时，须为善意。[1] 这种观点，容易让人误解为善意处在一个时间点上。其实，善意是持续在一个时间段内的。

具体而言，动产善意取得人的善意，从订立让与合同开始，持续到交付完成，交付完成以后发现或了解了真相，并不能回溯影响善意取得的效力。对附停止条件（生效条件）或附始期的合同，其善意也是从订立合同开始，但持续到何时要具体分析：其一，如果交付在条件发生之后或始期届至之后，须于交付时仍为善意；其二，如果约定先行交付，在条件发生之后或始期届至之后所有权再移转，须条件成就或始期届至时仍为善意。

例：甲将承租的他人之动产出卖给乙，约定了所有权保留，即该动产交付之后不发生所有权移转，买受人乙支付价款后所有权才移转。乙的善意应当持续到支付价款时。

以简易交付而善意取得时，在达成让与合意时，取得人自应处在善意状态，但其善意并不是自达成让与合意时产生，而是在这之前就产生了善意。

例：某甲将某乙交其保管的动产冒充为自己的物出租给某丙，

---

[1] 参见史尚宽：《物权法论》，中国政法大学出版社2000年版，第565页。

在租赁期间又出卖给某丙,某丙的善意是在租赁时就存在的。

善意占有之善意应当处在哪一时段呢?善意占有自是在占有期间为善意,但也可能转化为恶意。善意占有和恶意占有都是无权占有。动产善意取得后,是有权占有,自不存在善意占有转化为恶意占有的问题。

对自己的动产能否善意取得(3)

例:甲有一块纪念手表(机械表),乙借去把玩。后乙告诉甲手表丢了。甲、乙达成和解协议,由乙赔偿500元了事。再后,甲闲逛北京潘家园,在丙的店铺里发现一块手表与自己原有的手表是同一款式,就以2000元的价格买下,聊补缺憾。后来手表罢工,指针不走了,甲拿到超市门口的修理铺,修理工打开手表盖后,发现里面有小手指甲大的纸片,上有隶书"忠心"二字。甲回忆起,这是自己亲自书写,放入手表中的。原来,丙是乙的朋友,乙将手表送给了丙。

甲无意之中把自己的手表买回,是否构成动产善意取得?和解协议的效力如何?是无效,还是可撤销,抑或是效力待定?

乙将手表赠与丙为无权处分,因是无偿行为,丙不能善意取得;丙将手表出卖给善意的甲,甲不是善意取得。

动产善意取得,是在取得现实占有的同时取得本权。甲将手表交付给乙,乙取得占有,但未取得本权;乙将手表交付给丙,丙取得占有,亦未取得本权;丙将手表交付给甲,是移转占有,本权还是甲的,未发生变动,只是本权与占有合一,并不发生善意取得。对自己的动产不能善意取得,对自己的不动产当然也不能善意取得。

带泪梨花各不同：善意占有与动产善意取得（4）

善意占有与动产善意取得"面目相似"。通说认为，善意占有的效力之一，在于即时取得（动产善意取得）。[1]王泽鉴教授一方面认为，动产善意取得以善意受让占有为要件，一方面又把善意取得归入善意占有的范畴之中。[2]

其实，动产善意取得与善意占有是不同的制度：动产善意取得人对动产的占有，是有本权的占有（有权占有），而善意占有是无权占有，对动产可以善意占有，对不动产也可以善意占有；动产善意取得人对取得物的用益是自物用益，而善意占有人的用益是他物用益。[3]

这只骂人的鹦鹉被善意取得了吗？（5）

人物

张三，性别：男；爱好：男。

李四，性别：女；爱好：男。

案情

李四总到张三家串门，张三不胜其烦，就训练了一只鹦鹉，

---

〔1〕 参见曹杰：《中国民法物权论》，中国方正出版社2004年版，第231页；史尚宽：《物权法论》，中国政法大学出版社2000年版，第540、485页；刘智慧：《占有制度原理》，中国人民大学出版社2007年版，第140页。[日]我妻荣：《我妻荣民法讲义Ⅱ：新订物权法》，[日]有泉亨补订，罗丽译，中国法制出版社2008年版，第485页。[日]田山辉明：《物权法》（增订本），陆庆胜译，法律出版社2001年版，第121页。

〔2〕 参见王泽鉴：《民法物权》（2）（用益物权·占有），中国政法大学出版社2001年版，第178页。

〔3〕 参见隋彭生：《动产善意取得与善意占有之比较——动产善意取得不是善意占有的效力》，载隋彭生：《民法新角度——"用益债权原论"阶段性成果》，北京大学出版社2012年版，第254~262页。

鹦鹉一见李四就说:"你真丑,你真丑!"李四几乎崩溃。

一次,李四向张三借鹦鹉玩几天,张三答应了。李四拿到鹦鹉后,对其大骂不止,鹦鹉伺机逃脱。张三与李四达成和解协议,由李四赔偿1000元了事。

一天,张三到北京大钟寺附近的花鸟市场买鸟,听到一只鹦鹉喊道:"你真丑,你真丑!"漂亮如花的王二女士刚从鸟铺老板那儿以2000元的价格买到手。原来,鹦鹉自动飞到花鸟市场,落到鸟铺老板的地盘,鸟铺老板遂放在笼子里出卖。

争议

张三起诉王二,要求返还鹦鹉。王二的律师声称王二已经善意取得这只会骂人的鹦鹉,张三已经丧失所有权,也没有物权请求权,无权请求返还。

王二已经善意取得鹦鹉的所有权。张三对王二的返还原物请求权,是回赎权,是债权;不是物权请求权,也不是占有回复请求权。张三对王二主张回赎权,应当向其支付费用(购买鹦鹉的价款等)。[1]

动产善意取得后担保权的存废(6)

《民法典》第313条规定:"善意受让人取得动产后,该动产上的原有权利消灭。但是,善意受让人在受让时知道或者应当知道该权利的除外。"条文中所说的"原有权利",是第三人的权利,包括第三人的动产抵押权、留置权和质权。

---

[1]《民法典》第312条规定:"所有权人或者其他权利人有权追回遗失物。该遗失物通过转让被他人占有的,权利人有权向无处分权人请求损害赔偿,或者自知道或者应当知道受让人之日起二年内向受让人请求返还原物;但是,受让人通过拍卖或者向具有经营资格的经营者购得该遗失物的,权利人请求返还原物时应当支付受让人所付的费用。权利人向受让人支付所付费用后,有权向无处分权人追偿。"

例：甲将一台机器租给乙，并与乙约定，乙可以用机器抵押贷款。后乙将机器抵押给丙。再后，乙以自己的名义将机器卖给丁，并为交付，丁善意取得该机器的所有权。

如办理了抵押登记，丙的抵押权对丁的机器行使（抵押权的追及性），以登记方式公示，丁为应当知道；如未办理抵押登记而丁不知情的话，丙的抵押权消灭。

出卖人为无权处分时，买受人的第一个善意导致他对动产所有权的善意取得，第二个善意导致第三人动产担保权（抵押权、留置权或质权）的消灭。如果只有第一个善意，只能善意取得动产所有权，担保权对该动产仍如附骨之疽，担保权人仍可对买受人享有所有权的动产行使担保权。

标的物中藏有钻戒，能否以重大误解为由撤销？(7)

例：甲出卖给乙一幅祖传国画。乙将该国画挂在客厅里。乙家中小猫四蹄皆白，取名踏雪。一日踏雪将国画从墙上抓下，从画轴中滚落一枚价值连城的钻戒。乙高兴至极，当时就昏过去了。乙的夫人赶紧呼喊邻居抢救。

消息传开后甲起诉乙要求返还钻戒。甲的律师说是重大误解，可撤销。乙的律师说不构成重大误解，还说："不能让昏过去的人再昏过去一次。"他进一步指出，甲也不能证明钻戒是甲的。

1. 此案不构成重大误解。有意思表示，才可能有重大误解，而甲对该钻戒从未有过意思表示。
2. 钻戒是独立物，不是国画的成分，既不是重要成分，也不是非重要成分，而是属于隐藏物。隐藏物可以隐藏在动产之中，也可以隐藏在不动产之中。《民法典》第 319 条规定："拾得漂流物、发现埋藏物或者隐藏物的，参照适用拾得遗失物的有关规定。法律另有规定的，依照其规定。"[1] 亦即，拾得漂流物、发现埋藏物或者隐藏物的，应当返还给权利人。

3. 有一种证明叫"魔鬼证明"，即一直要从传来取得证明到原始取得。这在罗马法时期就被抛弃了，取而代之的是占有权利推定规则。甲证明自己对该钻戒"曾经占有过"即可，具体的证明内容是证明该国画是自己交付给乙的（在诉讼中，被告通常会自认）。对国画"曾经占有过"，也就对钻戒"曾经占有过"（我国采"纯客观说"）。对"曾经占有过"（间接占有）适用占有权利推定规则，推定"钻戒"属于甲所有。

动产抛弃发生"错误"，能否撤销？（8）

例：甲将旧沙发扔到垃圾堆，被收破烂的乙捡走。甲之夫人丙下班回家，说沙发里面藏有前夫赠与的钻戒一枚。甲找到乙，乙请教"专家"后，以先占为由主张对钻戒的所有权。甲请教"专家"后主张：动产抛弃为单方法律行为，该沙发的抛弃，应以重大误解为由撤销。丙请教"专家"后主张：钻戒属于个人财产，甲为无权处分，未获得追认，抛弃行为应为无效。

对动产的抛弃，属于单方法律行为、处分行为。单方法律行为是一种适格的意思表示行为。钻戒属于隐藏物，对其不存在意思表示行为，即甲对钻戒不构成动产的抛弃。《民法典》第 235 条规定："无权占有不动产或者动产的，权利人可以请求返还原

---

[1]《民法典》第 314 条规定："拾得遗失物，应当返还权利人。拾得人应当及时通知权利人领取，或者送交公安等有关部门。"

物。"所有权人丙请求返还原物,实为请求返还对原物的占有。

误把黄金当黄铜,可否构成重大误解?(9)

例:张先生买了位于18层的一居室,取意"要发"。一日,张先生打扫房间,发现一枚黄铜顶针,觉得碍眼,从窗口抛下。

王二麻子是拳击运动员,在百米之外,发现一闪光物件从空中落下,遂跑去欲得之。王三麻子是短跑运动员,见王二麻子跑,顺眼一望,也发现了该"黄物",也跑过去,抢先拿到手。王二麻子挥拳说:"是我先发现的。"王三麻子被迫交出"黄物"。

两个麻子争"黄物",应由谁先占取得所有权?

先占是事实行为,有两个要件:一是有取得所有权的意思(自然意思,非法律行为之意思),二是先行取得占有。故"黄物"之所有权应当归王三麻子。

后李女士告诉儿子张先生:该黄铜顶针是多年前送他的黄金戒指。动产抛弃是单方法律行为,张先生的抛弃行为已经完成(符合抛弃之意思、抛弃占有两个要件)。张先生构成重大误解,有权请求撤销,该撤销权是形成诉权。

第三节 他物权

他物权法律关系(1)

题记:对他物权有争议时,仍可主张相对权、债权。

不走向他物权的根源,就不能真正认识和解释他物权。他物权来源于所有权人的财产给付。

他物权是限制物权，分为担保物权与用益物权。他物权的设立，必然是通过法律行为产生相对法律关系。由此就产生了他物权法律关系相对与绝对的两面性。

我们在论述他物权的时候，通常强调它是物权，即绝对权，而忽视了它也是债权请求权、相对权，给很多人留下不解之谜。

设立他物权都具有给付性，他物权都是由给付产生的，设立行为都产生了相对法律关系。

他物权人对孳息的收取与取得（2）

1. 收取与取得不同。立法上对孳息的收取和取得设定了不同的含义。但法定孳息作为货币，具有占有与所有同一的特性，因此，其收取与取得具有同一效果。取得，是指取得孳息所有权，而对天然孳息的收取，原则上是收取占有，例如在债务履行期限尚未届满时，质权人对质物天然孳息的收取，只是收取占有，而不取得对天然孳息的所有权。再如，保管合同的保管人有权收取天然孳息的占有，而不能收取所有。[1]

2. 用益物权人对天然孳息的取得。用益物权人就用益物享有使用利益或者获得天然孳息的利益。用益物权人一般是通过对用益物的人力和生产资料投入来收取天然孳息，例如土地承包人通过对土地的经营取得农产品，其对天然孳息的取得，可谓是"生产主义"的体现。用益物权人对天然孳息的占有和所有，均属于原始取得。用益物权人在天然孳息的取得上优于所有权人，这也是用益物权为定限物权的一个表现。

3. 担保物权人对孳息的收取。担保物权人必同时为债权人，

---

[1]《民法典》第900条规定："保管期限届满或者寄存人提前领取保管物的，保管人应当将原物及其孳息归还寄存人。"据此，保管人不能取得孳息的所有权。

其对天然孳息只有收取权，没有取得权，其收取是指收取占有。担保物权人占有原物的（质权人和留置权人），其对天然孳息的占有是原始取得。

（1）《民法典》第430条规定："质权人有权收取质押财产的孳息，但是合同另有约定的除外。前款规定的孳息应当先充抵收取孳息的费用。"在质权进入实行期以前和进入实行期以后，质权人收取占有的天然孳息有两种法律命运：其一，质物已经足以担保债权（包括收取天然孳息的债权）的，天然孳息应当退还给出质人，不能在合理的时间内退还的，转化为无权占有；其二，质物不足以担保债权的（包括收取天然孳息的债权），天然孳息为新的质物。[1] 孳息为货币时，实为法定孳息，质权人的取得或者收取，是取得所有权，而不是取得质权。天然孳息在进入实行期变价以后，优先充抵收取孳息的费用。天然孳息若归质权人所有，只有一种可能，就是在进入实行期后通过折价协议约定归质权人。

若出质人允许质权人收益质物，两个主体之间应当有两个法律关系的并存性竞合，即质押法律关系与用益法律关系的并存性竞合。具体而言，或是质押与使用借贷（天然孳息归贷与人，有特殊约定的除外）的竞合，或是质押与收益租赁的竞合。质押法律关系消灭后，用益法律关系可以独存。

（2）《民法典》第452条规定："留置权人有权收取留置财产的孳息。前款规定的孳息应当先充抵收取孳息的费用。"在留

---

[1] "质权人收取由质物所生之孳息，非如他孳息收取权人径行取得孳息之所有权，惟对于其孳息取得质权。从而如孳息为金钱，质权人得径以之充债权之清偿。如为金钱以外之孳息，得依当事人之合意为估价，以其估价额充清偿。就估价当事人不能协议时，得依拍卖或依其他所协议之方法，以为变价。但因迟延有生损害之虞时，应解释债权人得以相当金额出卖之。"见史尚宽：《物权法论》，中国政法大学出版社2000年版，第363页。

置以后产生的天然孳息，由留置权人收取（取得占有），留置物的天然孳息的法律命运与质物的天然孳息相同，不过，有权变价的留置物之天然孳息要与原物一样，经过法定或者约定的宽展期。

（3）《民法典》第412条规定："债务人不履行到期债务或者发生当事人约定的实现抵押权的情形，致使抵押财产被人民法院依法扣押的，自扣押之日起，抵押权人有权收取该抵押财产的天然孳息或者法定孳息，但是抵押权人未通知应当清偿法定孳息义务人的除外。前款规定的孳息应当先充抵收取孳息的费用。"依照此条收取的天然孳息，抵押权人当然也没有取得所有权，但是通过变价，就变价款可以优先受偿。立法上存在租赁不破抵押和抵押不破租赁的规则，[1]即使抵押击破租赁，对扣押后已经产生的天然孳息和法定孳息，抵押权人仍然产生权利，即对天然孳息取得抵押权；对法定孳息，取得前享有债权请求权，已经取得者，当然为取得所有权。

质权人收取何种孳息？（3）

例1：甲将一匹黄骠马质押给乙，在质押期间（乙占有期间），该马生一小马，甲、乙均主张小马应由自己收取。

小马由乙收取占有（对占有的原始取得），由甲原始取得所有权。若母马已足以担保乙的债权，乙应当（在小马可以离开母马时）回复占有。

例2：甲将一匹黄骠马质押给乙，在质押期间（乙占有期间），乙将该马出租给丙，获租金200元。

---

〔1〕 如《民法典》第405条规定："抵押权设立前，抵押财产已经出租并转移占有的，原租赁关系不受该抵押权的影响。"

乙无权转租，从而也无权收取租金（法定孳息之一种）。其擅自转租收取的租金，应以不当得利返还给甲。若甲同意乙出租，甲、乙之间除质押法律关系之外，又建立起用益法律关系，乙成立了用益质权。乙收取租金的权利，是用益法律关系的效力，而不是质押法律关系的效力。

1. 《民法典》第430条第1款规定："质权人有权收取质押财产的孳息，但是合同另有约定的除外。"该条虽然规定质权人有权收取孳息，但未区分天然孳息和法定孳息，是一种模糊的"表述"。形成鲜明对照的是，《民法典》针对抵押人明确规定了收取孳息的种类：抵押权人在抵押物被扣押后有权收取天然孳息或者法定孳息。〔1〕

2. 一般认为，孳息包括法定孳息与天然孳息，推理出来的结论是：质权人不但有权收取天然孳息，还有权收取法定孳息。〔2〕但是，单纯的质权人对质物没有使用权和收益权，质权人不仅自己不能使用，而且不能许可他人使用。法定孳息是允许他人使用而获取的对价，因此，质权人仅依质押法律关系不可能获得法定孳息。质权人擅自允许他人使用，是用益侵权行为。可以斩钉截铁地说，质权人只能收取天然孳息，而不能收取法定孳息。

3. 有学者指出："孳息不限于天然孳息，亦包含法定孳息在内。例如质权人得质物所有人之承诺，将质物出租时，则租金收

---

〔1〕《民法典》第412条规定："债务人不履行到期债务或者发生当事人约定的实现抵押权的情形，致使抵押财产被人民法院依法扣押的，自扣押之日起，抵押权人有权收取该抵押财产的天然孳息或者法定孳息，但是抵押权人未通知应当清偿法定孳息义务人的除外。前款规定的孳息应当先充抵收取孳息的费用。"

〔2〕参见全国人大常委会法制工作委员会民法室编著：《中华人民共和国物权法解读》，中国法制出版社2007年版，第460、461页。其实，法定孳息是拟制的孳息，不能把孳息作为天然孳息与法定孳息的上位概念。

取权,亦属质权人。"[1]"得质物所有人之承诺"而出租等,说明出质人与质权人建立了用益法律关系,即有权收取法定孳息时,必同时存在质押法律关系与用益法律关系。收取法定孳息必然是用益法律关系的效力,而绝不能是质押法律关系的效力。

4. 最后要强调的是,质权人对天然孳息的收取,是收取占有,并非收取所有。

表见地役权一例（4）

例：A 老师在某村承包了一片荒山（农村土地承包分为"家庭承包"和"其他方式"的承包,A 老师是"其他方式"的承包）。签订承包合同之后不久,A 老师发现取水困难,就找村委会协商。村委会允许 A 老师在靠近承包地的地方（村里自己使用的一块地）修筑一个水池,双方没有签订书面合同。后来,B 企业获得了水池所在地块的使用权,要求 A 老师挖掉水池。A 老师找到我,问有无对抗 B 企业的理由。

在村里的地界修筑水池,双方口头成立的是取水地役权合同。我指出法律适用的两种可能：

其一,《民法典》第378条规定："土地所有权人享有地役权或者负担地役权的,设立土地承包经营权、宅基地使用权等用益物权时,该用益物权人继续享有或者负担已经设立的地役权。"该条对双方主体都有特殊限制。

其二,如果不能适用《民法典》第378条,可适用第374条："地役权自地役权合同生效时设立。当事人要求登记的,可以向登记机构申请地役权登记；未经登记,不得对抗善意第三

---

[1] 史尚宽:《物权法论》,中国政法大学出版社2000年版,第363页。

人。"A老师与村委会的地役权合同是口头形式,自然不能登记。《民法典》第373条第1款规定:"设立地役权,当事人应当采用书面形式订立地役权合同。"形式上的瑕疵可由《民法典》第490条第2款解决:"法律、行政法规规定或者当事人约定合同应当采用书面形式订立,当事人未采用书面形式但是一方已经履行主要义务,对方接受时,该合同成立。"地役权合同是债权合同,自可适用《民法典》对债权合同的规定。

水池是地面设施,是一种构筑物。本案地役权是表见地役权,又称为表现地役权,"谓地役权之行使,依外形的设施而表现之地役权"[1]。由于是表见地役权,B企业是知道或者应当知道的,即其并非善意的第三人,A老师的地役权没有登记,但足以对抗之。

《民法典》第378条和第373条必用其一。A老师听完我的解答后,一扫阴霾,踏歌而去。

混合担保时的责任(5)

所谓混合担保,是指人保与物保共存。[2]

混合担保应注意以下几点:

1. 实现担保权首先应当按照约定。约定人保优先于物保并无不可。

2. 没有约定或者约定不明确的,先就债务人的物保实现债

---

〔1〕 史尚宽:《物权法论》,中国政法大学出版社2000年版,第233页。
〔2〕 《民法典》第392条规定:"被担保的债权既有物的担保又有人的担保的,债务人不履行到期债务或者发生当事人约定的实现担保物权的情形,债权人应当按照约定实现债权;没有约定或者约定不明确,债务人自己提供物的担保的,债权人应当先就该物的担保实现债权;第三人提供物的担保的,债权人可以就物的担保实现债权,也可以请求保证人承担保证责任。提供担保的第三人承担担保责任后,有权向债务人追偿。"

权,不足部分再追究第三人的物保、人保责任。

3. 第三人物保与人保并存的,债权人有选择权。也就是说,保证与物上保证并存的,债权人可以选择保证人承担责任,也可以选择物上保证人承担责任。

4. 人保,既包括连带保证,也包括一般保证。

例：甲对乙有100万元的债权,由丙提供一般保证,丁提供抵押或质押。当乙不履行到期债务时,甲可以选择人保。甲可以单诉债务人,其后再诉一般保证人,也可以同诉债务人和一般保证人。就向债权人清偿而言,债务人与一般保证人有顺序之分,债权人更愿意选择物保。当物保之物价值较低时,债权人也可能选择人保,该人保是一般保证时也可能在所不惜。因为物保是有限连带责任,一般保证是补充无限连带责任。

实行抵押权适用特别程序（6）

1. "民诉"的规定。《民事诉讼法》第184条规定："人民法院审理选民资格案件、宣告失踪或者宣告死亡案件、指定遗产管理人案件、认定公民无民事行为能力或者限制民事行为能力案件、认定财产无主案件、确认调解协议案件和实现担保物权案件,适用本章规定。本章没有规定的,适用本法和其他法律的有关规定。"抵押权是担保物权的一种,实行抵押权适用特别程序,即实行一审终审,原规定是适用普通程序。

2. 注意时效。《民事诉讼法》的上述规定自2013年1月1日（在该年为第177条）生效。已经进入抵押权实行期的抵押权人,请求法院实行担保物权,别忘了《民法典》第419条："抵押权人应当在主债权诉讼时效期间行使抵押权;未行使的,人民法院不予保护。"

抵押权是他物权，有物权性的一面。但抵押权因给付而产生，存在于从债法律关系（相对法律关系）之中，也有相对性的一面，它是抵押权人（必为债权人）对抵押人的请求权。这是抵押权能够受诉讼时效限制的法理基础。另外，抵押合同本身也是债权合同。[1]

3. 抵押权、质权、留置权的实现，是否要经过法院？

《民事诉讼法》第 207 条规定："申请实现担保物权，由担保物权人以及其他有权请求实现担保物权的人依照民法典等法律，向担保财产所在地或者担保物权登记地基层人民法院提出。"第 208 条规定："人民法院受理申请后，经审查，符合法律规定的，裁定拍卖、变卖担保财产，当事人依据该裁定可以向人民法院申请执行；不符合法律规定的，裁定驳回申请，当事人可以向人民法院提起诉讼。"

（1）《民法典》第 410 条第 1 款规定："债务人不履行到期债务或者发生当事人约定的实现抵押权的情形，抵押权人可以与抵押人协议以抵押财产折价或者以拍卖、变卖该抵押财产所得的价款优先受偿。协议损害其他债权人利益的，其他债权人可以请求人民法院撤销该协议。"第 2 款规定："抵押权人与抵押人未就抵押权实现方式达成协议的，抵押权人可以请求人民法院拍卖、变卖抵押财产。"第 3 款规定："抵押财产折价或者变卖的，应当参照市场价格。"第 2 款规定了"请求人民法院拍卖、变卖抵押财产"，说明抵押权人不能单方自助变价。就变价协议进行协商，并不是请求人民法院变价的前置性程序，但为避免麻烦，抵押权人可主动就变价征询抵押人的意见。

---

[1] 参见隋彭生：《抵押合同是债权合同》，载《人民法院报》2010 年 9 月 1 日，第 7 版。

(2)《民法典》第 436 条第 2 款规定："债务人不履行到期债务或者发生当事人约定的实现质权的情形，质权人可以与出质人协议以质押财产折价，也可以就拍卖、变卖质押财产所得的价款优先受偿。"——与抵押不同，动产质权人可以自助变价（拍卖、变卖）并优先受偿，不用借助于法院。

(3)《民法典》第 453 条第 1 款规定："留置权人与债务人应当约定留置财产后的债务履行期限；没有约定或者约定不明确的，留置权人应当给债务人六十日以上履行债务的期限，但是鲜活易腐等不易保管的动产除外。债务人逾期未履行的，留置权人可以与债务人协议以留置财产折价，也可以就拍卖、变卖留置财产所得的价款优先受偿。"——留置权人可以自助变价（拍卖、变卖）并优先受偿，不用借助法院。

以指示交付设立后次序质权（7）

动产质权人取得直接占有后，出质人又将同一标的物质押给第三人（后次序质权人），交付方式是指示交付的，质权人为直接占有人，该第三人为间接占有人。由于一物不能同时被两个主体占有，该第三人的质权不能是作为占有质的动产质权，但作为顺位在后的权利质权并无法律上的障碍。

例：甲将一辆马车质押给乙，已经交付，其后又将该辆马车质押给丙。因为对乙已经现实交付，故甲对丙只能观念交付，具体地说，只能指示交付，即丙是因间接占有而取得权利质权。丙的质权可能发生变化，例如，乙被担保的债权获得清偿，主债权消灭，乙对甲的质权随同消灭，丙的质权自然就不再是后次序质权。但丙的质权要从权利质权变换成动产质权，须丙从乙处取得现实占有。

顺便指出，在承诺转质的情况下，不存在以指示交付设立后次序质权的情况。原质权人须向转质权人交付占有，该交付是现实交付，交付之后，由于一物不能同时被两个质权人占有，原质权从占有质退为后次序的权利质。

定作合同的承揽人不能成立留置权（8）

承揽涉及生活、生产的各个方面，承揽合同的种类繁多。常见的承揽合同有加工合同、定作合同、修理合同、复制合同、测试合同、检验合同等。

加工合同是由定作人提供原材料（来料加工），定作合同是由承揽人提供原材料，因而定作合同兼有买卖合同的性质，承揽人不能成立留置权。

例：张某到裁缝李某处量体做衣服，使用李某的布料。双方没有约定张某支付制作费的时间。张某到李某处去取衣服时没带钱，李某自然拒绝交付衣服。李某行使的不是留置权，而是同时履行抗辩权。[1]

成立留置权须留置权人与被留置人之间存在动产占有媒介关系，即存在他物（动产）占有关系。

这个案例我在20世纪多次讲过，这里算是旧案重提，它还是有价值的。

---

[1]《民法典》第525条规定："当事人互负债务，没有先后履行顺序的，应当同时履行。一方在对方履行之前有权拒绝其履行请求。一方在对方履行债务不符合约定时，有权拒绝其相应的履行请求。"

第四节　占有及占有媒介关系

动产善意取得不是善意占有的效力（1）

善意占有与动产善意取得因当事人的"善意"而"面目相似"。通说认为，动产善意取得是善意占有效力的表现。其实，它们是两种不同的制度，效力当然也大异其趣。

1. 善意占有人的占有是无权占有，动产善意取得人的占有是有权占有。

2. 善意占有的效力是无权占有的效力；动产善意取得，是取得本权，善意是取得本权的一个要件。

3. 动产善意取得是交易制度；善意占有不是交易制度，不是善意取得的要件，当然不发生动产善意取得的效力。

4. 两种善意所指向的对象不同。善意占有之善意，针对自己的占有；动产善意取得之善意，针对无处分权人的占有。

5. 善意占有与动产善意取得所依据的事实不同。

6. 动产善意取得人的占有是传来取得；善意占有人的占有可以是传来取得，也可以是原始取得。

例1：甲（无权处分人）出卖给乙一头黄牛，乙符合《民法典》第311条规定的善意取得的条件，善意取得了这头牛的所有权（不但取得了占有，还同时取得了本权）。

例2：甲（无权处分人）赠与善意的乙一峰白骆驼，乙不符合《民法典》第311条规定的善意取得的条件，因此取得了该骆驼的占有，没有取得本权（所有权），其占有是无权占有中的善意占有。

货币的占有与所有同一（2）

> 题记：了解货币的特殊规则，对解决争议是有帮助的。

1. 货币是一般等价物。人民币是我国的法定货币。

货币是为了方便商品交换而产生的，它也是一种特殊的商品。货币以其记载的金额来表明价值，是用来计算劳动价值、财产数量的尺度。劳动不能储存，劳动转化为货币，则将劳动产生的价值储存起来。

货币具有流通职能，是支付手段，是交易关系中对价的一种表现形式。

2. 货币（现金）是民法上的物，是动产，是（相对）消费物，由于具有可替代性，其是种类物。特定的物是物权的客体，特定的物包括特定物与种类物。

通说认为，货币具有"占有与所有同一"的特性。我的进一步解释是"三不"：货币的用益价值与交换价值一般不能分离，货币的占有与本权一般不能分离，货币一般不发生占有媒介关系。

"占有与所有同一"中的占有，仅指现实占有。不发生间接占有（观念占有）的情形。

货币不能在交付时为所有权保留，也不能质押。

将货币作成主观特定物，它就暂时丧失了任意流通的职能。

在交易中，货币（现金）适用动产物权变动的公示方法。

例：张某拿着1万元现金去银行存款，将现金交付给银行后，其1万元现金的所有权移转给银行。张某对银行享有储蓄合同中还本付息的债权，也就是说，其财产形式由物权转化为债权。对该债权，张某为准占有。

间接占有是"裸体"本权（3）

例：张老太太赠与儿媳王某一套房屋，尚未办理过户手续。儿子暴病身亡后不久，儿媳王某即改嫁。张老太太在感叹"世事短如春梦，人情薄似秋云"之余，要求王某交还房屋。王某称此为道德义务性质的赠与，不得任意撤销。张老太太要求王某交还房屋，按真意解释，是行使《民法典》第658条规定的任意撤销权的行为。从已知条件看，本案对儿媳的赠与并不属于道德义务性质的赠与。

1. 从占有媒介关系的角度看，张老太太是间接占有人，王某是直接占有人。王某应当返还房屋的占有。

2. 间接占有不过是一种法律的拟制，间接占有人并没有对物的实际控制和支配，其"占有"只是一种观念性的存在，因此称为观念占有。说间接占有是"裸体"本权，是指它不处于现实占有的状态，是脱离占有的本权。张老太太享有的本权，是"裸体"本权。

3. 间接占有作为权利，其客体（标的）是直接占有人对间接占有人回复占有的行为。因此，间接占有人的权利（脱离占有本权的效力）应当称为占有回复请求权。

4. 直接占有人对间接占有人的占有回复行为，是交付行为，即移交占有的行为。王某应当向张老太太交付（返还）房屋的占有。

5. 直接占有人对间接占有人的交付，无论是动产，还是不动产，都不发生物权的变动，只是实现占有与本权的合一，是回复原状的一种法律现象。

占有媒介关系是法律关系（4）

例：甲将一匹母马租给乙，约定乙用该马在雪场拉雪橇，载游客赏景。该马已怀孕8个月，本应怀胎11个月，但怀胎10个月时早产，生下一小马驹。租期届满，乙扣留母马及小马驹，拒绝交还。

甲、乙签订租赁合同后，成立租赁法律关系。甲将母马交付给乙后，甲、乙之间形成占有媒介关系，甲是间接占有人，乙是直接占有人。所谓占有媒介，是指甲以乙的占有为媒介获得间接占有（该占有为观念占有）。

《民法典》第321条第1款规定："天然孳息，由所有权人取得；既有所有权人又有用益物权人的，由用益物权人取得。当事人另有约定的，按照其约定。"当事人仅约定为使用租赁，未约定为用益租赁，因此小马驹出生后由甲原始取得所有权，乙原始取得占有（本权与占有分离的现象）。对小马驹是另一个占有媒介关系。

甲、乙之间有两个占有媒介关系，即甲对乙有两个占有回复请求权（请求返还占有的权利），有两个物权请求权。

1. 占有媒介关系又称为占有中介关系。间接占有人与直接占有人双方之间的法律关系为占有媒介关系。我的表述是这样的："产生间接占有的法律关系为占有媒介关系。"这种表述的好处是将所有的间接占有与直接占有都纳入占有媒介关系之中，同时表明间接占有和直接占有的产生是基于同一法律事实。

2. 占有媒介关系是法律关系，具备法律关系的三要素。

（1）占有媒介关系是双边、相对法律关系，一方为间接占有人,另一方为直接占有人。绝对法律关系的客体是不行为的产生,[1]而相对法律关系的客体是请求给付。间接占有人请求给付的权利,即占有回复请求权,是相对权、请求权、对人权,但其本权可以是物权,也可以是债权。占有明确回复请求权的相对权、请求权、对人权性质的学术意义,是反衬回复占有的权利并不是绝对权、支配权、对世权。通说认为,间接占有受占有保护,但它不能受到类似于绝对权、支配权、对世权的保护,因为间接占有的效力是脱离占有之本权的效力,而不是现实占有本身的效力。

(2) 占有媒介关系是单一法律关系。单一法律关系是一方只享有权利,另一方只承担义务的法律关系;单一法律关系只有一个给付。间接占有人是权利人,直接占有人是义务人。例如,租赁合同是双务合同(复合法律关系),是由两个单一法律关系合成的,有两个对立统一、方向相反的给付。在租赁物交付后,承租人有使用的权利,但这种权利并不是占有媒介关系中的权利,而是租赁法律关系中的权利。

(3) 占有媒介关系的客体是给付。这种给付的表现是回复占有。回复占有是以回复利益为目的的给付,是作为方式的给付。

3. 占有媒介关系不同于其基础法律关系。通说把占有媒介关系等同于其基础法律关系,例如把租赁法律关系等同于占有媒介关系。其实,租赁合同成立时,并不发生占有媒介关系,须有交付的法律事实才能发生占有媒介关系,也就是说,发生占有媒介关系与发生其基础法律关系的法律事实是不同的。故而,当基础法律关系无效时,不影响占有媒介关系的存在。

4. 顺便指出,法律关系是依法形成的,是法律对生活事实进

---

[1] 参见隋彭生:《绝对法律关系初论》,载《法学家》2011年第1期。

行调整的结果,不存在无效的法律关系,当然也就不存在无效的占有媒介关系。

出租人对次承租人的请求权及占有媒介关系连锁(5)

1. 出租人对次承租人的请求权。次承租人对租赁物造成损害的,应当对转租人(承租人)承担责任,承租人应当对出租人承担责任。不论转租是否经过出租人同意,都是如此。基于合同的相对性,如果次承租人的行为导致租赁物的损害,出租人只能追究承租人的违约责任,而不能追究次承租人的违约责任,也不能追究承租人和次承租人在违约上的连带责任。

例:某甲将一套房屋出租给某乙,某乙经过某甲的同意,将该房屋转租给次承租人某丙。某丙未经某乙同意,在房顶做"空中花园",致使屋顶大面积漏水。问:某甲有权向谁请求赔偿?

(1) 某甲有权向某乙请求赔偿,即有权要求某乙承担违约责任。

(2) 因物权具有对世性,某甲可以侵权为由向次承租人某丙请求赔偿。

(3) 某乙与某丙承担不真正连带责任。

2. 出租人、承租人、次承租人占有媒介关系的连锁。除了租赁关系,出租人、承租人、次承租人之间还存在占有媒介关系。直接占有是现实占有的一种,对一物不能同时存在两个以上的重复占有,而间接占有是观念占有,可以双"占有",或者更多的人同时"占有"。间接占有的连锁,是占有媒介关系的连锁,是法律关系的连锁。

例:甲将房屋出租、交付给乙,并同意乙转租。乙转租并交付给丙，则丙为直接占有人，乙是间接占有人，甲是乙的上级间接占有人。甲、乙是一个占有媒介关系，乙、丙是一个占有媒介关系。

占有媒介关系的客体是给付（回复占有的行为）。

租期届满，出租人可以直接向次承租人行使占有回复请求权。

交付的不同方向（6）

1. 3月1日，出租人甲方与承租人乙方签订了租赁合同。该租赁合同是债的关系，但不是占有媒介关系。依此合同，承租人乙方有权请求出租人甲方交付租赁物（债权请求权）。交付是移转占有的行为。

2. 4月1日，出租人甲方将租赁物交付给承租人乙方。当事人之间不仅有租赁合同法律关系，还有占有媒介关系。租赁法律关系是占有媒介关系的基础法律关系。了解该"双层"法律关系，有助于我们深入分析案情。

3. 在租赁期间，若出租人甲方主张占有回复请求权，承租人乙方可不予理睬，因为乙方享有占有抗辩权。

4. 租期届满，承租人乙方的占有抗辩权消灭，其应向出租人甲方回复租赁物的占有，即将租赁物交付给甲方。

5. 本案存在两个方向不同交付，一个是依据租赁合同的交付，一个是依据占有媒介关系的交付。

指示交付设质的"三角法律关系"（7）

1. 指示交付是指通过法律行为实现的观念交付。指示交付的标的物（指示物）由第三人占有，指示交付后由第三人继续占有。第三人可以是保管人、承租人、借用人、承揽人、受托人等。

2.《民法典》第 227 条就指示交付规定："动产物权设立和转让前,第三人占有该动产的,负有交付义务的人可以通过转让请求第三人返还原物的权利代替交付。"条文中的"设立"是指动产质权的设立,还是权利质权的设立？我的意见是,条文中的"设立"应解释为权利质权的设立。

3."请求第三人返还原物的权利"应当与物权相区分。物权是绝对权,而"请求第三人返还原物的权利"是占有回复请求权,是相对权。对指示交付的出质人而言,并非将"请求第三人返还原物的权利"转让给质权人,而是在自己保留这项权利的同时,又给质权人创设了占有回复请求权。

4.在指示交付设质场合,"脱离占有的本权"为质权的客体,质权人可依据此本权取得现实占有,从权利质押过渡到动产质押。

5."脱离占有的本权"与间接占有同质。[1] 指示交付使质权人成为间接占有人。

6.出质人由于保留了"请求第三人返还原物的权利",也处于间接占有人的地位,即出质人与质权人都是间接占有人,均以第三人(直接占有人)为占有媒介人,存在两个占有媒介关系。在指示交付设质情形,出质人与质权人之间并不存在占有媒介关系,他们之间形成三角法律关系。

占有抗辩权(8)

1.占有抗辩权是直接占有人对抗间接占有人的占有回复请求

---

[1] 参见隋彭生:《论占有之本权》,载《法商研究》2011 年第 2 期。

权的权利，它是一时的抗辩，不是永久的抗辩，当抗辩事由消灭后，直接占有人应当回复占有。

2. 占有抗辩权不同于占有防御权。占有抗辩权只存在于相对法律关系之中，是相对权。占有防御权是绝对权的效力，是针对任何人的权利，具有对世性，纵为无权占有人，也可以行使占有防御权。占有防御权也可能由直接占有人对间接占有人行使。

3. 占有抗辩权不同于履行抗辩权。直接占有人对间接占有人的占有回复，也是一种给付，这种给付是相对法律关系的客体（标的）。因而，行使占有抗辩权，是保留自己给付的行为。学界在表述履行抗辩权时，一般将其界定为保留自己给付的行为，但行使占有抗辩权的保留给付行为，表现为拒不归还占有的他人之物；而行使履行抗辩权的保留给付行为，是保留给付自己的财产或不提供劳务的行为。

4. 意定占有媒介关系存续期间，间接占有人一般并不能现实地请求回复占有，这是由于其基础法律关系在起作用。在理论解释上，类似于双务合同两个给付的牵连性。以用益法律关系中的租赁为例，须到期或者提前解除租赁合同，出租人（间接占有人）才能请求回复占有。否则，直接占有人即可以占有抗辩权对抗之。

第五部分
婚姻家庭、继承编

离婚协议的三个具体问题（1）

1. 离婚协议可能是"混血儿契约"。离婚协议包含解除身份关系的约定（身份合同），同时也可能包含债的约定（债权合同）。债的约定包括财产分割和财产赠与。赠与可能是离婚协议当事人之间的赠与，也可能是对第三人的赠与，该第三人通常是亲属，亲属之间的赠与有时构成道德义务性质的赠与（不可以任意撤销的赠与）。

从法律事实的角度看，"混血儿契约"是两种性质不同的法律事实，一是身份法律行为，二是财产法律行为。离婚的身份法律行为以办理离婚登记手续或以法院判决离婚为成就条件，而财产法律行为则以离婚为成就条件。

将离婚协议区分为两种法律事实的主要实益是，财产法律行为可以单独撤销或变更。在法理上，是通过撤销、变更意定法律事实，来撤销、变更法律关系。

2. 离婚协议公证的价值。一般来说，公证并不能改变协议（合同）的效力。具体到离婚的身份行为，是否公证，在效力上没有丝毫意义。但离婚协议中若有赠与的内容，公证就赋予了其特殊效力，因为按照《民法典》第658条的规定，赠与人在赠与的财产移转之前，有权任意撤销，但经过公证的赠与、道德义务性质的赠与和公益性质的赠与除外。

生活经验告诉我们，在平时，受赠人是不好意思提出公证的。请注意，要求公证离婚协议，就有了"明修栈道，暗度陈仓"的效果。

3. 离婚协议中的财产分割。针对离婚时的财产分割，当事人可能单独写一份合同，也可能包括在离婚协议中。

《婚姻家庭编的解释（一）》第70条规定："夫妻双方协议离婚后就财产分割问题反悔，请求撤销财产分割协议的，人民法院应当受理。人民法院审理后，未发现订立财产分割协议时存在欺诈、胁迫等情形的，应当依法驳回当事人的诉讼请求。"财产分割协议是债权合同，适用《民法典》的规定。上述条文中在"欺诈、胁迫"之后，有一个"等"字，这是一个"等外等"。按照限制解释规则，这个"等"，是指欺诈、胁迫以外的意思表示有瑕疵的行为。《民法典》规定的意思表示有瑕疵的行为包括重大误解、自始显失公平、欺诈、胁迫。我要强调的是，请求撤销财产分割协议，原因并非仅欺诈、胁迫两种。

对离婚逃债，债权人的撤销权（2）

离婚逃债是民间的说法，是指夫妻通过在离婚协议中订立共有财产分割条款来逃债。对符合法定条件的财产分割条款，债权人可以通过行使撤销权来维护自己的债权。《婚姻家庭编解释（二）》第3条规定："夫妻一方的债权人有证据证明离婚协议中财产分割条款影响其债权实现，请求参照适用民法典第五百三十八条或者第五百三十九条规定撤销相关条款的，人民法院应当综合考虑夫妻共同财产整体分割及履行情况、子女抚养费负担、离婚过错等因素，依法予以支持。"有四个问题需要说明：

其一，该规定所谓"参照适用"《民法典》第538条、539条对债权人撤销权成立事由的规定，[1]是不恰当的。因为，包含财产分割条款的离婚协议，是"混血儿协约"，即它是身份合同、债权合同的混合体，其中的财产协议（财产分割条款），是债权合同，自可"适用"《民法典》对债权人撤销权的规定，即应是"适用"而不应是"参照适用"。不仅是适用债权人撤销权成立事由的规定（第538条、539条），而且应适用债权人行使撤销权范围及必要费用负担的规定、[2]债权人行使撤销权除斥期间的规定、[3]撤销效力溯及既往的规定。[4]

例：张男与李女在离婚协议中约定："双方协议离婚，由于张男有过错，其同意'净身出户'，不分割共同财产。"办理离婚登记后，张男将房屋、汽车等重要共有财产移转登记到李女的名下。离婚协议中"净身出户"的财产分割条款，侵害了张男的债权人王某的利益，因为张男欠缺责任财产无法对王某清偿。王某知道张男"净身出户"后抓紧时间催债，催了一年半无果，遂起诉请求法院撤销张男与李女"净身出户"的财产分割条款。诉状

---

〔1〕《民法典》第538条规定："债务人以放弃其债权、放弃债权担保、无偿转让财产等方式无偿处分财产权益，或者恶意延长其到期债权的履行期限，影响债权人的债权实现的，债权人可以请求人民法院撤销债务人的行为。"第539条规定："债务人以明显不合理的低价转让财产、以明显不合理的高价受让他人财产或者为他人的债务提供担保，影响债权人的债权实现，债务人的相对人知道或者应当知道该情形的，债权人可以请求人民法院撤销债务人的行为。"

〔2〕《民法典》第540条规定："撤销权的行使范围以债权人的债权为限。债权人行使撤销权的必要费用，由债务人负担。"

〔3〕《民法典》第541条规定："撤销权自债权人知道或者应当知道撤销事由之日起一年内行使。自债务人的行为发生之日起五年内没有行使撤销权的，该撤销权消灭。"

〔4〕《民法典》第542条规定："债务人影响债权人的债权实现的行为被撤销的，自始没有法律约束力。"

中提出，如果该条款不能撤销，请求确认为无效。

请求撤销与请求确认无效，是两个"有矛盾"的诉讼请求，作为复合之诉提出是允许的，但在法律逻辑上应将请求无效排在前面，有效合同才撤销，在排除无效后才能考虑撤销的问题。"净身出户"的约定，不违反强制性规定，就本案已知条件来看，也不违反公序良俗，是有效的，不能确认为无效。本案"净身出户"的约定是撤销事由，但债权人王某提起诉讼时已经超过一年的除斥期间，应当驳回其诉讼请求。

其二，离婚协议中的财产分割条款确实有特殊性。在认定债权人撤销权时，应当综合考虑夫妻共同财产整体分割及履行情况、子女抚养费负担、离婚过错等因素。比如，在离婚时，有过错一方在分割财产时照顾了非过错一方，非过错一方适当多分了一部分，〔1〕对此应认定债权人的撤销权不成立。

其三，此处所说的债权人撤销权是针对夫或妻一方为债务人的撤销权。如果夫妻双方都是债权人的债务人，则以夫妻共同财产作为责任财产，〔2〕夫妻财产分割条款则没有必要撤销。

其四，所谓"分割"，是指对夫妻共有财产的分割。在离婚协议中，也会出现一方单独所有的财产给予对方的情况。此时，直接适用《民法典》对债权人撤销权的规定即可。

---

〔1〕 可以参照的是《民法典》第1087条第1款的规定："离婚时，夫妻的共同财产由双方协议处理；协议不成的，由人民法院根据财产的具体情况，按照照顾子女、女方和无过错方权益的原则判决。"

〔2〕《民法典》第1089条规定："离婚时，夫妻共同债务应当共同偿还。共同财产不足清偿或者财产归各自所有的，由双方协议清偿；协议不成的，由人民法院判决。"

一方的房产，被"加名""改名"的，在离婚诉讼中应如何处理？（3）

1. "加名""改名"合同的性质。"加名""改名"是民间用语，不是法律用语。"加名"就是在一方单独所有的房产上加上另一方的名字，使房产转为夫妻共有（按份共有或共同共有）。"改名"，就是将一方单独所有的房产改为另一方的名字，移转房屋所有权。一般是女方在男方的房产上"加名"或"改名"，但也不排除男方在女方的房产上"加名""改名"。

"加名""改名"实质是将房产份额或者房产无偿给予另一方，无偿给予的合同就是赠与合同。也就是说，夫妻婚前、婚姻关系持续中订立的"加名""改名"合同，是赠与合同（典型合同），不是非典型合同（无名合同）。应注意的是，婚前订立的"加名""改名"合同经常与婚约写在一起，构成"混血儿契约"，即身份合同与债权合同混在了一起，它们性质不同，效力也不同。

当事人一般在婚前约定，在结婚前或结婚后甲方在乙方的房产上"加名"（改为共有），或者乙方的房产改名为甲方（无偿转让），这是把结婚或者同意结婚作为赠与合同生效的条件。不能把结婚作为赠与合同所附义务，因为在法律上，结婚是权利，不是义务。

婚前订立的以结婚为条件的赠与，在条件成就后，转化为道德义务性质的赠与，赠与人丧失了任意撤销权。婚后订立的赠与合同，多为道德义务性质的赠与，但不可一概而论。

例：张男与李女通过网络相识，恋爱10天后海誓山盟，欲结连理，双方签订一份书面协议，约定将张男的房屋，加上李女的名字，并具体约定李女占房产50%的份额。书面协议中未提结婚的事情。

张男与李女的书面协议是赠与房屋份额的合同，虽然没有明说以结婚为条件，但结婚作为赠与的生效条件以默示条款的方式存在。该合同在条件成就前，张男享有任意撤销权，在结婚后（条件成就后），赠与合同成为道德义务性质的赠与，张男丧失了任意撤销权。

2. 一方的房产被"加名"或"改名"的，在离婚诉讼中应如何处理？

《婚姻家庭编解释（二）》第5条没有明确"加名"或"改名"合同的性质，采取务实的态度，分三种情况作出了具体规定。

（1）"加名""改名"在债权阶段的处理。

《婚姻家庭编解释（二）》第5条第1款规定："婚前或者婚姻关系存续期间，当事人约定将一方所有的房屋转移登记至另一方或者双方名下，离婚诉讼时房屋所有权尚未转移登记，双方对房屋归属或者分割有争议且协商不成的，人民法院可以根据当事人诉讼请求，结合给予目的，综合考虑婚姻关系存续时间、共同生活及孕育共同子女情况、离婚过错、对家庭的贡献大小以及离婚时房屋市场价格等因素，判决房屋归其中一方所有，并确定是否由获得房屋一方对另一方予以补偿以及补偿的具体数额。"

"加名""改名"在债权阶段，是指夫妻双方在婚前或婚后订立了房屋"加名"或"改名"合同，至离婚诉讼时尚未办理房屋过户登记（移转登记），要求"加名"或者"改名"的一方只是享有债权请求权。此种情况，双方对房屋归属或者分割有争议且协商不成的，人民法院可以判决房屋归一方单独所有。被判决单独所有的一方,是给予方(赠与人),还是被给予方(受赠人),司法解释未加明确,从法理上说,该方原则上应是房屋产权人。被判决单独所有的一方,往往要给予对方一定的补偿。

判决一方单独所有,需要确定该方应否给予对方补偿;如果补偿要补偿多少,需要考虑以下因素:

1)给予目的。这里的给予目的并不是严格意义的合同目的,因为房产赠与合同的目的是移转房屋所有权或房产份额。所谓给予目的实际是合同的间接目的,而间接目的是订立合同的动机。动机是促使订立合同的原因,在婚前签订"加名""改名"合同,结婚的动机已经成为合同生效的条件。婚后赠与的动机,复杂多样,比如为感激对方与自己结婚而给予房产,为酬谢对方的辛劳而给予对方房产(未构成对价),等等。

2)婚姻关系存续时间。有些"闪离",被给予方(受赠与人)不但拿不到房屋,也拿不到补偿或拿不到太多的补偿。

3)共同生活及孕育共同子女情况。有无共同子女,是一个要重点考量的因素。

4)离婚过错。比如,一方"出轨",则应"照顾"非过错的另一方。

5)对家庭的贡献大小。要肯定当事人对家庭的投入和付出。对家庭的贡献,未成为房屋赠与的对价,但成为补偿的一个因素。

6)离婚时房屋市场价格等因素。

(2)"加名""改名"已经发生物权变动的处理。

《婚姻家庭编解释(二)》第5条第2款规定:"婚前或者婚姻关系存续期间,一方将其所有的房屋转移登记至另一方或者双方名下,离婚诉讼中,双方对房屋归属或者分割有争议且协商不成的,如果婚姻关系存续时间较短且给予方无重大过错,人民法院可以根据当事人诉讼请求,判决该房屋归给予方所有,并结合给予目的,综合考虑共同生活及孕育共同子女情况、离婚过错、对家庭的贡献大小以及离婚时房屋市场价格等因素,确定是否由获得房屋一方对另一方予以补偿以及补偿的具体数额。"

至离婚诉讼时,若"加名""改名"已经发生物权变动(一方将其所有的房屋移转登记至另一方或者双方名下),在被给予人(受赠人)已经是物权人的情况下,可以判决房屋回归,即可以判决房屋由给予方(赠与人)单独所有,这样,导致要求"加名"或"改名"的一方"目的落空"。请注意,这不是确认之诉,而是由判决实现物权由被给予人向给予人的变动。〔1〕

判决房屋回归的实质条件是:"婚姻关系存续时间较短且给予方无重大过错"。

判决房屋回归,还要综合考虑有关因素,确定是否由获得房屋一方对另一方予以补偿以及补偿的具体数额。不是必须补偿,而是具体问题具体分析。

(3)加名""改名"合同具有法定撤销事由的情形。

《婚姻家庭编解释(二)》第5条第3款规定:"给予方有证据证明另一方存在欺诈、胁迫、严重侵害给予方或者其近亲属合法权益、对给予方有扶养义务而不履行等情形,请求撤销前两款规定的民事法律行为的,人民法院依法予以支持。"据此,不管房产是否办理过户登记(移转登记),出现以下两种事由,赠与人享有法定撤销权。

其一,受赠人(被给予方)采用欺诈、胁迫的手段订立的

---

〔1〕《民法典》第229条规定:"因人民法院、仲裁机构的法律文书或者人民政府的征收决定等,导致物权设立、变更、转让或者消灭的,自法律文书或者征收决定等生效时发生效力。"

"加名""改名"合同,是可撤销的合同,赠与人(给予方)可以在法定期间内请求法院撤销。[1]

其二,存在受赠人(被给予方)严重侵害赠与人(给予方)或者其近亲属合法权益、对赠与人(给予方)有扶养义务而不履行等情形,赠与人可以在法定期间内请求法院撤销赠与合同("加名""改名"合同)。[2]这项撤销事由的规定,说明最高人民法院延续《婚姻家庭编解释(一)》的观点,实际也承认"加名""改名"合同是赠与合同。[3]

父母为双方购置房屋,在结婚前出资与在结婚后出资的不同处理规则(4)

1. 在子女结婚前父母为双方购房,出资的处理规则。《婚姻

---

[1]《民法典》第148条规定:"一方以欺诈手段,使对方在违背真实意思的情况下实施的民事法律行为,受欺诈方有权请求人民法院或者仲裁机构予以撤销。"第149条规定:"第三人实施欺诈行为,使一方在违背真实意思的情况下实施的民事法律行为,对方知道或者应当知道该欺诈行为的,受欺诈方有权请求人民法院或者仲裁机构予以撤销。"第150条规定:"一方或者第三人以胁迫手段,使对方在违背真实意思的情况下实施的民事法律行为,受胁迫方有权请求人民法院或者仲裁机构予以撤销。"第152条规定:"有下列情形之一的,撤销权消灭:(一)当事人自知道或者应当知道撤销事由之日起一年内、重大误解的当事人自知道或者应当知道撤销事由之日起九十日内没有行使撤销权;(二)当事人受胁迫,自胁迫行为终止之日起一年内没有行使撤销权;(三)当事人知道撤销事由后明确表示或者以自己的行为表明放弃撤销权。当事人自民事法律行为发生之日起五年内没有行使撤销权的,撤销权消灭。"

[2]《民法典》第663条规定:"受赠人有下列情形之一的,赠与人可以撤销赠与:(一)严重侵害赠与人或者赠与人近亲属的合法权益;(二)对赠与人有扶养义务而不履行;(三)不履行赠与合同约定的义务。赠与人的撤销权,自知道或者应当知道撤销事由之日起一年内行使。"

[3]《婚姻家庭编解释(一)》第32条规定:"婚前或者婚姻关系存续期间,当事人约定将一方所有的房产赠与另一方或者共有,赠与方在赠与房产变更登记之前撤销赠与,另一方请求判令继续履行的,人民法院可以按照民法典第六百五十八条的规定处理。"

家庭编解释（一）》第 29 条第 1 款规定："当事人结婚前，父母为双方购置房屋出资的，该出资应当认定为对自己子女个人的赠与，但父母明确表示赠与双方的除外。"

（1）当事人结婚前，父母为双方出资购置房屋，是赠与性质。赠与的是"出资"（货币），而非房屋。用出资购买了房屋，财产形式发生了变化。比如，张三获赠 10 万元货币，用该 10 万元买了一间小房，从对 10 万元货币所有权，变成了对这间小房的所有权。

例：女儿准备结婚，与房地产公司签订了房屋买卖合同，老爸将 600 万元房款直接打给房地产公司，老爸与女儿之间成立的是 600 万元出资的赠与合同，而不是房屋赠与合同。女儿的房屋是从房地产公司取得，而非从老爸那儿传来取得。

（2）结婚前购房出资的赠与，除非父母明确受赠人是夫妻双方，否则应认定为对自己子女个人的赠与。

例：在儿子结婚前，父母对准儿媳妇说："我出钱给你们俩买一套婚房。"但父母与儿子的书面合同中明确约定："购房的出资 700 万元，归儿子个人所有。"签订合同后将 700 万元转给了儿子。

按照口头证据不能对抗书面证据的规则，应认定该 700 万元出资是赠与儿子个人的。

2. 在子女结婚后父母为双方购房，全额或部分出资的处理规则。

（1）一方父母在子女结婚后全额出资购买房屋，房屋归属的处理。

《婚姻家庭编解释（二）》第 8 条第 1 款就一方父母"全额"出资规定："婚姻关系存续期间，夫妻购置房屋由一方父母全额出资，如果赠与合同明确约定只赠与自己子女一方的，按照约定处理；没有约定或者约定不明确的，离婚分割夫妻共同财产时，人民法院可以判决该房屋归出资人子女一方所有，并综合考虑共同生活及孕育共同子女情况、离婚过错、对家庭的贡献大小以及离婚时房屋市场价格等因素，确定是否由获得房屋一方对另一方予以补偿以及补偿的具体数额。"赠与出资的合同是不要式合同，可以是口头形式，也可以是书面形式。

第一，如果父母与自己子女的赠与合同明确约定只赠与自己子女一方的，按合同的约定处理。赠与的是"出资"（货币），而非房屋；用该出资购买房屋的，房屋是出资的财产转化形式，房屋仍归自己子女单独所有。

第二，《婚姻家庭编解释（一）》第 29 条第 2 款规定："当事人结婚后，父母为双方购置房屋出资的，依照约定处理；没有约定或者约定不明确的，按照民法典第一千零六十二条第一款第四项规定的原则处理。"[1]没有约定或者约定不明确的，父母的出资按共有处理，但按《婚姻家庭编解释（二）》第 8 条第 1 款的规定，离婚分割夫妻共同财产时，人民法院可以改变共有状态，判决该房屋（共有财产）归出资人子女一方所有，并综合考虑有关因素，确定是否由获得房屋一方对另一方予以补偿以及补

---

[1]《民法典》第 1062 条第 1 款规定："夫妻在婚姻关系存续期间所得的下列财产，为夫妻的共同财产，归夫妻共同所有：（一）工资、奖金、劳务报酬；（二）生产、经营、投资的收益；（三）知识产权的收益；（四）继承或者受赠的财产，但是本法第一千零六十三条第三项规定的除外；（五）其他应当归共同所有的财产。"第 1063 条规定："下列财产为夫妻一方的个人财产：（一）一方的婚前财产；（二）一方因受到人身损害获得的赔偿或者补偿；（三）遗嘱或者赠与合同中确定只归一方的财产；（四）一方专用的生活用品；（五）其他应当归一方的财产。"

偿的具体数额。"补偿"不是必须的,要具体问题具体分析。

(2)一方父母在子女结婚后部分出资及双方父母共同出资购买房屋,房屋归属的处理。

《婚姻家庭编解释(二)》第8条第2款就一方父母"部分"出资及双方父母"共同"出资规定:"婚姻关系存续期间,夫妻购置房屋由一方父母部分出资或者双方父母出资,如果赠与合同明确约定相应出资只赠与自己子女一方的,按照约定处理;没有约定或者约定不明确的,离婚分割夫妻共同财产时,人民法院可以根据当事人诉讼请求,以出资来源及比例为基础,综合考虑共同生活及孕育共同子女情况、离婚过错、对家庭的贡献大小以及离婚时房屋市场价格等因素,判决房屋归其中一方所有,并由获得房屋一方对另一方予以合理补偿。"

第一,按约定处理。例如,购房需要1000万元,男方父母出资600万元,约定该出资只归自己的儿子,夫妻加上二人共同财产的400万元,共花1000万元买房,该600万元转化为儿子的房屋60%的份额,再加上共同财产中的200万元,总共可认定男方80%的份额。再如,购房需要1000万元,男方父母出资600万元,约定该出资只归自己的儿子,女方父母出资400万元,约定该出资只归自己的女儿,则用1000万元购买房屋的份额是四六开。

第二,没有约定或者约定不明确的,一方父母的部分出资以及双方父母的出资按共有处理。离婚分割夫妻共同财产时,人民法院可以改变财产共有的状态,判决房屋归一方所有,并由该方向对方合理补偿。判决房屋归哪方所有,是综合因素考量的结果,其中出资来源及比例是重要基础。

(3)两点注意事项。

1)《婚姻家庭编解释(二)》第8条第1款,在将共有的房屋判决归出资人子女一方所有的,是否向对方补偿,要根据具体情况确定,不是应当补偿。例如,结婚后"闪离",判决共有的房屋归出资人子女所有,可不向对方(要求"闪离方")补偿。而按第 8 条第 2 款,判决得到房产的一方,是应当向对方补偿的。因为,一方的父母只是部分出资,或者是双方父母出资,双方都只是部分出资。例如,购房需要 500 万元,男方父母出资 300 万元,则夫妻加上二人共同财产的 200 万元,共花 500 万元买房,判决房屋归男方所有时,应当向女方补偿 100 万元。再如,购房需要 500 万元,男方父母出资 300 万元,女方父母出资 200 万元,判决房屋归男方所有时,应当向女方补偿 200 万元。

2) 子女婚前与婚后,父母出资的赠与效果有所不同:婚前赠与归子女个人,不属于夫妻共有财产,除非明确夫妻双方都是受赠人;婚后的赠与,原则上归夫妻双方共有,除非赠与合同中确定只归一方所有。律师审查或代写对父母子女的赠与合同,特别要注意子女的婚姻状态。

思辨:无人继承的遗产先成为无主物吗?(5)

例:市民张三呜呼归西。张三无继承人,也无受遗赠人,其生前的一匹枣红马归国家所有。请问:在国家取得所有权之前,该马是无主物吗?张三的债权人主张权利,以谁为被告?

1. 无人继承的财产归国家所有,不是无主物。《民法典》第 1160 条规定:"无人继承又无人受遗赠的遗产,归国家所有,用于公益事业;死者生前是集体所有制组织成员的,归所在集体所有制组织所有。"

2. 归国家所有,要先确定无人继承、无人受遗赠。先确定无人继承、无人受遗赠,不是先确定为无主物。成为无主物的原因，有动产的抛弃等，无人继承、无人受遗赠不在其列。

3. 法律事实的成立与法律关系的形成是同步发生的。人的死亡及其无继承人、无受遗赠人是单一法律事实，还是复杂法律事实，可以讨论。但无疑，法律事实成立至形成法律关系，没有时间间隔。法律事实（本案张三死亡）成立的同时，就发生了国家所有权法律关系（绝对法律关系），不存在先成为无主物的可能。——不是先成为无主物，再归国家所有。

4. 《民法典》第1161条规定："继承人以所得遗产实际价值为限清偿被继承人依法应当缴纳的税款和债务。超过遗产实际价值部分，继承人自愿偿还的不在此限。继承人放弃继承的，对被继承人依法应当缴纳的税款和债务可以不负清偿责任。"遗产归国家所有后，张三的债权人可参照上述规定，请求以遗产偿还债务，被告通常是民政局。

自书遗嘱应当手写（6）

1. 自书遗嘱也就是我们通常所说的遗书。《民法典》第1134条规定："自书遗嘱由遗嘱人亲笔书写，签名，注明年、月、日。"

2. 遗嘱的"亲笔书写"是对内容的亲自书写。自书遗嘱应当为"严格"要式文书，应当由立遗嘱人手写并签名，当事人打印遗嘱后签名的，遗嘱无效。律师提供咨询的时候，应强调手写遗嘱并签名。

3. 打印的遗嘱，是代书，还是亲自录入打印，不容易分辨清楚。代书遗嘱是他人代写的遗书。《民法典》对其有明确的要求。[1]

---

[1]《民法典》第1135条规定："代书遗嘱应当有两个以上见证人在场见证，由其中一人代书，并由遗嘱人、代书人和其他见证人签名，注明年、月、日。"第1136条规定："打印遗嘱应当有两个以上见证人在场见证。遗嘱人和见证人应当在遗嘱每一页签名，注明年、月、日。"

4. 手写的遗嘱没有亲自签名，只有盖章和指模，不能生效。

必留份与特留份（7）

1. 《民法典》第 1141 条规定："遗嘱应当为缺乏劳动能力又没有生活来源的继承人保留必要的遗产份额。"该条中的继承人被称为"双缺"继承人。[1]为其保留的遗产份额被称为"必留份"，也有人称为"必继份"。

2. 特留份是指立遗嘱时应当给法定继承人留下的一定份额。《民法典》未规定特留份。特留份不需要具备"双缺"的要件。

例：张某立下遗嘱，将全部财产遗赠给第三人王某。张某死后，王某持遗嘱向遗产实际管理人张某之妻李某请求交付财产。双方发生争议，诉讼至法院。李某主张遗嘱无效，因为遗嘱未给两岁的女儿留下财产，女儿属于"双缺"继承人。受遗赠人王某则主张，李某对女儿有抚养义务且有固定的收入，故女儿是有生活来源的。给女儿保留必要的份额属于特留份，我国《民法典》对此并无规定。

不能认为有抚养义务人就是有生活来源，这种解释违背了传统习惯和善良风俗，况且，也不能允许以立遗嘱的手段将抚养孩子的义务转嫁到妻子一人身上。故应当视张某财产的多寡，认定遗嘱无效或者部分无效。

---

[1] 《最高人民法院关于适用〈中华人民共和国民法典〉继承编的解释（一）》第 25 条规定："遗嘱人未保留缺乏劳动能力又没有生活来源的继承人的遗产份额，遗产处理时，应当为该继承人留下必要的遗产，所剩余的部分，才可参照遗嘱确定的分配原则处理。继承人是否缺乏劳动能力又没有生活来源，应当按遗嘱生效时该继承人的具体情况确定。"

后老伴在对方以遗嘱处分全部财产后还能拿到遗产吗？（8）

例：李女士（61周岁）嫁给了张先生，是张先生的后老伴。结婚后不久，张先生患重病，抱恨而亡。李女士想继承张先生的遗产，却发现张先生已经立下遗嘱，将所有的遗产给了自己的亲生儿子。

《中华人民共和国老年人权益保障法》第2条规定："本法所称老年人是指六十周岁以上的公民。"第22条第3款规定："老年人以遗嘱处分财产，应当依法为老年配偶保留必要的份额。"第85条规定："本法自2013年7月1日起施行。"依据上述特留份的规定，后老伴李女士尽管结婚没几天，仍可取得张先生的遗产（请注意法律生效的时间）。

特留份不要求具备"双缺"（双无）的条件，即不要求继承人无生活来源和无劳动能力。为"双缺"之人留下的必要份额，称为必留份。

遗嘱：期待权与既得权之别（9）

例：张三立遗嘱，说明死后一架钢琴归邻居李四所有。

1. 张三立遗嘱，是意定法律事实，是单方法律行为，是无相对人的意思表示。该遗嘱不以送达为生效要件，更不以相对人李四受领为生效要件。
2. 遗嘱是死因行为，于立遗嘱人死亡时生效。
3. 其实，遗嘱作成后，即在立遗嘱人与受遗赠人之间发生相对法律关系。在此法律关系中的李某，对钢琴的所有权（目标权利）享有期待权，受遗赠权却是既得权。

比如，王二与房产公司签订了房屋买卖合同，购买某小区302房屋。合同成立时，王二请求取得302房屋所有权的债权是既得权，对302房屋的所有权（目标权利）只是期待权。

债权成立，对该债权是既得权，债权的实现是期待权。

4. 立遗嘱是负担行为，还是处分行为？严格意义上的处分行为是引起物权变动的行为。显然，立遗嘱并非处分行为，而是一种负担行为（也可称为债权性处分行为），尽管立遗嘱人可以再取消遗嘱。

律师可能问：期待权、既得权的理论对担当实务工作的律师有什么用？

——理论是解释工具。很多律师醉心于对司法解释的研究和掌握，把握它的精髓，看出它的毛病，是需要理论指导的。没有理论，很难说服法官。

继承人在被继承人生前放弃继承权的效力（10）

例：张爷爷与李奶奶是夕阳恋，要结夕阳婚。张爷爷的儿子们怕不久的将来李奶奶继承张爷爷的遗产。张爷爷对李奶奶说："咱们签订一个互不继承的协议吧。"

李奶奶找到某律师，交了100元。律师告诉她："继承开始后，继承人放弃继承的，应当在遗产处理前，作出放弃继承的表示。没有表示的，视为接受继承。即放弃继承，应当在被继承人死后为之，否则放弃遗产继承的意思表示不具有法律效力，放弃继承人仍享有法定继承权。"律师给李奶奶出主意："你放心地签，张爷爷死后就主张无效。"

——这下就把李奶奶带到沟里去了。

1. 当事人之间婚前签订的互不继承遗产的协议（互相放弃继承权的协议）是有效的。

（1）这是一项合意，是双方法律行为。双方法律行为需要交换意思表示，在合致时成立。单方法律行为（单独行为）区分为有相对人的意思表示和无相对人的意思表示，因而它们成立的要件是不同的。放弃继承权亦可以单方法律行为为之。

（2）互不继承遗产的协议，是一个双务合同，即双方为对待给付。夫妻法律关系（身份法律关系）是继承法律关系（财产期待权法律关系）的基础法律关系。学说认为，继承权是身份权，因而不得放弃。这个观点把身份法律关系与财产法律关系搅和在一起了。义务不能放弃，财产权是可以放弃的。

（3）当事人婚前签订的互不继承遗产的协议是附停止条件的，在办理结婚登记后生效，并非在一方或者双方死亡时生效。

（4）继承法律关系存在于活人与活人之间。被继承人驾鹤西去，就不存在继承法律关系了，继承人的继承权（财产期待权）演变成对财产的既得权。

2. 该律师的观点是学界错误观点的折射。《民法典》第230条规定："因继承取得物权的，自继承开始时发生效力。"不仅是物权，其他权利甚至是义务，都在被继承人死亡时发生移转，例如，由于被继承人死亡，发生债权债务的概括承受。在被继承人死亡后的放弃，并非放弃继承权，而是放弃既得的财产权。我的结论是：严格意义上的继承权的放弃只能在被继承人生前为之。

附"既成条件"的放弃遗产的协议（11）

附"既成条件"，等于行为没有附条件，并不导致行为无效。

例：甲、乙、丙、丁四兄弟姐妹3月1日订立协议，约定：

由于大姐甲对父亲尽赡养义务较多（母亲早已去世），待父亲去世后，甲继承遗产的三分之一，其余由乙、丙、丁平均继承。当甲、乙、丙、丁赶到家乡时，才得知父亲已于2月28日因意外事故死亡。

从表面来看，本案中甲、乙、丙、丁之间的协议是附条件的，不是附期限的（须父亲先死，但父亲不一定先死）。该协议所附条件是既成条件（已经发生的事实作为条件），尽管立协议人不知情，但不影响既成条件的存在。该协议有效，但不属于附条件的合同，而是一般合同。

遗赠扶养协议的给付（12）

1. 遗赠扶养协议是双务、有偿合同，双方的给付为对价关系（但未必是充分对价），但扶养人一方的给付有射幸性质。[1]

2. 被扶养人（"遗赠人"）的给付为其个人全部财产或部分财产，在其死亡时发生财产的移转效果。

3. 扶养人的给付为劳务给付或财产给付，或者为"混合给付"（既包括劳务给付，又包括财产给付）。

例：老人张某与保姆李某签订遗赠扶养协议，约定由保姆照顾张某余生（劳务给付），张某死亡后，全部遗产归李某。

张某死后，张某之子王某千里奔丧，来争遗产，其认为遗赠扶养协议无效，应当由自己继承遗产。

---

[1]《民法典》第1123条规定："继承开始后，按照法定继承办理；有遗嘱的，按照遗嘱继承或者遗赠办理；有遗赠扶养协议的，按照协议办理。"第1158条规定："自然人可以与继承人以外的组织或者个人签订遗赠扶养协议。按照协议，该组织或者个人承担该自然人生养死葬的义务，享有受遗赠的权利。"

经查:张、李二人虽然签订了遗赠扶养协议,但张某按中介公司规定的标准按月支付保姆费,提供食宿等条件。

本案不应按遗赠扶养协议处理,也不能按遗赠处理(遗赠是单方法律行为),对遗产应为死因赠与,因为保姆的扶养给付已经有充分的对价,不具有遗赠扶养协议所要求的射幸性质。

认定为死因赠与带来的问题是,张某之子王某能否对死因赠与行使《民法典》对赠与合同规定的任意撤销权。如果张某生前有任意撤销权的话,其子可以承继该权利,但是张某对保姆李某的赠与属于道德义务性质的赠与,生前没有任意撤销权。

遗赠扶养协议双方有无任意解除权?(13)

1. 任意解除权也称为随时解除权,是当事人无需理由,也无需对理由举证就可以单方解除合同的简单形成权。承揽合同的定作人、保管合同的寄存人、运输合同的旅客和托运人、不定期租赁的出租人和承租人、委托合同的委托人和受托人,都有随时解除权。随时解除权有的以损害赔偿为代价,有的不以损害赔偿为代价。

2. 遗赠扶养协议是具有特殊信任关系的合同,双方都有任意解除权,如否认当事人的此项权利,就会产生对人格权的侵害。

3. 《民法典》上的解除,分为溯及既往的解除与面向将来的解除。遗赠扶养协议扶养人的给付为持续性给付,协议的解除应当为哪一种解除呢?我认为应当是面向将来的解除,对已经履行的部分不发生效力。这样就产生两个问题:

第一,对解除前扶养人已经进行的给付,被扶养人应当给予补偿,包括对劳务给付的补偿和对财产给付的补偿。

第二,扶养人的期待利益(获得被扶养人的遗产)应当如何解决?如果是扶养人无故解除,就不能再请求对期待利益的补偿；如果是被扶养人无故解除，应当就期待利益的丧失给予适当赔偿（违约责任）。也就是说，这种任意解除权应以损害赔偿为代价，这种赔偿是对可得利益损失的赔偿。

遗赠扶养协议扶养人的资格（14）

1. 概述。遗赠扶养协议是双方法律行为，一方为"遗赠人"，一方为扶养人。"遗赠人"的称谓是名不副实的，因为遗赠扶养协议是有给付对价的，并不是"赠"，且并无遗嘱的性质。我们暂且将被扶养人称为"遗赠人"。

一般认为，用以"遗赠"的财产，可以是遗赠人的全部财产，也可以是部分财产。我认为以全部财产作为标的财产是不妥当的，因为"遗赠人"的消费会受到极大控制。

2. 自然人作为扶养人应有一定的限制。负担法定扶养义务的法定继承人不能作为遗赠扶养协议的扶养人，否则事实上剥夺了"遗赠人"请求法定扶养给付的权利。

不负担扶养义务的第二顺序法定继承人可以作为扶养人。监护人也不存在作为遗赠扶养协议扶养人的可能，其也不能代理被监护人签订遗赠扶养协议。

例：张某孤身一人，儿女俱丧，是否可与有能力的外孙李某签订遗赠扶养协议？

李某有代位继承权（属于第一顺序），且负有法定赡养义务，不能作为约定的扶养人。[1]

---

[1]《民法典》第1074条规定："有负担能力的祖父母、外祖父母，对于父母已经死亡或者父母无力抚养的未成年孙子女、外孙子女，有抚养的义务。有负担能力的孙子女、外孙子女，对于子女已经死亡或者子女无力赡养的祖父母、外祖父母，有赡养的义务。"

限制行为能力人可否为遗赠扶养协议的"遗赠人"(15)

1. 先从遗嘱说起。

(1) 遗嘱有两个用途,一个是设定遗嘱继承,一个是设定遗赠。因为立遗嘱是财产的单纯付出,没有收获,故为保护限制行为能力人,《民法典》规定,立遗嘱人须为完全行为能力人。[1]

(2) 立遗嘱是单方法律行为,单方法律行为是依一方的意志即可生效的行为。单方法律行为干三件事情:一是单纯为行为人自己设定义务(对他人没有对价的给付),二是动产的抛弃,三是行使形成权。法律对限制行为能力人单纯为自己设定义务(设立没有对价的给付)给予限制,立法意图是加强对弱者的保护。

2. 再看遗赠扶养协议。

(1) 遗赠扶养协议是双方法律行为,双方都负担对价式的给付,不过这种给付有一定的射幸性质,扶养的时间可能很长,也可能很短,"遗赠人"什么时候驾鹤西归,是说不准的事情。

(2) 遗赠扶养协议并无"赠"的性质,也无遗嘱性质,是双方的交易行为,不但有付出,而且有收获,是债权合同,因此可以适用《民法典》合同编的规定。即使"遗赠人"是限制行为能力人,只要与其行为能力相适应,遗赠扶养协议的效力就不受影响。[2] 这同样是为了保护"遗赠人"的利益。

---

[1]《民法典》第1143条第1款规定:"无民事行为能力人或者限制民事行为能力人所立的遗嘱无效。"

[2]《民法典》第19条规定:"八周岁以上的未成年人为限制民事行为能力人,实施民事法律行为由其法定代理人代理或者经其法定代理人同意、追认;但是,可以独立实施纯获利益的民事法律行为或者与其年龄、智力相适应的民事法律行为。"第145条第1款规定:"限制民事行为能力人实施的纯获利益的民事法律行为或者与其年龄、智力、精神健康状况相适应的民事法律行为有效;实施的其他民事法律行为经法定代理人同意或者追认后有效。"

(3) 实务中，有些轻度老年痴呆症患者作为"遗赠人"与他人订立遗赠扶养协议，只要没有损害其利益的情形（如显失公平），就应当认可协议的效力。监护人主张协议无效的，一般不应予以支持，而且协议可以对抗法定继承人。

监护人可否代理被监护人签订遗赠扶养协议？(16)

有些监护人欠缺监护能力，这里的监护能力不是实施法律行为的能力，而是照顾能力、经济能力等。

社会保障供应不足，法律又缺少变通的规定，应当允许监护人代理被监护人与第三人签订遗赠扶养协议，只要符合被监护人的利益，就应当认可遗赠扶养协议的效力。在签订遗赠扶养协议之后，监护人并不丧失其地位和责任。

例：甲是乙女（精神病患者，无行为能力）的法定监护人，家中再无他人。乙女有一套价值500万元的房屋。甲退休工资低，年老多病，就把以前的保姆丙女找回来，代理乙女与丙女签订了遗赠扶养协议，约定由丙女照顾乙女，生活费用也由丙女出，乙女去世后，房屋归丙女。此协议是有效的，因为它对乙女有利而无害。

有人问：甲以自己的名义与丙女签订照顾乙女的合同，乙女死后，由甲继承房屋，再转给丙女，是否可行？——不可行，若甲先死，就不好办了。

赠与、死因赠与、遗赠扶养协议、遗赠（17）

赠与是双方法律行为。赠与的财产是物时，依物权变动的公示原则，如为移转所有权的赠与，不动产赠与要办理所有权变更登记，动产赠与要交付。以上所言登记和交付是双方法律行为，即在赠与合同（双方法律行为）的基础上，还要有引起物权变动的双方法律行为。

一般认为，死因赠与是以赠与人死亡为生效条件的赠与。其实，死因赠与合同作为诺成合同，在赠与人与受赠人达成合意的时候就生效了。死因赠与合同（死因赠与法律关系）只能在活人与活人之间存在。赠与人生前若不能见到生效的合同，他死不闭眼啊！赠与人之死，只是财产移转的条件，而不是合同生效的条件。

以法律行为变动物权，受公示原则的规制。死因赠与法律关系成立的法律事实，也是双方法律行为，但直接引起物权变动和其他财产权变动的原因，却是赠与人的死亡，即死因赠与的物权变动并不适用公示原则。

赠与（含死因赠与）是无偿行为，而遗赠扶养协议却是有偿行为。遗赠扶养协议，有"赠"之名，无赠与之实。遗赠扶养协议不是身份合同，而是债权合同。

遗赠扶养协议不是合同附条件，而是给付附条件，扶养人的给付是不附条件的，被扶养人的给付是以其死亡为条件的。被扶养人的财产移转给扶养人并不受物权变动公示原则的限制。

遗赠是通过遗嘱设立的。[1]遗嘱是单方法律行为，是无相对

---

[1]《最高人民法院关于适用〈中华人民共和国民法典〉继承编的解释（一）》第3条规定："被继承人生前与他人订有遗赠扶养协议，同时又立有遗嘱的，继承开始后，如果遗赠扶养协议与遗嘱没有抵触，遗产分别按协议和遗嘱处理；如果有抵触，按协议处理，与协议抵触的遗嘱全部或者部分无效。"第29条规定："附义务的遗嘱继承或者遗赠，如义务能够履行，而继承人、受遗赠人无正当理由不履行，经受益人或者其他继承人请求，人民法院可以取消其接受附义务部分遗产的权利，由提出请求的继承人或者受益人负责按遗嘱人的意愿履行义务，接受遗产。"第38条规定："继承开始后，受遗赠人表示接受遗赠，并于遗产分割前死亡的，其接受遗赠的权利转移给他的继承人。"

人的意思表示。遗赠财产的移转，以立遗嘱人的死亡为条件。遗嘱是附条件的，不是附期限的。有人会提出反对意见：期限必然届至，条件可能发生，死亡是必然发生的，因此遗赠是附期限的！

只有立遗嘱人先死，受遗赠人才能取得财产，如果受遗赠人先死，既不发生转继承，也不发生代位继承。我上课时常讲：此时一切化为云烟。

讲了这些，与律师业务有什么关系呢？我想，最重要的一点，是判断标的财产是否移转，这里面有文章可作。

第六部分
侵权责任编

准格言:"侵害一项权利,产生他项权利"(1)

1. 甲侵害了乙的人身权,不产生人身权,而产生受害人乙的损害赔偿请求权(债权)。

2. 甲侵害了乙的物权,不产生物权,而产生受害人乙的损害赔偿请求权(债权)。

3. 甲侵害了乙的知识产权,不产生知识产权,而产生受害人乙的损害赔偿请求权(债权)。

4. 甲以背于善良风俗的方法侵害了乙的债权(相对权),产生受害人乙的损害赔偿请求权(债权)。前后是两个或两种债权。

5. 我以前写的是:"侵害一个绝对权,产生一个相对权。"后来考虑到相对权也有可能作为侵权行为的客体,故重新提出准格言。

6. 准格言是浓缩信息的顺口溜。

认定侵权责任的相当因果关系(2)

一般以相当因果关系理论判断是否存在因果关系。"所谓相当因果关系,乃指加害行为在一般情形下,皆能发生该等损害结果之连锁关系。"[1]认定公式是："无此行为，虽不必生此损害，有此行为，通常即足生损害者，是为有因果关系。无此行为，必不生此种损害，有此行为通常亦不生此损害者，即无因果关系。"[2]

例：王二将砍刀绑在长竹竿上，站在屋脊上砍树枝。屋脊雨后湿滑，王二一不小心，差点从屋顶掉下。李女路过，看到王二的狼狈相，哧地笑了一声。王二感觉自尊心受到伤害，挥刀乱砍，砍到一条高压线上，被电击落地，滚在李女的石榴裙下。对王二之损害，李女是否承担责任？

不承担责任，因无相当因果关系。有此行为，通常不生此损害。

八种违法阻却事由（3）

除非具备违法阻却事由，否则任何对绝对权有妨碍的行为，都是侵权行为。有时，对相对权有妨碍的行为，也可构成侵权行为。

学者列出的违法阻却事由有七种，它们是：①正当防卫；②紧急避险；③自助行为；④无因管理；⑤权利行使；⑥被害人允诺；⑦正当业务。[3]对他人财产合理用益之法定债权，例如对

---

[1] 邱聪智：《新订民法债编通则》（上）（新订一版），中国人民大学出版社2003年版，第105页。

[2] 王泽鉴：《侵权行为法》（第一册）（基本理论·一般侵权行为），中国政法大学出版社2001年版，第204页。

[3] 参见郑玉波：《民法债编总论》（修订二版），陈荣隆修订，中国政法大学出版社2004年版，第125~126页。

他人作品的合理使用，[1] 应归入上述第五项"权利行使"之中。

实际上，还有第八种违法阻却事由，它就是善意取得。善意取得，是物权人（绝对权人）的特定的物丧失占有或登记的一种不利结果。善意取得人不构成无过失侵权。无权处分是对他人绝对权的侵害，善意取得的受让人却具备违法阻却事由。

紧急避险：法益的冲突（4）

紧急避险是为了使公共利益、本人或者他人的人身或财产避免正在发生的危险，不得已采取的损害他人利益的行为，如李某被狼追赶，破张某之门而入，藏身屋内。紧急避险行为，体现了两个主体法益的冲突，是以对他人的较小损害来避免自己较大损害的行为。行为人以牺牲他人之同等价值的法益为代价来保护自

---

[1]《著作权法》第 24 条规定："在下列情况下使用作品，可以不经著作权人许可，不向其支付报酬，但应当指明作者姓名或者名称、作品名称，并且不得影响该作品的正常使用，也不得不合理地损害著作权人的合法权益：（一）为个人学习、研究或者欣赏，使用他人已经发表的作品；（二）为介绍、评论某一作品或者说明某一问题，在作品中适当引用他人已经发表的作品；（三）为报道新闻，在报纸、期刊、广播电台、电视台等媒体中不可避免地再现或者引用已经发表的作品；（四）报纸、期刊、广播电台、电视台等媒体刊登或者播放其他报纸、期刊、广播电台、电视台等媒体已经发表的关于政治、经济、宗教问题的时事性文章，但著作权人声明不许刊登、播放的除外；（五）报纸、期刊、广播电台、电视台等媒体刊登或者播放在公众集会上发表的讲话，但作者声明不许刊登、播放的除外；（六）为学校课堂教学或者科学研究，翻译、改编、汇编、播放或者少量复制已经发表的作品，供教学或者科研人员使用，但不得出版发行；（七）国家机关为执行公务在合理范围内使用已经发表的作品；（八）图书馆、档案馆、纪念馆、博物馆、美术馆、文化馆等为陈列或者保存版本的需要，复制本馆收藏的作品；（九）免费表演已经发表的作品，该表演未向公众收取费用，也未向表演者支付报酬，且不以营利为目的；（十）对设置或者陈列在公共场所的艺术作品进行临摹、绘画、摄影、录像；（十一）将中国公民、法人或者非法人组织已经发表的以国家通用语言文字创作的作品翻译成少数民族语言文字作品在国内出版发行；（十二）以阅读障碍者能够感知的无障碍方式向其提供已经发表的作品；（十三）法律、行政法规规定的其他情形。前款规定适用于对与著作权有关的权利的限制。"

己的利益，不是紧急避险。

例1：张某被巨石压住了腿，为了保住性命，他抽刀断腿。尽管有利益的权衡和取舍，但不构成紧急避险，因为紧急避险是两个主体的法益的碰撞。

例2：张三和李四因事故同时落海，二人同时抓住一块木板，但木板只能救一人之急，抢到者可能活，抢不到的必死。张三力大，推开李四。张三在海上漂流三天后获救，后发现李四尸首。张三损害的是同等法益，不构成紧急避险。

紧急避险人可能是受益人，也可能不是受益人。紧急避险可能涉及第三人，也可能不涉及第三人。紧急避险分为攻击性紧急避险和防御性紧急避险。

《民法典》第182条规定："因紧急避险造成损害的，由引起险情发生的人承担民事责任。危险由自然原因引起的，紧急避险人不承担民事责任，可以给予适当补偿。紧急避险采取措施不当或者超过必要的限度，造成不应有的损害的，紧急避险人应当承担适当的民事责任。"引起险情的人对损害承担责任，自然是合理的、正当的。如果危险是由于自然原因引起的，紧急避险人并非受益人，则其不承担责任；若紧急避险人兼为受益人，则应当对受损人给予适当补偿。不当紧急避险人，构成侵权，应当对"不应有的损害"承担责任。

紧急避险与正当防卫有明显的异同：①都是合法行为（违法阻却事由）；②都是为了使公共利益、本人或者他人的利益免遭损害或者侵害；③都是针对正在发生的危害；④正当防卫针对人的非法侵害，而紧急避险的险情，可能是自然原因引起，也可能是人的原因引起；⑤两者都要求不能超过必要的限度，但是正当防卫造成的非法行为人的实际损害，可能大于非法侵害行为有可能造成的损害；紧急避险造成的损害，必须小于险情造成的损害，是"舍小保大"的行为；⑥紧急避险有两个法益的冲突，而正当防卫没有法益的冲突；⑦正当防卫造成的损害，防卫人不承担责任；紧急避险造成的损害，避险人如果是受益人的话，则要对受害人给予适当补偿；⑧对紧急避险可以紧急避险，对正当防卫不能正当防卫，因为前者可使损失降到最小，而对正当防卫进行防卫则是对合法行为的打击。

补充责任与连带责任的区别（5）

1. 对补充责任的规定。《民法典》有两条关于补充责任的规定。

（1）违反公共安全保障义务的责任。《民法典》第1198条第1款规定："宾馆、商场、银行、车站、机场、体育场馆、娱乐场所等经营场所、公共场所的经营者、管理者或者群众性活动的组织者，未尽到安全保障义务，造成他人损害的，应当承担侵权责任。"第2款规定："因第三人的行为造成他人损害的，由第三人承担侵权责任；经营者、管理者或者组织者未尽到安全保障义务的，承担相应的补充责任。经营者、管理者或者组织者承担补充责任后，可以向第三人追偿。"

第一，本条规定的损害包括人身损害和财产损害。

第二，未履行公共安全保障的法定义务致使他人受损害的，为一般侵权，不属于特殊侵权，故而适用过错责任原则。

第三，对第三人侵权，公共安全保障义务人的侵权责任也是过错责任，但对责任后果却是与过错行为原因力相应的补充责任。

例：张三在众多的游船中间打闹，不慎将李四撞入河中淹死。张三应当赔偿；公园的管理者对打闹行为听之任之，公园应当承担与过错相应的补充赔偿责任，而不是对全部损失承担连带责任。比如，法院判决张三应当赔偿 50 万元，公园对李四死亡的过错行为有 30% 的原因力：张三全部予以赔偿，则公园不用再赔偿；张三无力赔偿，则公园与过错相适应的补充责任为 15 万元。这种补充责任是一种连带责任，公园可以向张三追偿。

（2）教育机构对第三人侵权承担的责任。《民法典》第 1201 条规定："无民事行为能力人或者限制民事行为能力人在幼儿园、学校或者其他教育机构学习、生活期间，受到幼儿园、学校或者其他教育机构以外的第三人人身损害的，由第三人承担侵权责任；幼儿园、学校或者其他教育机构未尽到管理职责的，承担相应的补充责任。幼儿园、学校或者其他教育机构承担补充责任后，可以向第三人追偿。"

第一，这里所说的侵权仍然是指侵害人身权，不包括侵害财产权。

第二，侵权的主体，是第三人及幼儿园、学校或者其他教育机构。被侵权人包括无民事行为能力人与限制民事行为能力人两类。

第三，教育机构对第三人侵权承担的是过错责任、补充责任。所谓补充责任，是基于过错行为原因力的补充责任。

例：张三冲进某幼儿园杀死一名幼儿，应赔偿 100 万元。经查，幼儿园也有门卫管理不当的责任。设幼儿园有过错，原因力约占 30%，而张三应赔偿 100 万元，但其只有赔偿 50 万元的能力。此种情况下，应判决张三赔偿 100 万元，幼儿园承担的补充责任为 30 万元。

2. 补充责任与连带责任的区别。

（1）连带责任的特点。

第一，一般是就债务整体承担连带责任，而不是对其中一部分承担连带责任。

第二，连带责任人之间责任的承担没有顺序关系（合伙企业与合伙人承担责任的顺序关系是"另类顺序关系"）。

第三，连带责任包括对意定之债的连带责任（如个人合伙人成立的买卖之债），也包括对法定之债的连带责任（如共同侵权）。也就是说，连带责任的发生原因有意定法律事实和法定法律事实。

第四，连带之债有时是指连带债务（如个人合伙人就货款而承担的连带债务）；有时候是狭义的责任（如共同侵权人的连带责任），狭义的责任是对义务的违反，存在于救济法律关系之中。

第五，连带之债的存在不以过错为前提条件。

（2）补充责任的特点。

第一，补充责任是对可分之债中部分之债承担责任。

第二，补充责任是在侵权人不能清偿的部分范围内承担责任（有顺序关系）。

第三，补充之债是过错之债。

第四，补充之债的范围或数额取决于过错行为的原因力。

第五，补充责任存在于救济法律关系之中。

（3）两种责任的区别。

补充责任不是按份责任，而是一种特殊的连带责任，其与一般连带责任有明显区别：①债务范围不同；②承担的顺序不同；③发生的原因不同；④是否有过错不同；⑤依存的法律关系不同。

3. 补充责任在适用上应与偶然结合相区分。《民法典》第1172条规定："二人以上分别实施侵权行为造成同一损害，能够确定责任大小的，各自承担相应的责任；难以确定责任大小的，平均承担责任。"这是二人以上行为偶然结合造成同一损害的情形,侵权人承担按份之债。

4. 补充责任理论上的争点。有学者认为补充责任是不真正连带责任——这肯定不是。

不少学者认为,承担补充责任者有过错,因而其承担责任后,无权向"被补充者"追偿。我认为可以向终极责任人追偿。

医院一般过失能否免责?(6)

《民法典》第1218条规定:"患者在诊疗活动中受到损害,医疗机构或者其医务人员有过错的,由医疗机构承担赔偿责任。"诊疗活动致人损害的,适用过错责任原则。一般过失也称为轻过失,不是医疗机构或者其医务人员的免责事由。

例:张某在动手术之前,应医院的要求,签订了格式保证书,保证非因医院的故意和重大过失造成事故,不追究医院的责任。

该格式保证书的实质,是医院对人身伤害一般过失免责。依据《民法典》第497条、第506条第1项,该免责条款是无效的。[1]

共同危险行为一例(7)

例:甲、乙在公路上飙车,约定先到某标志建筑物前为胜。

---

[1]《民法典》第497条规定:"有下列情形之一的,该格式条款无效:(一)具有本法第一编第六章第三节和本法第五百零六条规定的无效情形;(二)提供格式条款一方不合理地免除或者减轻其责任、加重对方责任、限制对方主要权利;(三)提供格式条款一方排除对方主要权利。"第506条第1项规定:"合同中的下列免责条款无效:(一)造成对方人身损害的。"

两辆车前后衔尾疾驶,一辆车刮倒行人丙,致丙受伤。从车上的刮痕已经不能确定是甲车还是乙车致丙受伤,丙提起诉讼。

《民法典》第1170条就共同危险行为规定:"二人以上实施危及他人人身、财产安全的行为,其中一人或者数人的行为造成他人损害,能够确定具体侵权人的,由侵权人承担责任;不能确定具体侵权人的,行为人承担连带责任。"甲、乙二被告因共同危险行为应承担连带赔偿责任。

无意思联络分别侵权的按份责任(8)

《民法典》第1172条规定:"二人以上分别实施侵权行为造成同一损害,能够确定责任大小的,各自承担相应的责任;难以确定责任大小的,平均承担责任。"

侵权人为二人以上,分别实施侵权行为,无意思联络,行为偶然结合在一起共同造成损害,属于多因一果。欠缺了某一侵权人的行为,都不能造成同样的损害结果。侵权人承担按份责任,互相之间不存在追偿的问题。侵权人承担的是与过错、原因力"相应"的责任,难以确定责任大小的,平均承担赔偿责任。

例1:甲追打乙,乙从巷子跑出,被超速驾车行驶的丙撞伤,则甲与丙的行为是偶然结合,不承担连带责任,各自承担相应的责任(按份责任)。

例2:夜间,高速公路上,甲驾车往南、乙驾车往北,李老头违章横穿公路,被甲车"撞飞",落在乙车前,被乙车撞死。经查,甲、乙均无过错。甲、乙对李老头之死,在行为上为偶然结合,在因果关系上为多因一果,在归责上适用无过错责任原则。甲、乙承担按份责任。

例3:甲在驾驶汽车时突然右打轮,骑自行车的乙急向右躲避,陷入施工人丙在路边挖的一个大坑,遭受重伤。该大坑没有防护措施,也没有警示标志。请问:是甲承担责任,还是甲、丙共同承担责任?

甲、丙的行为是分别侵权,构成偶然结合,应当分担责任。甲如是故意,应承担主要责任。

例4:两个中学生在人行道路上嬉戏,撞倒一棵腐朽的树,砸伤行人。中学生一方与管理者(市政)一方的行为是偶然结合,承担按份责任。两个中学生之间是共同过失,对他们的责任份额承担连带责任。

例5:甲将乙打伤,但并非致命伤害,乙到医院治疗,医院的过失致乙死亡。甲与医院的行为不属于以上所说的偶然结合、多因一果,不是连带责任,也不是按份责任。本案有两个损害,侵权人各自承担责任。

高度危险责任之一种(9)

例:王二沿着铁轨向前行走,一列火车轰隆驶过,将王二卷入铁轮之下,碾成肉泥。铁路部门是否承担责任?

《民法典》第1236条规定:"从事高度危险作业造成他人损害,应当承担侵权责任。"第1240条规定:"从事高空、高压、地下挖掘活动或者使用高速轨道运输工具造成他人损害的,经营者应当承担侵权责任;但是,能够证明损害是因受害人故意或者不可抗力造成的,不承担责任。被侵权人对损害的发生有重大过失的,可以减轻经营者的责任。"使用高速轨道运输工具,是高度危险作业之一种,适用无过错责任的归责原则。本案铁路部门应当承担侵权责任,但其可以举证王二有重大过失,以减轻自己的责任。

对第三人的损害，承揽人与定作人都是过错责任（10）

《民法典》第 1193 条规定："承揽人在完成工作过程中造成第三人损害或者自己损害的，定作人不承担侵权责任。但是，定作人对定作、指示或者选任有过错的，应当承担相应的责任。"本条只规定了定作人的过错责任，没有规定承揽人的过错责任，这是一个因立法技术造成的问题。《侵权责任编解释（一）》第 18 条对此作了弥补，规定承揽人对第三人的损害也承担过错责任。[1]

例：张甲请乙公司装修房屋，双方签订了承揽合同。拆下的废料无处放置，乙公司的包工头就问张甲怎么办。张甲要包工头将废料堆放在公共通道旁。因公共通道旁边的地方狭窄，一部分废料滑落在公共通道上，李丙 6 岁的孩子路过时被绊倒摔伤。李丙遂要求乙公司与张甲承担连带责任。乙公司的抗辩是：其一，包工头是按张甲的安排堆放废料的，本公司并无过错；其二，包工头不是本公司的人，只是自己的承揽方；其三，即便承担责任，也只是部分责任，不能对全部损失承担连带责任。张甲的抗辩是：其一，堆放废料是乙公司的行为，不是自己的行为，应由

---

〔1〕《侵权责任编解释（一）》第 18 条第 1 款规定："承揽人在完成工作过程中造成第三人损害的，人民法院依照民法典第一千一百六十五条的规定认定承揽人的民事责任。"第 2 款规定："被侵权人合并请求定作人和承揽人承担侵权责任的，依照民法典第一千一百六十五条、第一千一百九十三条的规定，造成损害的承揽人承担侵权人应承担的全部责任；定作人在定作、指示或者选任过错范围内与承揽人共同承担责任，但责任主体实际支付的赔偿费用总和不应超出被侵权人应受偿的损失数额。"第 3 款规定："定作人先行支付赔偿费用后，就超过自己相应责任的部分向承揽人追偿的，人民法院应予支持，但双方另有约定的除外。"《民法典》第 1165 条规定："行为人因过错侵害他人民事权益造成损害的，应当承担侵权责任。依照法律规定推定行为人有过错，其不能证明自己没有过错的，应当承担侵权责任。"

乙公司承担单独责任；其二，李丙放任6岁的孩子自行行走，作为监护人也要承担部分责任。

1. 包工头虽然是按张甲的指示堆放废料，但实行行为是自己完成的，且该实行行为是职务行为（职务行为可以是法律行为，也可以是事实行为），应认定乙公司没有履行必要的注意义务，具有过失，构成过错责任。

2. 乙公司将施工工作转承揽给包工头，不因此丧失承揽人的地位，不因此减轻或者免除其作为承揽人的注意义务，不妨碍其承担过错责任。

3. 按照《侵权责任编解释（一）》第18条第2款的规定，造成损害的承揽人承担侵权人应承担的全部责任，乙公司应对自己实行行为的全部后果承担责任，主张承担部分责任没有依据。

4. 堆放废料作为实行行为是乙公司的行为，但张甲实施了有过错的指示行为，按照《侵权责任编解释（一）》第18条第2款中的规定，"定作人在定作、指示或者选任过错范围内与承揽人共同承担责任"。本案中，乙公司承担全部责任，张甲就全部责任承担共同责任，应是承担连带责任。

5. 李丙放任6岁的孩子在公共通道上自行行走，并不具有过错，监护人不可能把孩子拴在裤腰带上（实务中往往对监护人要求过苛）。

动物致害责任（11）

动物致害是指动物的"独立动作"造成他人损害，起自于动物本身的"危险性"或"自然动作"，如猫抓人、狗咬人、牛顶人、鸡啄人眼等。鸭子上岸后，在公路上拉了一摊屎，滑倒了行人，饲养人或管理人承担的是一般侵权责任（过错责任），而不是动物致害责任（无过错责任）。训练鹦鹉骂人，应承担的也不是动物致害责任。

对于动物的"独立动作"，饲养人或者管理人可能有过失，也可能无过失，适用无过错责任的归责原则（另有规定的除外）。

饲养人、管理人若有故意，比如唆使狗咬人，则不为动物致害的特殊侵权，而属于一般侵权。此时的动物，不过是故意侵权的工具。

《民法典》第1245条规定："饲养的动物造成他人损害的，动物饲养人或者管理人应当承担侵权责任；但是，能够证明损害是因被侵权人故意或者重大过失造成的，可以不承担或者减轻责任。"动物饲养人或者管理人并非连带责任。例如，某甲出差，将宠物狗交由"狗托儿所"保管，其间该狗咬伤他人，自当由"狗托儿所"承担责任，受害人不得以动物致害为无过错责任为由请求某甲承担责任。损害可以是人身损害，也可以是财产损害。

免、减事由的存在，并不否认无过错责任的成立。动物致害，免、减事由并不是无过错，而是被侵权人故意或者重大过失造成自己的损害。"免"与"减"虽然在表述上并列，但对应的过错并不相同。如果受害人是故意受害，结合《民法典》第1174条，[1] 动物饲养人、管理人不应承担责任。如果受害人有重大过失，则应减轻饲养人或者管理人的责任。免、减事由的举证责任在动物饲养人或者管理人。应当注意"故意受害"与"故意行为"之间的区别。

例：韩某遛狗，王某见狗讨人喜欢，就上前逗狗，不料该狗外貌和善，内实凶残，咬掉了王某的半截手指。韩某拒绝赔偿，

---

〔1〕《民法典》第1174条规定："损害是因受害人故意造成的，行为人不承担责任。"

理由是王某有逗狗的行为。

逗宠物狗不是故意受害行为,也不是重大过失,韩某无免、减责任事由。

对有体物的用益侵权（12）

对财产的用益,有通常的用益方法与特殊的用益方法。例如,一套民宅,居住是通常的用益方法,用其外墙壁书写广告是特殊的用益方法。再如,利用宠物等动物的外观形象做广告也是一种特殊的用益方法。依照我国《民法典》,宠物等动物是物权的客体。物权的客体拥有肖像权,在法理上是不可想象的。但是,动物没有肖像权,不等于对动物外观形象的用益不予以保护,这是不同的两个问题。动物的外观形象基于动物的养育和成长,动物的所有人对此也有所付出。当动物的外观形象外化到载体之上后,可以无限制地复制,被反复使用,从而使当事人获得多次收益,而且这种用益不以占有为前提条件。这种对有体物的形象复制、使用并获利的权利,本来就归属所有权人,是所有权的权能,所有权人不但可以有偿或者无偿允许他人用益（债权性处分行为）,而且享有禁止权（物权排他性的表现）。未经允许而擅自用益他人宠物等动物的外观形象获利,是用益侵权行为。[1]

---

[1]《南方都市报》于2008年4月3日报道了"女子状告商家侵犯宠物狗肖像权"一案。原告王小姐诉称,被告自2006年9月开始,擅自在其生产的"宠物浴波"外包装上使用她所有的宠物狗的照片,并进行全国范围的销售。王小姐提出索赔因非法使用其宠物狗照片的使用费30万元等请求。法院认为,一方面,原告主张被告侵害了其宠物狗的肖像权,没有事实和法律依据。另一方面,原告无法证明被告使用在宠物浴波外包装上的比熊犬的照片就是其所饲养的比熊犬的照片。法院认为,原告提出的诉讼请求均建立在其所饲养的比熊犬享有肖像权的基础上,但我国现行法律仅规定公民享有肖像权,并不保护包括比熊犬在内的动物的肖像权,遂驳回王小姐的诉讼。——但法院判决中有一条理由是成立的:"原告无法证明被告使用在宠物浴波外包

用益侵权一例（13）

例："租赁房屋原约定仅供居住用，承租人违反约定于住宅内附设工厂，因而致房屋受损害。"[1]

承租人的行为导致房屋的交换价值减少，是一般侵权行为。若承租人在订立租赁合同的时候要求以租赁房屋设厂设店，出租人就会要求较高的租金。承租人擅自改变用途，规避了较高的租金，同时构成了用益侵权。

1. 用益侵权，是指未经财产权利人同意或者没有法律根据，而擅自用益他人财产的侵权行为。

2. 用益侵权的本质是非法剥夺他人财产的用益价值。实现财产的用益权能，是财产效应之一，法律不但要保护财产之本体，还要保护财产之用益。财产的用益权能是可以分离的，这种分离，取决于权利人意定，也可以直接取决于法定。用益侵权，是通过非法分离用益权能而剥夺用益价值的行为。

3. 用益侵权，可以针对他人的有体物，也可以针对他人的知识产权，还可能针对他人的人格派生财产，例如非法利用他人的肖像做广告。

4. 用益侵权是以作为的方式剥夺他人财产的用益价值，不存在不作为的用益侵权。

（接上页）装上的比熊犬的照片就是其所饲养的比熊犬的照片。"这一条理由足以驳回原告的诉讼请求。该案使我们"直面"用益侵权的法律问题。笔者就是从此案联想到要创立用益侵权的概念。

[1] 参见王泽鉴：《民法学说与判例研究》（3），中国政法大学出版社1998年版，第265页。

5. 因为有了财产权，财产才有不可侵犯性。财产权是财产的法律盔甲。用益侵权是对他人财产权的侵权。

对作品的用益侵权（14）

例：某甲设计、制造的一座可以一眼看穿（非封闭型）的铁塔，外观形象与内部构造都与众不同，某乙擅自仿造。

某乙侵害了某甲的建筑作品著作权和图形作品（工程设计图）著作权，是两项非法用益，形成两个侵权责任法律关系。法律将智慧财产权类型化了，相应的用益侵权会随之类型化。

对著作财产权的内容，法律是以用益的方式展现出来的。《著作权法》第10条第1款规定的著作财产权有发行权、出租权、展览权、表演权、放映权、广播权、信息网络传播权、摄制权、改编权、翻译权、汇编权等。上述所列是对作品的具体用益方式。当然，作品种类不同，用益的方式也会有差别，例如展览权仅限于美术作品和摄影作品。对作品的用益财产权不但包括积极的利用，也包括消极的禁止。

对作品的用益侵权，比较常见的是剽窃。剽窃也可以称为抄袭，是以他人的作品为自己的作品，以他人的创作为自己的创作的行为。剽窃分为整体剽窃和片段剽窃。著作权保护的是形式，不是思想，因此整体剽窃和片段剽窃都是在"思想表现形式"上的盗用。

在网络化社会，还有一项常见的用益侵权：擅自在网络上传播他人的作品（侵犯信息网络传播权）。

第七部分
律师操作

律师抛出观点的时机（1）

与一位诉讼法专家讨论诉讼技巧的问题时，他提出，律师在诉状中应全面提出并阐释自己的观点。我认为他说的有一定道理。

法官当然是理性的人，但也会先入为主，形成内心确认。内心确认是判决的指导，甚至是一锤定音的指导。要改变法官的内心确认，很不容易。

有不少律师在起诉书或答辩书中不提出自己的关键性观点，以图在法庭上打对方一个措手不及，这可在自己当事人那拿分。法官反应不及，会循着既有的思路在内心反驳。

因此，何时抛出自己的观点，应当根据具体案情等因素确定。如果有理有据的话，应当尽量把基本观点抛出，以免错过机会。

向法庭提供的文书资料应当尽量完整，注意观点和材料之间的逻辑关系。律师也替法官想一想，或者设身处地考虑一下。

债务人欠缺偿债能力，债权人怎么办？（2）

> 题记：债务人有时欠缺偿还债务的能力，要钱没有，要命有一条。墙内解决不了，要看看墙外有什么办法。

1. 要考察有无行使债权人代位权的可能。债权人行使代位权是对次债务人直接请求给付，是债权的法定移转，并非传统民法的代位权。最关键的是要掌握次债务人有无清偿能力，因为根据现行法，债权人代位权适用"不可杀回马枪规则"，当次债务人无力清偿时，债权人不能回头再找债务人清偿。

2. 要考察有无行使债权人撤销权的可能。债权人撤销权行使的结果，是第三人回复与债务人原先的财产状况，债权人并不能得到清偿。行使债权人撤销权，可以设计"组合拳"。例如，债务人甲欠债权人乙100万元货款，甲向第三人丙赠与100万元，已经划到丙的账上。乙提起撤销权诉讼，请求撤销甲对丙的赠与的同时，可以起诉甲，请求支付货款。在二个案子都胜诉的情况下，可申请强制执行，将丙对甲归还的100万元，直接执行到乙的名下（见《合同编通则解释》第46条）。

3. 要考察有无行使商事留置权的可能。商事留置不要求基于同一法律关系，在企业之间，经常有占有对方动产的情况，债权人对占有的物可行使留置权。

不过，不能恶意促成留置权的成立。比如，甲公司欠乙公司货款，乙公司从甲公司借一物，进行商事留置。尽管目前缺少具体规定，但不应当支持这种行为。

4. 要考察有无连带责任者。

（1）要考察有无人格混同的事实。关于人格混同，最高人民法院2013年发布了指导案例15号：徐工集团工程机械股份有限公司诉成都川交工贸有限责任公司等买卖合同纠纷案。

（2）要考察有无合伙经营的事实。就我个人的经验来看，很多合作经营属于合伙（很多合伙合同写成合作协议），合伙人的责任是连带责任。

若以上四种路径或措施都不能解决问题，余下的办法就很少了。

——不要着急，天无绝人之路。

一休说：让我想一想。

不要轻易提出证据（3）

曾有一家美国企业（A 企业）与中国香港企业（B 企业）签订合同，约定若 A 企业违约，应当赔偿 B 企业五年的利润，合同上有计算年利润的方法。后 A 企业违约，B 企业依仲裁协议，向中国内地某仲裁机构申请仲裁，要求 A 企业支付五年的利润（依据合同计算出金额），仲裁员要求 B 企业就五年的利润损失进行举证。

代理 B 企业的律师找我咨询，我说，该五年的利润在性质上是违约金，即"约定的赔偿金是违约金"。违约金可以调整（《民法典》第 585 条第 2 款），由请求调整的一方承担举证责任，而 B 企业并不要求调整违约金，因此不负担举证义务。如果申请方就五年的利润损失举证，则可能陷入被动，因为被申请方必然要寻找证据的破绽。如果申请方就五年的利润损失不举证，则被申请方就找不到突破口。法谚云：没有人有义务为对手提供武器。

仲裁员要求 B 企业就五年的利润损失举证，说明其对举证规则掌握得不是太好。碰到这类仲裁员，要好好把道理讲清楚。

不同权利的先后行使（4）

一方当事人可能有两种以上权利，先行使哪种权利，是有讲究的。

例如，在附负担（附义务）的赠与合同中，可以约定受赠人先履行义务，其未履行义务的，赠与人可以行使《民法典》第 663

条第 1 款第 3 项规定的法定事由撤销权,以消灭合同的效力。[1]但赠与人也可给受赠人"改正"的机会,而仅选择行使先履行抗辩权,[2] 在行使先履行抗辩权无效果时,再行使法定事由撤销权。

附负担的赠与合同是不真正双务合同,是一个复合法律关系。这个复合法律关系中,包含两个单一法律关系,第一个是赠与人为给付的法律关系,第二个是受赠人为给付的法律关系。

在第一个单一法律关系中,赠与人是债务人;在第二个单一法律关系中,赠与人是债权人。两个单一法律关系的给付未形成对价关系。两个法律关系具有成立上、效力上、履行上、消灭上的牵连性。

赠与人行使抗辩权是保留自己的给付,行使撤销权是撤销自己的给付。履行抗辩权一般存在于双务合同之中,但能否存在于不真正双务合同之中呢?上例说明:在不真正双务合同之中,至少是可以存在先履行抗辩权的。

欠条还是收条（5）

在讲民法课时,我经常讲山东的一个判例,很多同学听过。

例：张三（原告）起诉李四（被告）,说李四曾借自己 420 元,已经偿还 20 元,还有 400 元未归还。李四在法庭上拿出一张

---

[1] 《民法典》第 663 条规定:"受赠人有下列情形之一的,赠与人可以撤销赠与:(一)严重侵害赠与人或者赠与人近亲属的合法权益;(二)对赠与人有扶养义务而不履行;(三)不履行赠与合同约定的义务。赠与人的撤销权,自知道或者应当知道撤销事由之日起一年内行使。"

[2] 《民法典》第 526 条就先履行抗辩权规定:"当事人互负债务,有先后履行顺序,应当先履行债务一方未履行的,后履行一方有权拒绝其履行请求。先履行一方履行债务不符合约定的,后履行一方有权拒绝其相应的履行请求。"

纸条，念道："还（音环）欠款 400 元。我现在只欠 20 元。"纸条署名张三。张三说："我写的是'还（音亥）欠款 400 元'，李四只偿还 20 元。"这张纸条没有标题，即没有说明是收条还是欠条。我经常请听课的同学在一分钟内判断是收条还是欠条。

1. 张三是债权人，李四是债务人，双方都承认有还款的事实，只是对还多还少有争议。债务人向债权人清偿，"还"（音环）是对清偿的描述。

债权人写的纸条由债务人持有，只能是收条（受领清偿的书证）。在债务人对债权人有偿还行为时，债权人不可能写欠条并由债务人持有（违反了行为习惯）。应当认定李四向张三偿还了 400 元，尚欠 20 元。

2. 债务人写的纸条由债权人持有，是欠条。例如 A 向 B 借款 1000 元，偿还了 200 元，A 在给 B 的一张纸条上写道："还欠款 800 元。"这里的"还"，音亥。请注意，这张纸条是欠条，它没有表述清偿行为。换句话说，债权人持有的书证表述的是尚未清偿的债务，发生争议时，持条人是原告（上例持条人李四是被告）。

3. 在实务中，为避免争议，书证最好有个标题，注明"收条""欠条"等。有人喜欢使用"借据"这个词。是出借还是借入？不太清楚。

4. 注意给付方向、书据持有人的"身份"，对理论研究及迅速解决实务问题都有一定的意义。

例如，《买卖合同解释》第 1 条第 1 款规定："当事人之间没有书面合同，一方以送货单、收货单、结算单、发票等主张存在买卖合同关系的，人民法院应当结合当事人之间的交易方式、交易习惯以及其他相关证据，对买卖合同是否成立作出认定。"

条文中的"送货单"和"收货单",一个是"送",一个是"收",在文义上是相反的。在买受人签署、出卖人持有的场合,它们都是交货凭证,是债务人履行债务的凭证。

强制性规定的"合法规避"（6）

1. 附期限。例如,《公司法》规定"董监高"离职后半年内不得转让其持有的本公司股份。[1]转让人可与受让人签订附期限的合同,至届满半年后股权移转或半年后再办理股份移转手续。可约定受让人先支付转让费。

2. 附条件。例如,《商品房买卖合同解释》第 2 条规定:"出卖人未取得商品房预售许可证明,与买受人订立的商品房预售合同,应当认定无效,但是在起诉前取得商品房预售许可证明的,可以认定有效。"出卖人取得商品房预售许可证明前,可以与买受人订立预约（商品房预售合同不是预约）,约定在取得商品房预售许可证明后再订立本约。

3. 在竞合中选择。例如,《民法典》第 705 条规定:"租赁期限不得超过二十年。超过二十年的,超过部分无效。租赁期限届满,当事人可以续订租赁合同;但是,约定的租赁期限自续订之日起不得超过二十年。"如果一方的不动产对另一方的不动产有用益价值,双方可签订地役权合同,以规避 20 年的限制。[2]

---

[1]《公司法》第 160 条第 2 款规定:"公司董事、监事、高级管理人员应当向公司申报所持有的本公司的股份及其变动情况,在就任时确定的任职期间每年转让的股份不得超过其所持有本公司股份总数的百分之二十五;所持本公司股份自公司股票上市交易之日起一年内不得转让。上述人员离职后半年内,不得转让其所持有的本公司股份。公司章程可以对公司董事、监事、高级管理人员转让其所持有的本公司股份作出其他限制性规定。"

[2]《民法典》第 377 条规定:"地役权期限由当事人约定;但是,不得超过土地承包经营权、建设用地使用权等用益物权的剩余期限。"

地役权实际是不动产役权,标的物包括但不限于土地,在建筑物上设立地役权也是常事。

以上三例,表面上规避了法律的强制性规定,其实并没有违反它们。

律师的一项基本功:发现合同的默示条款(7)

> **题记**:默示条款反映了当事人之间法律关系的内容,不能准确发现、揭示合同的默示条款,就不能有效地保护当事人的利益。为什么说发现合同的默示条款是律师的一项基本功?因为这项工作反映了律师对基本规定、基本理论的掌握。

合同条款是表达合同内容的,即是表达当事人之间法律关系内容的。明示条款是当事人以文字、口头语言等方式明确表达合意的条款。在合同同时存在明示条款和默示条款的情况下,明示条款是合同的基础,默示条款一般起到补充作用。明示条款可以排除某些默示条款。有些条款,如仲裁条款,只能采取明示的方式。

默示条款是当事人没有在合同中明确约定,但依照法律、交易习惯和当事人的行为推定,合同应当具有的条款。默示条款是合同法律关系的内容,实际上未以"条款"的形式表现出来,说它是条款,是为将其与明示条款进行区分。

默示条款依据产生的原因,可以分为法定默示条款、以交易习惯确立的默示条款以及以合意方式确立的默示条款。

1. 法定默示条款规定的是合同当事人应当遵循的法定义务,未被当事人排除适用的任意性规定就会成为合同的法定默示条款。例如,一份买卖合同并没有规定卖方的权利瑕疵担保义务,但卖方的此项义务是不言而喻的,权利瑕疵担保应当是合同的法定默示条款。有些国家的法律明确了默示担保，如《美国统一商法典》第2-314条规定：除非经排除或修改（第2-316条），否则，只要卖方系从事某种货物交易的商人，他对于该种货物之商销性的担保即为买卖合同中的默示担保。第2-315条规定，如果卖方在订立合同时有理由知道买方要求货物适用于特定用途，且有理由知道买方依赖卖方挑选或提供适合货物的技能或判断力，卖方即默示担保货物将适用于该特定用途，除非依下条（第2-316条）排除或修改此种担保。上述条文直接规定的默示担保义务，在法理上应推定属于合同的默示条款。

2. 根据交易习惯认定合同默示条款的存在，其基础在于推定当事人都默示同意按交易习惯履行义务。在英国，有关交易习惯的条款即使没有明示，也应推定为合同的默示条款：其一，"该条款对于经营习惯是不言而喻的，也就是说，这一条款的内容实际上是公认的商业习惯或经营习惯"；其二，该条款是合同当事人过去惯有的规则，也就是说，该当事人双方以前的合同关系中始终存在同样的内容；其三，"该条款实际上是某种特定的商业规则，也就是说某些明示或约定俗成的交易规矩具有不言自明的默示效力"。[1] 对交易习惯，当事人可以明示的方式排除或修改。根据交易习惯认定合同默示条款存在的规则，只有在交易习惯没有被排除或修改的前提下才能适用。

3. 以合意方式确立默示条款，是指根据当事人的行为所表示的意义，确定默示条款的存在。如果当事人以口头语言、书面文字表达意思，构成合同条款，也只能称之为明示条款。双方当事人行为所表达的意思一致，构成合意，才能导致默示条款的存在。比如，甲、乙双方在合同中没有规定履行期限，甲方选择某

---

[1] 董安生等编译：《英国商法》，法律出版社1991年版，第53、54页。

一时间履行，乙方接受了履行，那么这一合同就已经存在履行期限条款了。

在竞合中选择（8）

法律关系可能发生竞合，在竞合中选择，可以最大限度保护当事人的利益。

在一次博士生班的讲课间歇，一位博士生（律师）向我提出一个问题：某五星级饭店对面是农民的土地，残破不堪，住店旅客望去，感觉不爽。饭店欲租农民的土地，统一规划，种花种草，是否可行？

租赁农民的土地，法律风险很大，且租赁合同有 20 年的时间限制。我建议饭店与农民成立眺望地役权合同，可派人种花种草，最好由农民种花种草，由其收获。饭店属于需役不动产，农民的土地属于供役不动产。在场的博士生们（大部分是律师）都赞成我的建议。

本例（有偿使用农民的土地，且涉及两个不动产）属于租赁法律关系与地役权法律关系的竞合，择其一而定之，维护了双方当事人的利益，农民也是乐意的。

一种风险极大的质押（9）

例：甲将仓库的产品质押给乙，乙派出保管员管理甲的仓库，货物按照约定可以进出（出质人进货、发货），并由乙的保管员监管，其监管的目的是保证仓库库存保留约定的数量。这种质押的好处是，乙无须将货物拉到己处，甲方仍然可以进货出货，不影响生产经营。这样的质权是否有效？

1. 质权的设立（生效）和持续，以占有为要件。[1]占有是对物的事实上的管领（控制），问题的关键是本案的乙对货物是否构成了占有。

2. 对占有的认定，要符合一般社会观念，要结合时间因素、场所因素，与他人有利害关系时，要考察占有对外的可识别性。

3. 楼下的理发店开张了，门口铺了一块地毯，很多顾客在地毯上走来走去，从时间因素看，顾客们对地毯不构成占有。本案的乙通过保管员对甲仓库的监管要持续一段时间，从时间因素上看不存在问题。从场所看，很可能是甲的一个大厂区内有一个仓库，这个仓库的货物质押给了乙（大圈里面有一个小圈）。这就会产生两种观点：第一种观点是，乙实际控制了仓库，动产质权成立；第二种观点是，依一般社会观念并结合场所关系、可识别性，应认为乙没有取得占有，质权不成立。法官持第二种观点的可能性更大一些。我所说的极大风险就在于此。

4. 甲的其他债权人在请求强制执行时、申请甲破产时，会以欠缺可识别性来否认乙的质权，因为动产的占有是一种静态的公示方式，而占有的公信力是离不开可识别性的。

5. 就像下棋一样，看一步是不行的，要多看几步。

避免举证责任的一个技巧（10）

例：张甲将李乙的一套房屋烧毁，受害人李乙估算了损失，约为20万元。双方约定，张甲在15天内赔偿李乙18万元，李乙不再追究张甲的责任，若张甲到期不支付，应当赔偿李乙21万元。到期后，张甲未支付，李乙起诉，他应主张侵权之债，还是

---

[1]《民法典》第429条规定："质权自出质人交付质押财产时设立。"

主张合同之债？

当事人之间有三个法律关系：第一个是侵权责任之债，李乙主张损害赔偿，须就自己的损失举证，即李乙须就张甲的给付额举证；第二个是和解协议之债，是意定之债，其标的是给付18万元，对该18万元不存在举证的问题；第三个是和解协议的救济法律关系，也是意定之债，其标的是给付21万元，对这21万元，李乙无须举证。21万元的构成是：18万元加3万元违约金。和解协议约定了违约金，李乙主张合同之债，避免了对侵权损失的举证。

无须举证的阶梯式抗辩（11）

阶梯式抗辩是分阶段或分层次提出抗辩理由。有些抗辩需要举证，有些抗辩不需要举证，这里以数笔债务的清偿抵充为例谈谈不需要举证的阶梯式抗辩。

1. 清偿抵充概述。清偿是满足债权的履行。清偿抵充，是指债务人对同一债权人负担两笔以上相同种类的债务，债务人的给付不足以清偿全部债务时，决定应当充偿何笔债务的办法。清偿抵充分为约定抵充、法定抵充和指定抵充。约定抵充是由双方当事人约定债务人的给付充偿何笔债务，法定抵充是由法律直接规定债务人清偿抵充的标准，指定抵充是由债务人指定其给付充偿何笔债务。

《民法典》第560条规定："债务人对同一债权人负担的数项债务种类相同，债务人的给付不足以清偿全部债务的，除当事人另有约定外，由债务人在清偿时指定其履行的债务。债务人未作指定的，应当优先履行已经到期的债务；数项债务均到期的，优先履行对债权人缺乏担保或者担保最少的债务；均无担保或者担保相等的，优先履行债务人负担较重的债务；负担相同的，按照债务到期的先后顺序履行；到期时间相同的，按照债务比例履行。"约定抵充大于指定抵充，指定抵充大于法定抵充。

法定抵充示例：

（1）甲对乙欠货款8万元、承揽费10万元，货款尚未到期，承揽费已经到期。甲向乙的账户打款8万元，应认为偿还了8万元承揽费（抵充已到期债务）。

（2）甲对乙欠货款8万元、承揽费10万元，均已到期，但货款没有担保。甲向乙的账户打款8万元，应认为偿还了8万元承揽费（抵充没有担保的债务）。

（3）甲对乙欠货款8万元、承揽费10万元，均已到期，均设定了担保，两个担保的数额都是8万元（承揽费没有设全额担保）。货款的迟延利息是每日万分之三，承揽费的迟延利息是每日万分之四。甲向乙的账户打款8万元，应认为偿还了8万元承揽费（抵充负担较重的债务）。

（4）甲对乙欠货款8万元、承揽费10万元，均已到期，但货款先到期。甲向乙的账户打款8万元，应认为偿还了8万元货款（抵充先到期债务）。

（5）甲对乙欠货款5万元、承揽费10万元，同时到期。甲向乙的账户打款3万元，应认为偿还了货款1万元、承揽费2万元（按比例抵充）。

2. 无须举证的阶梯式抗辩示例。张某（女）与李某（男）在离婚协议中约定，李某补偿张某10万元，在离婚后3个月内支付，到期不支付，李某个人的房屋归张某所有。离婚后2个月，李某向张某的卡上打款12万元。后张某起诉李某，称李某清偿的12万元为清偿婚前债务（经查，张某在婚前借给李某12万元，无息），请求法院判决李某个人的房屋为自己所有。李某则称，该 12 万元是清偿离婚协议中所确定的 10 万元债务，多出来的 2 万元是偿还婚前 12 万元债务中的 2 万。对此说法，李某并无什么证据。

（1）第一层次抗辩：按照真意解释原则，应认定李某为指定清偿，即李某在约定的时间内清偿了自己在离婚契约中所确定的债务。

（2）汇款时没有指出是清偿哪笔债务的，嗣后也可以指定。

（3）第一层次抗辩的成立是毫无疑问的，但有时法官不认可。这时可以提出第二层次抗辩。《民法典》第 560 条中规定，"均无担保或者担保相等的，优先履行债务人负担较重的债务"，本案不存在担保的问题，应"优先抵充债务负担较重的债务"。因为，"到期不支付，李某个人的房屋归张某所有"是对违约债务的约定，该违约债务是很重的。

有朋友会问：以上两种抗辩，法官都不采纳怎么办？——都不采纳的肯定是错案。须知，判决的结果不得违反公平原则（强制性规范）。

共同危险行为的举证问题（12）

共同危险行为多是一般侵权行为（适用过错责任原则）。行为人可能互相认识，有意思联络；也可能互不相识，无意思联络。造成的损害可能是人身损害，也可能是财产损害。

《民法典》第 1170 条规定："二人以上实施危及他人人身、财产安全的行为，其中一人或者数人的行为造成他人损害，能够确定具体侵权人的，由侵权人承担责任；不能确定具体侵权人的，行为人承担连带责任。"

共同危险行为人作为被告，能够证明损害后果不是由其行为造成的，应不承担赔偿责任，即共同危险行为人证明受害人之损害与自己的行为无因果关系，就应当免责。但在案件审理中，证明无因果关系可能无用，因为原告可能咬住"不能确定具体侵权人的，行为人承担连带责任"不放。这样，假如有三个共同危险行为人，一个人证明损害后果与自己无因果关系，可能不被法官采纳。

此时要注意证明的一个方面：被告"无行为"和"无危险行为"。法谚云：无行为则无责任。例如：

1. 甲、乙、丙、丁四个人在林子里聚会，烟头引起火灾，烧毁他人林木。如果找不出具体侵权人，谁要是想免责，只能证明自己没有抽烟，即证明自己没有实施危险行为。

2. 甲、乙、丙、丁除夕夜在路边放鞭炮，炸伤了行人张某的眼睛，已经证明是"二踢脚"炸伤的，而丁放的是"摔炮"。你说"丁的行为与张某的损害没有因果关系"，当然不错。但要强调的是：丁没有实施放"二踢脚"的危险行为，即无行为。

3. 甲、乙、丙、丁除夕夜在路边放鞭炮，炸伤了行人张某的眼睛，已经证明是23时15分炸伤的。丁在23时10分离开了现场，当然没有实施危险行为。

4. 甲、乙、丙、丁四个孩子往河里扔石片打水漂，一个石片扔到对岸，打伤了妞妞的眼睛，甲、乙、丙、丁四个孩子的监护人都应承担责任。丁证明自己的石片落到了河里只是证明无因果关系；若丁很小，扔100次也不可能把石片扔到河对岸，应认为没有实施危险行为。

律师要善于发现或界定当事人行使形成权的行为（13）

行使形成权的行为是单方法律行为，是有相对人的意思表示。但是，很多当事人行使形成权是"无意识"的，自己并没有意识到自己行为的性质。律师的一项任务就是发现或界定当事人行使形成权的行为，对法律关系的状况作出正确的结论。

例：甲私自打开了乙的彩票，发现乙中奖1万元，就问乙："如果中奖，送我多少？"乙尚不知中奖，就说："如果中奖，送你一半。"甲将彩票给乙看，说："你中了1万元大奖，送我5000元吧！"乙想不到真的中奖，后悔了，说"我不送了"。甲起诉乙。

A说，甲、乙之间的赠与合同是由于甲欺诈造成的，属于可撤销的合同。B说，甲、乙之间的赠与合同是因重大误解成立的合同，因此属于可撤销的合同。C说，甲、乙的赠与合同是附既成条件的合同，因而无效。

1. C的观点不正确，因为合同附既成条件（假装条件）等于合同没有附条件。附假装条件并不影响合同效力。

2. B的观点不正确。一方过失性错误陈述，使另一方陷入错误，可以构成重大误解，而甲是故意。

3. 在已知中奖的情况下，甲说"如果中奖，送我多少"，构成了欺诈，双方的合同是因欺诈而成立的合同（有效但可撤销）。但是，该合同被撤销的可能性已经不复存在，因为乙说"我不送了"，这是行使《民法典》第658条第1款规定的任意撤销权的行为。[1]该任意撤销权是简单形成权、消灭形成权、法定形成权，行使任意撤销权的行为是单方法律行为，是有相对人的意思表示，是对话意思表示。对话意思表示在对方了解时算送达，在送达时生效。也就是说，在甲听到乙说"我不送了"时，双方的赠与合同就已消失于无形（赠与法律关系因撤销而消灭）。既然合同已经不存在，也就不能再依《民法典》第148条的规定请求

---

[1]《民法典》第658条规定："赠与人在赠与财产的权利转移之前可以撤销赠与。经过公证的赠与合同或者依法不得撤销的具有救灾、扶贫、助残等公益、道德义务性质的赠与合同，不适用前款规定。"

法院予以撤销。[1]第148条规定的撤销权是形成诉权、消灭形成权、法定形成权。

无权占有人如何打赢官司？（14）

> **题记**：仍有不少律师，不太善于利用占有之诉。占有之诉与本权之诉相比，不用证明原告享有本权。也就是说，在没有本权的情况下，也能打赢官司。

例：甲将A、B两个巷道的开采权发包给乙。乙将B巷道的开采权转包给丙。丙不仅在B巷道开采，还越界侵占A巷道开采。乙起诉丙违反合同。受诉法院据此判决甲、乙的发包合同及乙、丙之间的转包合同无效，驳回了乙的诉讼请求。

请问：乙是否可以再起诉丙？

丙对A巷道是无权占有，乙仍可对丙提起诉讼，在法律上能够胜诉。《民法典》第462条规定："占有的不动产或者动产被侵占的，占有人有权请求返还原物；对妨害占有的行为，占有人有权请求排除妨害或者消除危险；因侵占或者妨害造成损害的，占有人有权依法请求损害赔偿。占有人返还原物的请求权，自侵占发生之日起一年内未行使的，该请求权消灭。"此条为占有之诉的实体法规定。条文中的"占有人有权请求返还原物"和"占有人有权请求排除妨害或者消除危险"，不以有本权为前提，可适用于无权占有，而且"有权请求"是严格规范，法官无自由裁量权。也就是说，乙可以排除妨碍为由，再次起诉丙。该占有之诉不为重复起诉，法院应当受理。

---

〔1〕《民法典》第148条规定："一方以欺诈手段，使对方在违背真实意思的情况下实施的民事法律行为，受欺诈方有权请求人民法院或者仲裁机构予以撤销。"

分析案情时，应注意基础法律关系的存在（15）

律师审查案件，有时会发现当事人之间存在"双层"法律关系：一层是当事人争议的法律关系，一层是争议法律关系的基础法律关系。对案情的分析，就是对法律关系的分析。要说服法官，就要把法律关系说清楚。

共同共有财产的分割，可以帮助我们看清"双层"法律关系。

共有的客体是"一物"，共同共有财产的分割，并不是确定共有人的份额，而是依照共有人的协议或法律的规定将共有财产分割给当事人各自所有的行为。即使是共同共有，在分割时，也要"按份"进行分割。《民法典》第303条规定："共有人约定不得分割共有的不动产或者动产，以维持共有关系的，应当按照约定，但是共有人有重大理由需要分割的，可以请求分割；没有约定或者约定不明确的，按份共有人可以随时请求分割，共同共有人在共有的基础丧失或者有重大理由需要分割时可以请求分割。因分割造成其他共有人损害的，应当给予赔偿。"共同共有的基础法律关系，实际上是原因关系。比如，合伙财产共同共有法律关系的基础法律关系是合伙合同（此是合伙人之间的债的关系，并非物权关系，更非人身关系）。夫妻财产共同共有法律关系的基础关系是夫妻关系（身份关系）。在散伙、离婚等场合（基础法律关系丧失的场合），共同共有人的分割权是形成权。

《民法典》第1066条规定："婚姻关系存续期间，有下列情形之一的，夫妻一方可以向人民法院请求分割共同财产：（一）一方有隐藏、转移、变卖、毁损、挥霍夫妻共同财产或者伪造夫妻共同债务等严重损害夫妻共同财产利益的行为；（二）一方负有法定扶养义务的人患重大疾病需要医治，另一方不同意支付相关医疗费用。"夫妻关系解除，基础法律关系消灭，当然可分割共同财产。上述条文规定的是基础法律关系不消灭，但存在《民法典》第 303 条规定的"重大理由"的情形。

应当指出：在学说上，基础法律关系往往被直接称为"共同共有关系""共同关系"。——这些学说，混淆了争议法律关系与基础法律关系。

此案的突破口在哪里（16）

例：张男与李女离婚后的一日，李女起诉张男，说张男在离婚协议中答应补偿 10 万元，一直未给。协议是打印稿，上有李女的签名和张男的手印。张男称，未见过这份协议。李女的律师指出："当事人采用合同书形式订立合同的，应当签字或者盖章。当事人在合同书上摁手印的，具有与签字或者盖章同等的法律效力。"请问：张男的律师如何应对？

张男的律师应从举证责任的角度进行突破。在合同纠纷案件中，主张合同法律关系成立并生效的一方当事人对合同订立和生效的事实承担举证责任（对产生该法律关系的基本事实承担举证证明责任）。[1]对张男在有意识的情况下摁手印，应由李女承担举证责任。

摁手印与签字不同，按手印可以在无意识的状态下被动进行。比如，可能梦中被拿着手摁手印，而梦中不能签字。

---

〔1〕《民事诉讼法解释》第 91 条规定："人民法院应当依照下列原则确定举证证明责任的承担，但法律另有规定的除外：（一）主张法律关系存在的当事人，应当对产生该法律关系的基本事实承担举证证明责任；（二）主张法律关系变更、消灭或者权利受到妨害的当事人，应当对该法律关系变更、消灭或者权利受到妨害的基本事实承担举证证明责任。"

本合同以外的人，能否当被告（17）

题记：准确锁定被告，是律师的一项重要职业技能。

例：甲把某种采矿权转让给乙，乙转让给丙，丙又转让给丁。丁按丙的指示将转让款打给了甲。经律师指点，丁了解到，甲与乙、乙与丙、丙与丁的采矿权转让合同都因转让方欠缺资质等原因而无效。丁欲起诉，拿回转让款，但乙、丙都欠缺资质。

丁的代理律师的意见是，以甲、丙为被告。反对意见认为，基于合同的相对性，丁不能以甲为被告。

第一，合同的相对性，只是债的相对性的一种。本案丁与甲之间明显存在债的相对法律关系。

第二，丁起诉，应包括确认之诉和给付之诉。本案的确认之诉，需要确认甲与乙、乙与丙、丙与丁的采矿权转让合同无效，以确认甲取得转让款没有法律依据，故应以甲、乙、丙三者为被告。把甲、乙、丙作为被告，符合《民事诉讼法》的规定。[1]

---

[1]《民事诉讼法》第122条规定："起诉必须符合下列条件：（一）原告是与本案有直接利害关系的公民、法人和其他组织；（二）有明确的被告；（三）有具体的诉讼请求和事实、理由；（四）属于人民法院受理民事诉讼的范围和受诉人民法院管辖。"另外，最高人民法院（2021）最高法民申1723号民事裁定书指出：通常情况下，合同受益的双方当事人不会提起确认合同无效的诉讼。如以合同相对性为由禁止与该合同约定事项有利害关系的第三人提起确认合同无效的诉讼，那么与合同约定事项有利害关系的合同外第三人的合法权益将得不到保障，亦有违前述法律规定的立法精神。而合同以外的第三人以起诉的方式请求人民法院确认合同无效，其必须以原告的身份起诉，故该第三人应符合《民事诉讼法》第119条（现第122条）关于原告资格的规定，及相应起诉条件。因此，第三人如与诉讼标的没有利害关系或者仅有事实上的利害关系，则不能作为原告起诉；而与涉案合同约定事项具有法律意义上直接利害关系的第三人，则可向有管辖权的人民法院提起案由为"确认合同无效纠纷"的诉讼。

中断诉讼时效的技巧（18）

诉讼时效中断，是诉讼时效"归零"，重新计算。比如，三年的诉讼时效中断的，重新计算三年，依此类推。

请问：银行催收逾期贷款，外地借款人拒收、拒签催款通知书时，银行方面有何技巧？

1. 拒收、拒签催款通知书，并不影响诉讼时效的中断，因为你已经主张了债权，发信人持有发信凭证即可。[1]

2. 有的借款人提出："我收到的是空信封。"——如果借款人不及时提出是空信封，就应由收件人举证是空信封。

为避免麻烦，可在信封上注明："内有催还借款通知书"。有的单位进行公证送达，我在给公证员讲课的时候指出，这并无必要，花钱又麻烦。

3. 债权通知的生效，是发信主义，还是送达主义，抑或是了解主义？通说认为是送达主义。送达主义存在问题，例如，甲对乙的诉讼时效的最后一天是2012年3月1日，甲于该日对乙发出催还借款通知书，送达的时间是3月4日。学者一般认为，如果诉讼时效能够中断的话，应当在送达时中断，但本案诉讼时效在3月1日结束时已经完成，不发生中断的效果。我认为应当在3月1日中断，但在诉讼实践中会发生争议。

为避免麻烦，技巧性的做法是：若只剩最后一天，应当发出数据电文的催还借款通知"书"。因为数据电文进入对方系统时算送达，即进入对方"随时可接收的势力范围"时算送达。数据

---

[1]《民法典》第195条规定："有下列情形之一的，诉讼时效中断，从中断、有关程序终结时起，诉讼时效期间重新计算：（一）权利人向义务人提出履行请求；（二）义务人同意履行义务；（三）权利人提起诉讼或者申请仲裁；（四）与提起诉讼或者申请仲裁具有同等效力的其他情形。"

电文几乎是在发出的同时就送达了,诉讼时效也就在当天中断了。

4. 如果债务人下落不明,不必公告送达,"装不知道",仍将通知送达至其住所地。

5. 这里谈的是贷款合同债权,其他债权可以照此办理。

诉讼时效期间届满后,债权人还有机会(19)

1. 诉讼时效期间届满(又称为诉讼时效完成、诉讼时效超过),债权人丧失胜诉权。有学者认为,罹于消灭时效后的债务是有义务无责任。[1]其实,诉讼时效期间届满后的债务,已经不是法律关系中的债务,自然也就没有法律关系中的责任。诉讼时效期间届满,导致债权债务关系(法律关系)终止,当事人之间的关系转为法律没有赋予强制力的生活关系,即由法律关系进入单纯的生活关系,债务人所负债务已经不是法律关系中的债务,只是道德规范在起强制作用,对债务的履行只是一种道德义务。违反法律关系中的债务都是有责任的,没有例外。

2. 诉讼时效期间届满后,债权人还有机会。《诉讼时效规定》第19条规定:"诉讼时效期间届满,当事人一方向对方当事人作出同意履行义务的意思表示或者自愿履行义务后,又以诉讼时效期间届满为由进行抗辩的,人民法院不予支持。当事人双方就原债务达成新的协议,债权人主张义务人放弃诉讼时效抗辩权的,人民法院应予支持。超过诉讼时效期间,贷款人向借款人发出催收到期贷款通知单,债务人在通知单上签字或者盖章,能够认定借款人同意履行诉讼时效期间已经届满的义务的,对于贷款人关于借款人放弃诉讼时效抗辩权的主张,人民法院应予支持。"

---

[1] 参见郑玉波:《民法总则》,中国政法大学出版社2003年版,第75页。

（1）诉讼时效期间届满，债权人又向债务人发出主张债权的文书，债务人可能签署同意履行债务的意见。这个签署表明当事人双方达成了协议。债务人也可以单方表示同意履行债务。

债务人表示同意履行债务，是意定法律事实，具有溯及既往的效力，使自然之债成为法律关系之债。

例：甲对乙的债权在2021年3月1日到期，诉讼时效期间在2024年3月1日届满。甲在2024年4月1日向乙发出请求履行债务的文书，乙在5月1日签署意见，同意履行债务，则债权债务仍自2021年3月2日（当日计算在内）计算迟延利息。

（2）诉讼时效期间届满，债务人一方同意履行债务的，主要有三种选择：第一，同意履行本金、利息；第二，只同意履行本金；第三，同意部分履行，例如100万元债务只同意履行50万元。

（3）债务人在债权人主张债权的文件书上签字，可有两种情况：第一种，只是表示收到文件，没有同意履行债务的意思；第二种，表示同意履行债务。第一种当然没有转化自然之债为法律关系之债的效力。

（4）债务人表示同意履行债务，是对债务的重新确认，不是诉讼时效的中断，因为中断是在诉讼时效的进行过程中。

（5）债务人同意履行债务或者履行后，不得以重大误解为由进行撤销。

通过订立和解协议，挽救已过诉讼时效（20）

例1：张甲毁坏了李乙的财物，应当赔偿5万元。在超过诉讼时效后，李乙又找张甲约定：张甲如在3天内支付4万元，就免除剩下的1万元。张甲到期未支付4万元，李乙即请求支付5

万元，张甲以该 5 万元已超过诉讼时效为由进行抗辩。

本案有两个法律关系：一个是侵权责任法律关系，一个是和解协议法律关系，前者是后者的基础法律关系。本案和解协议是附生效条件（随意条件）的合同，张甲期限届满若未履行和解协议，就应当按原侵权责任法律关系履行。

《诉讼时效规定》第 19 条第 2 款规定："当事人双方就原债务达成新的协议，债权人主张义务人放弃诉讼时效抗辩权的，人民法院应予支持。"对超过诉讼时效的债务，当事人可以通过订立和解协议（属于新的协议），挽救已过诉讼时效。本案应认定张甲已经放弃了原债务（5 万元）的诉讼时效抗辩权。

例 2：王男欠赵女 1 万元货款，诉讼时效已经超过。赵女要求王男写一个借条，王某提出写 8000 元，赵女同意。

这个欠条，证明王男与赵女之间存在和解协议。本案适用例 1 引用的《诉讼时效规定》第 19 条第 2 款的规定。另外，《民间借贷规定》第 14 条第 1 款规定："原告以借据、收据、欠条等债权凭证为依据提起民间借贷诉讼，被告依据基础法律关系提出抗辩或者反诉，并提供证据证明债权纠纷非民间借贷行为引起的，人民法院应当依据查明的案件事实，按照基础法律关系审理。"第 2 款规定："当事人通过调解、和解或者清算达成的债权债务协议，不适用前款规定。"第 2 款规定中的"和解"，是指和解协议。如果赵女拿着欠条起诉，请求王男履行欠条所载债务，王男依据基础法律关系（理论上称为原法律关系）抗辩的话，法院应按和解协议审理，和解协议的债务并未超过诉讼时效。

"开始的当天不算入"（21）

1.《民法典》第 201 条第 1 款规定："按照年、月、日计算期间的,开始的当日不计入,自下一日开始计算。"第202条规定:"按照年、月计算期间的,到期月的对应日为期间的最后一日;没有对应日的,月末日为期间的最后一日。"[1]

引起期间开始的事实是法律事实。被法律调整的生活事实是法律事实,并产生一定的法律后果。

对"开始的当天不算入",很多人很难理解:既然期间开始了,为什么不计算在内呢?原因在于法条的表述不够清楚。实际上,引起期间计算的"开始的当天"主要是指:①法律事实发生的当天。当天不计入在内,因为该天已经不足一天,算入对当事人不公平,也不符合交易习惯。最高人民法院曾有从次日开始计算的规定,该次日是法律事实发生之次日。从次日开始计算,该次日计算在内。②是持续性法律事实的,持续的最后一天不计算在内,因为法律事实在最后一天尚未完成。

2. 试举几例。

例1:2021年6月17日下午2时,张某所乘客轮触礁沉没,生不见人,死不见尸。问:张某的妻子李某若申请宣告张某死亡,哪一天为满2年的最后一天?最早哪一天才能向法院提出申请?

《民法典》第46条第1款第2项规定,自然人因意外事件下落不明满2年的,利害关系人可以向人民法院申请宣告该自热人死亡。

例1中,满2年的最后一天,是2023年6月17日。

可能发生的情况是:2023年6月17日23时45分,李某以

---

[1] 我国台湾地区"民法"第120条规定:"……以日、星期、月或年定期间者,其始日不算入。"

为人鬼殊途的丈夫张某突然出现了。也就是说，在2023年6月17日当天是不能申请宣告死亡的。

最早能提出申请的那一天，是2023年6月18日。至2023年6月17日24时才满2年，此时张某仍未现踪迹，才能申请宣告其死亡。

例2：2023年5月10日，赵某因与妻子吵架愤而离家出走，从此失去音讯。黄鹤一去不复返，十年生死两茫茫。赵某的妻子王某向律师咨询：何时为满4年？最早哪一天可以提出宣告死亡的申请？

《民法典》第46条第1款第1项规定，自然人下落不明满4年的，利害关系人可以向人民法院申请宣告该自然人死亡。

例2中，4年的最后一天是2027年5月10日。"音讯消失"是一项法律事实，消失的当天不能计算在内。"自下一日开始计算"，下日要计算在内。因此，最早能申请宣告死亡的那一天，是2027年5月11日。

例3：张某开玩笑，在2024年4月1日点着了李某的鸡窝，不料控制不了火势，将李某的3只火鸡烧死。李某请求张某赔偿的诉讼时效何时截止？

《民法典》第188条第1款规定："向人民法院请求保护民事权利的诉讼时效期间为三年。法律另有规定的，依照其规定。"例3中，2024年4月1日是侵权行为（违法的事实行为）发生之日。发生该行为（法定法律事实）的当日不计算在内。诉讼时效期间的最后一天是2027年4月1日。如果没有中断、中止事由，李某最迟应当在2027年4月1日起诉，否则就丧失了胜诉权。

例4：王某 2024 年 2 月 15 日答应借给刘某 3 万元，约定借期为一年，同年 3 月 1 日交付了 3 万元。半夜时分，王某醒来，掐指计算：借期何时届满？诉讼时效何时截止？

例 4 中，2024 年 3 月 1 日是交付货币之日（法律事实发生之日），不计算在内，故一年借期的截止日期是 2025 年 3 月 1 日，若于该日还钱，不构成迟延。设刘某到期未还钱（持续性法律事实），因诉讼时效从履行期限届满之日开始计算，届满之日不计算在内，即 2025 年 3 月 1 日不计算在内，故诉讼时效的截止日期是 2028 年 3 月 1 日。

例5：2021 年 9 月 29 日，一头牛进入李某的大棚，吃掉了李某价值 500 元的蔬菜，李某自行"侦查"，于同年 10 月 1 日得知是周某的牛，欲主张返还不当得利请求权。

《诉讼时效规定》第 6 条规定："返还不当得利请求权的诉讼时效期间，从当事人一方知道或者应当知道不当得利事实及对方当事人之日起计算。"

2021 年 9 月 29 日，牛进大棚吃菜，是成立不当得利的法定法律事实，但不是起算 3 年诉讼时效的法律事实，而只是起算诉讼时效法律事实的一个要件。该案起算诉讼时效的法律事实在 2021 年 10 月 1 日发生，开始的日期不受节假日的影响，诉讼时效的最后一天在 2024 年国庆节假日期满之次日。[1]

例6：我有一个亲戚某甲不服劳动争议仲裁裁决，到北京市某区人民法院起诉，法院说他晚了一天。原来法官某乙在计算 15

---

[1]《民法典》第 203 条第 1 款规定："期间的最后一日是法定休假日的，以法定休假日结束的次日为期间的最后一日。"

天起诉期间的时候,把甲签收仲裁裁决书的当天计算进去了。

某甲饮恨败北。我把这个案件告诉几个知名程序法教授,他们都笑了。我是很痛心的!

签收仲裁裁决书、民事判决书等法律文书是一种民事法律事实,引起期间的计算,但签收的当天不应计算在内。

例7:张三与李四(自然人)在3月1日下午2点约定,李四在三日内还清欠款。还款期限应自3月2日起算,计算至第三日终了时,即第三日(3月4日)24点期间届满。[1]3月1日双方达成合意,成立意定法律事实,发生法律事实的当天(3月1日)不计算在内。

以上七个例子都着重说明了法律事实与期间起算的关系。

"开始的当日不算入",是任意性规定,可以排除适用。

另外,律师代书的时候,要将起算日说清楚,避免无谓的争议。

---

[1]《民法典》第203条第2款规定:"期间的最后一日的截止时间为二十四时;有业务时间的,停止业务活动的时间为截止时间。"